krok po kroku
Polski

POZIOM 2

IWONA STEMPEK, ANNA STELMACH

**SERIA PODRĘCZNIKÓW
DO NAUKI JĘZYKA POLSKIEGO**
DLA OBCOKRAJOWCÓW

POLSKI krok po kroku zanurzy Cię w polskim środowisku, gdzie będziesz zmuszony używać polskiego na okrągło, w rozmaitych sytuacjach codziennych. Wraz z grupą przyjaciół z różnych krajów zamieszkasz w Krakowie - najbardziej znanym na świecie polskim mieście o wspaniałych zabytkach, bogatym życiu kulturalnym i niepowtarzalnej atmosferze miasta uniwersyteckiego. Szybko odkryjecie, że miejsce to idealnie nadaje się do nauki polskiego, a także do przeżycia niepowtarzalnych wakacji. Będziecie razem nie tylko uczyć się języka, lecz również chodzić na zakupy i do restauracji, gotować, zwiedzać ciekawe miejsca oraz poznawać polską kulturę. Z gościnnością Polaków i ich zwyczajami, zaznajomicie się mieszkając w polskiej rodzinie. W tajniki języka wprowadzą was doświadczone i pełne entuzjazmu lektorki, dla których nauczanie polskiego jest największą życiową pasją.

POLSKI krok po kroku will immerse you in the Polish environment and you will have no choice but to use Polish all the time, in all types of everyday situations. Together with a group of friends from different countries you will live in Krakow - the most popular city in Poland, a seat of learning, a city of magnificent monuments, rich cultural life and unforgettable atmosphere. You will quickly discover that this is the place for studying Polish and an ideal location for exceptional holidays. Together you will not only learn the language, but also go shopping, eat in restaurants, cook, visit interesting places and discover Polish culture. Living with a Polish family, you will have the chance to experience Polish hospitality and become familiar with Polish customs. Experienced and enthusiastic teachers, who treat their work as a genuine passion, will show you the ins and outs of the Polish language.

POLSKI krok po kroku heißt völlig ins Land einzutauchen und so die Sprache rund um die Uhr in den verschiedensten alltäglichen Situationen nutzen zu können und zu müssen. Wohnen werdet ihr gemeinsam mit anderen internationalen Teilnehmern in Krakau – der bekanntesten polnischen Stadt mit außergewöhnlichen Sehenswürdigkeiten, reichem Kulturleben und dem einmaligen Flair einer Universitätsstadt. Schnell entdeckt ihr, dass diese Stadt nicht nur zum Polnischlernen perfekt geeignet ist, sondern dass man hier auch unvergessliche Ferien verleben kann. Ihr lernt nicht nur gemeinsam, sondern macht auch Einkaufstouren, besucht Restaurants, kocht, besichtigt interessante Orte und lernt die polnische Kultur kennen. Die Gastfreundschaft der Polen und ihre Sitten und Bräuche erlebt ihr in einer polnischen Gastfamilie. Erfahrene, enthusiastische Sprachlehrerinnen führen euch in die Geheimnisse der Sprache ein. Für sie ist ihr Beruf zur Leidenschaft geworden.

IWONA STEMPEK
Moją największą pasją są podróże.
Travelling is my greatest passion.
Meine größte Leidenschaft sind Reisen.

ANNA STELMACH
Jestem konkretna i kreatywna.
I am straightforward and creative.
Ich bin zielstrebig und kreativ.

Dodatkowe informacje o autorkach patrz strona 161.
You will find more information about the authors on page 161.
Zusätzliche Informationen über die Autorinnen - siehe Seite 161.

Jak korzystać z podręcznika i platformy internetowej e-polish.eu zobacz na stronie 158.
The information on page 158 explains how to use this handbook and the internet platform e-polish.eu.
Wie das Buch und die Internetplattform zu nutzen sind – siehe Seite 158.

bohaterowie

Mami, **Angela**, **Uwe**, **Tom** i **Javier** przyjechali do Krakowa z różnych zakątków świata, aby uczyć się polskiego. Choć są postaciami fikcyjnymi, to mają swoje pierwowzory w uczących się z nami studentach. Każdy z nich z innego powodu podejmuje naukę, ale wszyscy dzielnie radzą sobie z językiem i nową sytuacją. Wspólnie spędzony czas - nauka, zabawa, bliższe i dalsze wyjazdy, wspieranie się w trudniejszych momentach stają się zaczątkiem ich przyjaźni.

Mami, Angela, Uwe, Tom and Javier have come to Krakow from different parts of the world to learn Polish. Although these characters are fictitious, they are based on real students that have learnt Polish with us. They take up studying Polish for different reasons, but all of them approach the language and new situation enthusiastically. The time they spend together – learning, having fun, going on long and short trips, helping each other in difficult moments – becomes the beginning of a friendship.

Mami, Angela, Uwe, Tom und Javier sind aus verschiedenen Ländern der Welt nach Krakau gekommen. Obwohl es fiktive Figuren sind, kann man ihre Typen unter unseren Studenten finden. Die Gründe, warum sie Polnisch lernen, sind bei jedem unterschiedlich. Trotzdem versuchen alle tapfer mit der Sprache und der neuen Situation klarzukommen. Gemeinsam verbrachte Zeit – Lernen, Spielen, nahe und ferne Ausflüge, gegenseitige Unterstützung in schwierigeren Momenten sind der Anfang ihrer Freundschaft.

MAMI

Mami przyjechała z Japonii, chce studiować malarstwo na Akademii Sztuk Pięknych w Krakowie.

Mami comes from Japan and wants to study painting at the Academy of Fine Art in Krakow.

Mami ist aus Japan gekommen, sie will Malerei an der Akademie für Bildende Künste in Krakau studieren.

Angela jest Angielką, chce mówić po polsku, ponieważ jej rodzina pochodzi z Polski.

Angela is English and wants to speak Polish because her family comes from Poland.

Angela ist Engländerin, sie möchte Polnisch sprechen, weil ihre Familie aus Polen stammt.

ANGELA

Uwe Stein to niemiecki biznesmen, potrzebuje polskiego ze względów zawodowych.

Uwe Stein is a German businessman and needs Polish for his job.

Uwe Stein ist ein deutscher Geschäftsmann, er braucht Polnisch aus beruflichen Gründen.

UWE

Javier Pérez jest z Argentyny. Polski to dla niego po części hobby, a po części szukanie nowego pomysłu na życie.

Javier Pérez comes from Argentina. For him Polish is partly a hobby and partly a way to look for new inspiration in life.

Javier Pérez kommt aus Argentinien. Polnisch ist für ihn sowohl Hobby, als auch die Suche nach einem neuen Lebensstil.

KAROL I KAROLINA

Karol i Karolina to sympatyczne rodzeństwo. Ona lubi fotografować i robić zakupy. On uwielbia czytać i chodzić po górach.

Karol and Karolina are brother and sister. She likes taking photos and shopping. He loves reading and trekking in the mountains.

Karol und Karolina sind ein sympathisches Geschwisterpaar. Sie fotografiert gern und geht gern einkaufen. Er liest und wandert für sein Leben gern.

Tom jest z USA, uczy się polskiego, bo jego dziewczyna jest Polką.

Tom comes from the USA and he is learning Polish because his girlfriend is Polish.

Tom ist aus den USA, er lernt Polnisch, weil seine Freundin Polin ist.

TOM

JAVIER

Państwo Maj to jedna z polskich rodzin, która gości u siebie przyjeżdżających na kursy studentów. **Joanna Maj** – ekonomistka, ale także świetna gospodyni. Robi fantastyczne pierogi. **Grzegorz Maj** jest informatykiem. Zwykle towarzyski i gadatliwy.

The Majs are one of the Polish families hosting students from the course. Joanna Maj – an economist, but also a skilled housewife. She makes fantastic pierogi. Grzegorz Maj is a computer specialist. Usually sociable and talkative.

Herr und Frau Maj sind eine der polnischen Familien, die die Studenten bei sich aufnehmen. Joanna Maj ist – Betriebswirtin, aber auch hervorragende Hausfrau. Sie macht fantastische Piroggen. Grzegorz Maj ist Informatiker. Er ist gesellig und redet gern.

PAŃSTWO MAJ

	KOMUNIKACJA	SŁOWNICTWO	GRAMATYKA	STR.
01_ Przedstawmy się	przedstawianie siebie i innych wyrażanie preferencji	wygląd, charakter zainteresowania stan cywilny	narzędnik	6
02_ Dopełniacz jest wszędzie	relacjonowanie zdarzeń opowiadanie o rodzinie	kataklizmy biografia	dopełniacz	14
03_ Teatr żywych fotografii	w kasie kina porównywanie	kino, film streszczenie	przyimki statyczne i dynamiczne zdania celowe	20
04_ Dwaj, trzej, czterej	budowanie definicji opis	nazwy narodowości nazwy zawodów sport	mianownik l. mn. rzeczowników niemęskoosobowych (powtórzenie) mianownik l. mn. rzeczowników męskoosobowych liczebniki: dwaj, trzej...	26
05_ Jacy oni są straszni!	definiowanie wyrażanie opinii	przymiotniki opisujące ludzi charakter	mianownik l. mn. przymiotników męskoosobowych konstrukcje: ktoś, kto / człowiek, który przymiotniki typu: znajomy, bezdomny	32
06_ Edukacja	mówienie na temat edukacji i wykształcenia	komputer, Internet edukacja	rzeczowniki odczasownikowe	40
07_ Praca	rozmowa o pracę mówienie o problemach zawodowych, pisanie maili	praca i zatrudnienie typy przedsiębiorstw życiorys i list motywacyjny	utrwalenie dotychczasowego materiału	46
08_ Ja swoje wiem!	wywiad opowiadanie	pochodzenie, rodzina, informacje o sobie idiomy ze słowem *swój*	biernik zaimek *swój*	52
09_ Nie zapomnij paszportu!	nakazy, zakazy polecenia	podróże, pakowanie sprzęt kempingowy, lotnisko	tryb rozkazujący czasowniki niefleksyjne: *trzeba, można, warto, należy, powinno się*	58
10_ Kocham Cię Polsko!	prośba o informacje wysyłanie wiadomości	atrakcje turystyczne Polski listy, maile, SMS-y	miejscownik – powtórzenie wołacz l. poj. i l. mn.	66
11_ Wejść czy wyjść?	relacjonowanie z użyciem czasowników ruchu	poruszanie się, turystyka, wyrażenia i idiomy oparte na czasownikach ruchu	czasowniki ruchu	72

spis treści

	KOMUNIKACJA	SŁOWNICTWO	GRAMATYKA	STR.
12_ Wjazd czy wyjazd?	pytanie o drogę wyrażanie niezadowolenia zniechęcanie, odradzanie składanie reklamacji	ruch drogowy środki transportu stacja benzynowa	czasowniki ruchu	**78**
13_ Komu bije dzwon?	mówienie o problemach życiowych	wydarzenia losowe relacje międzyludzkie wolontariat	celownik liczby pojedynczej i mnogiej	**84**
14_ Zaduszki	relacjonowanie zdarzeń opowiadanie o tradycjach i faktach historycznych	polskie tradycje - Zaduszki historia powojenna wiedza o Polsce	zaimek: *się, siebie* zaimki osobowe - powtórzenie przyimki - zebranie	**92**
15_ Wesołych Świąt!	opowiadanie o tradycjach świątecznych i historii	polskie tradycje świąteczne	powtórzenie dat i trybu rozkazującego formy bezosobowe	**100**
16_ Przygody, przeżycia, wspomnienia	opis sytuacji wyrażanie relacji czasowych	perypetie, przygody określenia czasu	spójniki - zebranie	**106**
17_ Trochę historii	opowiadanie o przeszłości relacjonowanie zdarzeń	wiedza o Polsce polityka i społeczeństwo	aspekt – powtórzenie aspekt w trybie rozkazującym	**112**
18_ Królestwo zwierząt	mówienie o przyszłości opis	nazwy zwierząt idiomy	odmiana rzeczowników typu „zwierzę" rekcja liczebników daty - powtórzenie	**120**
19_ Zielono mi!	wyrażanie oburzenia, hipotez, przypuszczeń	agroturystyka, ekologia ochrona środowiska	jeżeli..., to... tryb warunkowy, zdania warunkowe	**126**
20_ Rysopis Polaka konsumenta	zakupy, reklamacje porównywanie pytanie o opinię i wyrażanie opinii	sprzęty i urządzenia domowe sklepy	zdania podrzędnie złożone partykuła: byle	**132**
21_ Sztuka a piractwo	rozmowy o filmie i teatrze wyrażanie emocji dyskusja	film, teatr emocje piractwo internetowe	imiesłów przymiotnikowy bierny strona bierna	**140**
22_ Muzeum? Dlaczego nie!	wyrażanie podziwu i uznania wyrażanie opinii krytycznej dyskusje o sztuce	malarstwo, fotografia wystawy, wernisaże	rzeczowniki zakończone na -um	**146**
23_ Czas na egzamin!	Powtórzenie wiadomości. Informacje na temat egzaminów certyfikatowych.			**152**

PRZEDSTAWMY SIĘ

Lekcja_01

KOMUNIKACJA
przedstawianie siebie i innych
wyrażanie preferencji

SŁOWNICTWO
wygląd, charakter
zainteresowania, stan cywilny

GRAMATYKA
narzędnik

własny, przeprowadzić wywiad, agent ubezpieczeniowy, zanieść, zaznaczyć, płeć, znaki szczególne, owsianka, smycz, sterta

nowe słowa

A PROSZĘ SIĘ PREDSTAWIĆ

Ćwiczenie 1 201A1

Proszę dopasować podane frazy do schematu, a następnie dopisać jak najwięcej słów i zwrotów do poszczególnych kategorii.

CHARAKTER
zalety: spontaniczny
wady:

WYGLĄD
wzrost:
sylwetka:
oczy:
włosy:

RODZINA

STAN CYWILNY

ZAINTERESOWANIA

MARZENIA

PRACA

CZAS WOLNY
Lubię chodzić po górach.

---

spontaniczny ✓ | Czym się zajmujesz? | chuda | zamężna | owalna twarz | Z zawodu jestem… | długie i proste | niepunktualna | Twoja największa pasja? | zgrabna | średniego wzrostu | systematyczny | o podróży dookoła świata | nadwaga | jedynak | żeglarstwem | szatyn | Noszę okulary. | jako tłumacz | kompletnie łysy | nerwowy | broda | o własnym domu | Czy masz rodzeństwo? | piwne | bezdzietny | ciemne z grzywką | cierpliwa | zielone | Jestem emerytem. | Czytam kryminały. | Lubię chodzić po górach. ✓

Ćwiczenie 2 201A2
Proszę przeprowadzić wywiad z wybraną osobą z grupy, zebrać o niej jak najwięcej informacji, a następnie przedstawić ją na forum klasowym.

Ćwiczenie 3 201A3
Proszę się zaprezentować według schematu z ćwiczenia 1.

Ćwiczenie 4 🎧 001 201A4
Proszę posłuchać tekstów, a następnie uzupełnić tabelę.

	ANGELA	MAMI	JAVIER	TOM	UWE
KIM JEST? *narodowość zawód*					
JAKI/JAKA JEST? *wygląd charakter*					
CZYM SIĘ INTERESUJE?					
CO LUBI?					
KOGO LUB CZEGO NIE LUBI?	*bigosu*				
O CZYM MARZY?					

01

Przedstawmy się | **Proszę się przedstawić**

01
Przedstawmy się | Proszę się przedstawić

Ćwiczenie 5 (201A5)
Gdzie kto jest i jak wygląda?

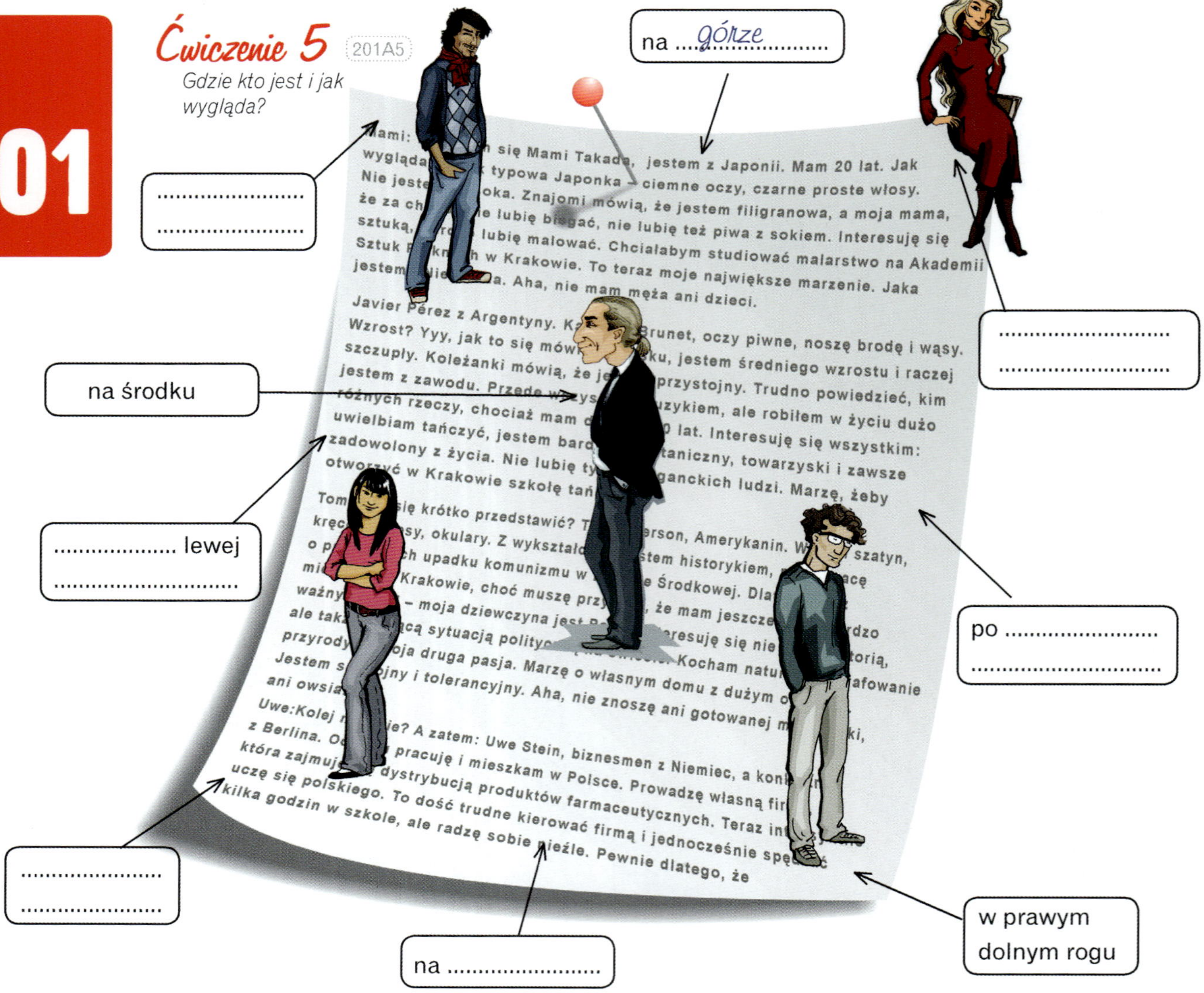

- na **górze**
- ....
- na środku
- .... lewej ....
- ....
- na ....
- ....
- po ....
- w prawym dolnym rogu

Ćwiczenie 6 (201A6)
Proszę uzupełnić tekst.

Mami mieszka .... polskiej rodziny. Jest bardzo zadowolona, ... państwo Maj są bardzo sympatyczni, a .... jest duże, wygodne i ładnie umeblowane. Pani Joanna z .... jest ekonomistką, ale teraz głównie prowadzi dom, a pracuje tylko na zlecenia. Pan Grzegorz, jej **mąż**, pracuje .... informatyk – programista. Mają dwoje .... – Karola i Karolinę, które .... bliźniakami i mają po 18 .... Jest jeszcze pies, ale Mami trochę się .... boi.

Ćwiczenie 7 (201A7)
Proszę podkreślić poprawne formy w tekście.

Jestem Angela Brown, jestem *Angielka / <u>Angielką</u>*, ale mam też polskie korzenie. Mój dziadek był *Polakiem / polski*, moja matka świetnie mówi *po / w* polsku. Mam 28 *lat / lata*. Jestem wysoka i *szczupła / szczupłą*, mam długie jasne włosy i niebieskie oczy. Kiedy byłam mała, miałam piegi *ani / i* rude loki. Jestem rozwiedziona, *ale / lub* nie lubię tego słowa, „wolna" brzmi o wiele *lepszy / lepiej*. Interesuję się *literaturę / literaturą* i współczesnym kinem. Co jeszcze? Lubię *kot / koty*, nie przepadam za *bigos / bigosem*. Marzę *na / o* dalekich podróżach. Mój charakter? Jestem zdecydowana i pewna *siebie / się*. Czasem zbyt pewna, to chyba wada.

B DANE PERSONALNE

01

Ćwiczenie 1 201B1
W grupie jest nowa koleżanka. Proszę uzupełnić dialog.

Student: *Jak masz na imię?*
Studentka: Elena.
Student: ....
Studentka: Jestem z Hiszpanii.
Student: ....
Studentka: W Granadzie, to najpiękniejsze miasto w Andaluzji.
Student: ....
Studentka: Uczę się polskiego, bo teraz przez pół roku będę studiować w Krakowie, w ramach programu Erasmus.
Student: ....
Studentka: Studiuję Stosunki Międzynarodowe.
Student: ....
Studentka: Filmem, muzyką flamenco i oczywiście polityką.
Student: ....
Studentka: Uwielbiam czytać i tańczyć.
Student: ....
Studentka: Polskie pierogi i paellę.
Student: ....
Studentka: Zup. A, i nie cierpię tłustego mięsa.
Student: ....
Studentka: Tak, starszego brata i młodszą siostrę.

Ćwiczenie 2 201B2
Jesteś agentem ubezpieczeniowym, wypełniasz ankietę personalną nowej klientki. Proszę uzupełnić dialog.

Agent: ....
Klientka: Katarzyna Lisiecka.
Agent: ....
Klientka: Mam 27 lat.
Agent: ....
Klientka: W Krakowie, przy ulicy Norwida 7.
Agent: ....
Klientka: Komórka 601 34 25 18, a stacjonarny 12 424 71 52.
Agent: ....
Klientka: Jestem nauczycielką.
Agent: ....
Klientka: W szkole podstawowej.
Agent: ....
Klientka: Jestem mężatką.
Agent: ....
Klientka: Nie, nie mam.
Agent: ....
Klientka: Tak, jeżdżę na nartach i gram w koszykówkę.
Agent: ....
Klientka: Nie, nie mam problemów ze zdrowiem.
Agent: ....
Klientka: Tak, około pół paczki dziennie.
Agent: ....
Klientka: Tak, mam prawo jazdy, ale rzadko prowadzę samochód.

Przedstawmy się | Dane personalne

Ćwiczenie 3 201B3
Co pasuje?

1. wdowiec:
   - ☐ jest po rozwodzie
   - ☐ jest w separacji
   - ☑ jego żona już nie żyje

2. rodzeństwo:
   - ☐ urodziny
   - ☐ brat lub siostra
   - ☐ ojciec i matka

3. kawaler:
   - ☐ jest arystokratą
   - ☐ mieszka w kawalerce
   - ☐ nie ma żony

4. bliźniak:
   - ☐ osoba bliska
   - ☐ osoba identyczna
   - ☐ ma rodzeństwo urodzone w tym samym dniu

5. jedynak:
   - ☐ nie ma brata ani siostry
   - ☐ ma rodzeństwo
   - ☐ nie ma żony

6. panna:
   - ☐ żona pana
   - ☐ młoda pani
   - ☐ nie ma męża

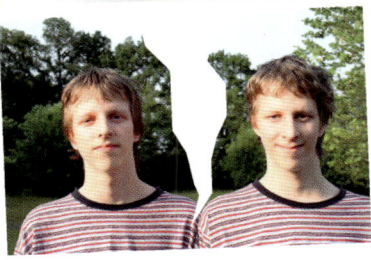

Ćwiczenie 4 201B4
Proszę uzupełnić.

STAN CYWILNY	
	kobieta
	panna
żonaty	
	rozwiedziona
	wdowa
wolny	

01 DIALOG_1

Mami: Karol, czy mógłbyś mi pomóc wypełnić ten formularz?
Karol: A co to jest?
Mami: To dokument, który muszę zanieść na uniwersytet.
Karol: Aha, i co tam jest trudnego?
Mami: Nie wiem na przykład, co to znaczy **płeć**. Co tu powinnam zaznaczyć?
Karol: K – jak kobieta, bo M to mężczyzna. Rozumiesz?
Mami: OK. A to? **Nazwisko panieńskie**…
Karol: Tu nic nie piszesz, bo nie jesteś mężatką i Takada to twoje pierwsze nazwisko.
Mami: A **miejsce stałego zamieszkania**?
Karol: To twój adres, ale nie tu w Krakowie, tylko w Japonii. Jeszcze coś?
Mami: Chwileczkę, **narodowość** rozumiem, a **obywatelstwo**?
Karol: Piszesz „japońskie". Jeśli kiedyś wyjdziesz za mąż za Polaka, to będziesz mogła mieć polskie obywatelstwo i polski paszport.
Mami: Karol, nie żartuj ze mnie!

Dane personalne | Przedstawmy się

Ćwiczenie 5
Pani Maj musi wypełnić wniosek paszportowy, proszę uzupełnić formularz.

Joanna Urszula
polskie
nie ma
12.05.1968 Gdańsk
Piotr, Halina Byrska
164
piwne
Maj ✓
68051201323
ulica Spokojna 12/3
31-315 Kraków
Sokołowska

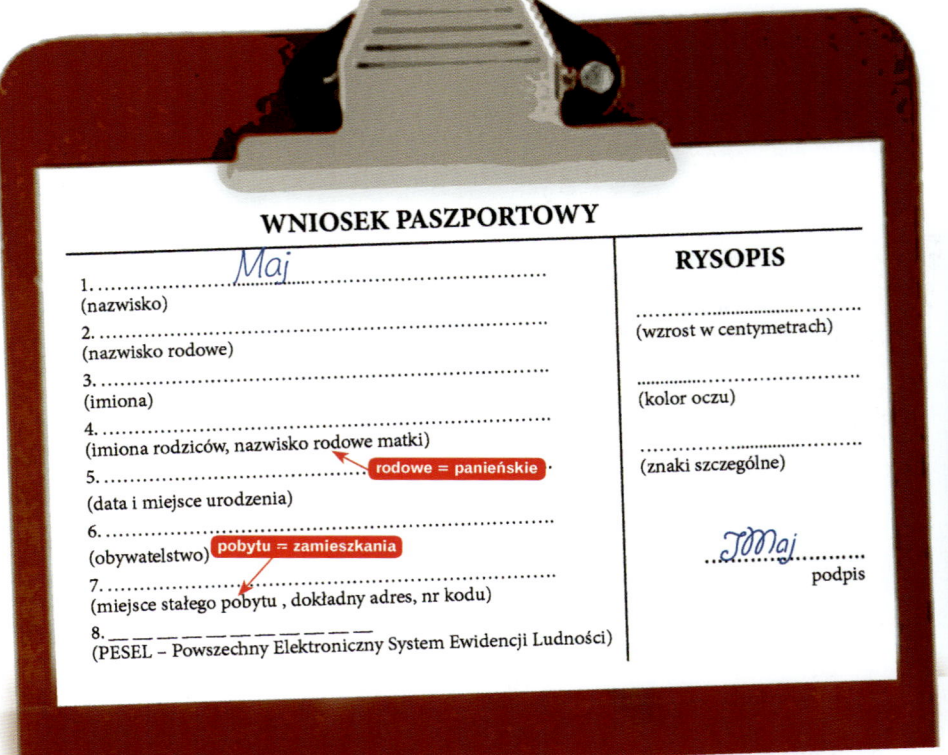

Ćwiczenie 6
Proszę przygotować analogiczny formularz dla siebie.

C SŁOWO ZA SŁOWO

Ćwiczenie 1
Co pasuje?

przyczyna — nie cierpieć
bieżący — kierować
nie znosić — interesować się
przepadać za — powód
prowadzić — bardzo lubić
pasjonować się — aktualny

Ćwiczenie 2
Proszę uporządkować czasowniki.

Nienawidzę owsianki! Kocham muzykę! Nie cierpię szkoły! ✓
Nie znoszę aroganckich ludzi! Przepadam za polską kuchnią!
Lubię sport. Nie lubię bigosu! Uwielbiam pierogi!
Bardzo lubię filmy Wajdy! Nie przepadam za lodami.

/ nie cierpię

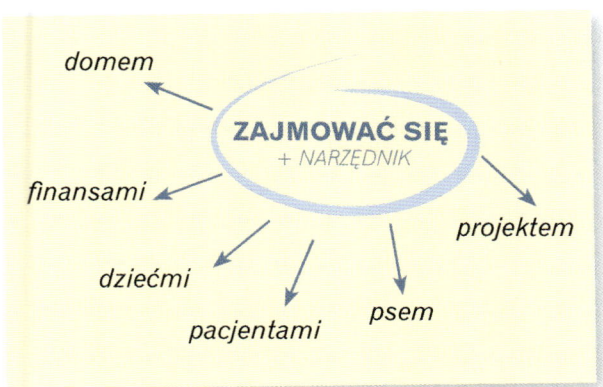
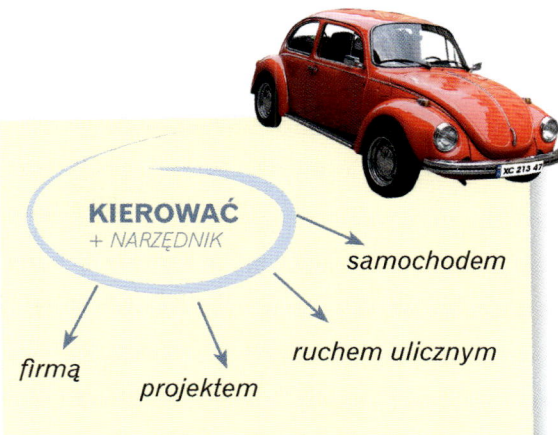

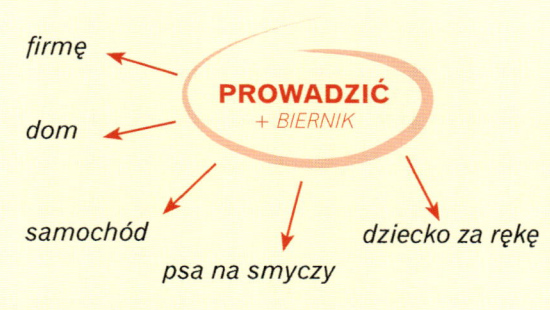
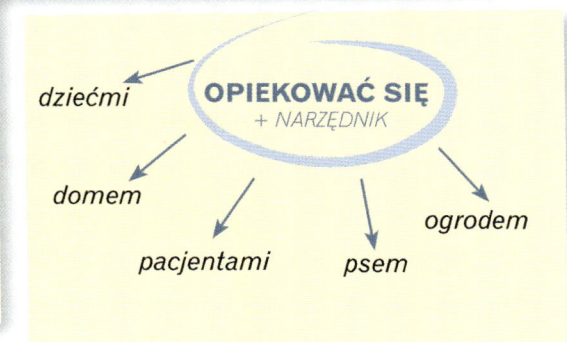

Ćwiczenie 4

Proszę uzupełnić.

1. Od roku Piotr ....*kieruje*.... tą firmą, choć oficjalnie szefem jest jego ojciec.
2. Kiedy byłam na urlopie, sąsiad .... moim kotem.
3. W naszej firmie pan Nowacki .... marketingiem.
4. Moja mama świetnie potrafi .... dom, ale nie umie .... samochodu.
5. Kto wczoraj .... autem w momencie kolizji?
6. Czym pan .... na co dzień?
7. Ewa .... chorą babcią.
8. Kto będzie jutro .... zebranie?

Ćwiczenie 3

Proszę przyjrzeć się powyższym schematom, a następnie zaznaczyć, co nie pasuje.

1. kierować
   - ☐ sklepem
   - ☒ pacjentami
   - ☐ przychodnią

2. zajmować się
   - ☐ ogrodem
   - ☐ podróżą
   - ☐ reklamą

3. opiekować się
   - ☐ wakacjami
   - ☐ zwierzętami
   - ☐ bezdomnymi

4. prowadzić
   - ☐ dyskusję
   - ☐ autobus
   - ☐ reklamę

Ćwiczenie 5

Proszę uzupełnić.

marzyć, radzić sobie, zajmować się, nie cierpieć, kierować, prowadzić ✓, biznesmen, przepadać za

Kolej na mnie? A zatem: Uwe Stein, ... z Niemiec, a konkretnie z Berlina. Od roku pracuję i mieszkam w Polsce. ....*Prowadzę*.... własną firmę, która .... dystrybucją produktów farmaceutycznych. Teraz intensywnie uczę się polskiego. To dość trudne .... firmą i jednocześnie spędzać kilka godzin w szkole, ale .... nieźle. Pewnie dlatego, że jestem bardzo zdyscyplinowany i systematyczny. Jeśli chodzi o wygląd, to jestem raczej wysoki, dobrze zbudowany, mam jasne włosy i niebieskie oczy. Zainteresowania? Typowe – sport, kino. Lubię jeździć na nartach. .... polskim jedzeniem. .... gadatliwych kobiet. .... o tym, żeby więcej czasu spędzać z moją rodziną, czyli żoną i dwójką dzieci.

D. NARZĘDNIK

Javier wracał do domu *późnym wieczorem*. Szedł *wąską i dość ciemną ulicą*. Nie czuł się tu zbyt pewnie, więc maszerował *szybkim krokiem*. Nagle usłyszał *za* plecami dziwny hałas. Obejrzał się, ale nie było nikogo. *Pod* drzewem coś małego poruszyło się *między* stertami jesiennych liści. „Uff, to tylko kot, nie ma *się* czym *stresować*." – pomyślał Javier z ulgą. Chciał iść dalej, ale zwierzak już stał *przed* nim i miauczał żałośnie. „Aha, nie masz domu. I nikt *się tobą* nie *interesuje*, co? Oho, ktoś cię skaleczył *nad* prawym okiem, niedobrze." Brudny i strasznie chudy kotek patrzył na Javiera z ufnością. „Rozumiem, chciałbyś iść *ze* mną, ale nie mogę cię wziąć. Jestem *artystą*, nie umiem *zajmować się kotami*." – powiedział zdecydowanie Javier i poszedł dalej. Kociak nie *przejął się* wcale tą *odmową*, tylko pobiegł za nim. Przed domem Javier stwierdził z rezygnacją – „Chyba mam kota." Początkowo bał się dotknąć zwierzaka, żeby nie *zarazić się* jakąś chorobą, ale potem machnął *ręką* na wszystko i wziął go ze sobą. W domu umył kotka *ciepłą wodą*, wysuszył *ręcznikiem* i nakarmił *mlekiem*. „Kto będzie *opiekować się* tym kociakiem? Ja nie umiem *radzić sobie ze* zwierzętami. W dodatku ciągle jestem *poza* domem. *Jednym słowem* – mam problem."

Ćwiczenie 1

Proszę przyporządkować zaznaczone słowa do schematu.

KIM?
- Polakiem
- matką
- dzieckiem
- sąsiadem
- przyjaciółką
- chłopcem
- ....

CZYM?
- rowerem
- taksówką
- długopisem
- nożem
- szamponem
- ....
- ....
- ....
- ....

KIEDY?
- wiosną
- latem
- jesienią
- zimą
- nocą
- całymi dniami
- wczesnym popołudniem
- ....

KTÓRĘDY?
- korytarzem
- schodami
- drogą
- autostradą
- ulicą Długą
- przejściem podziemnym
- ....

JAK?
- piechotą
- jednym ruchem
- bystrym okiem
- ....
- ....

CZASOWNIKI
- cieszyć się
- martwić się
- zmęczyć się
- *stresować się*
- ....
- ....
- ....
- ....
- ....

PRZYIMKI
- ....
- ....
- ....
- ....
- ...... / *ze*
- ....
- ....

Ćwiczenie 2

Proszę uzupełnić na podstawie tekstu, a następnie wyjaśnić znaczenie tych wyrażeń przyimkowych.

z → *z ulgą*, ..., ...
ze → ....
za → ....
poza → ....

Ćwiczenie 3

Proszę uzupełnić pytania.

1. *Jak* wróciłaś z dworca? Piechotą.
2. *Z czym* chcesz kawę? Z mlekiem i cukrem.
3. .... ona się interesuje? Pawłem.
4. Czy wiesz, ... stoisz? Przed pomnikiem Chopina.
5. .... tu wszedłeś? Normalnie, drzwiami.
6. .... rozmawiałeś przez telefon? Z Alicją.
7. .... byłaś nad Bałtykiem? Latem.
8. .... się martwisz? Wczorajszym egzaminem.
9. .... powinnam iść na dworzec? Tą ulicą.
10. .... jeździsz do pracy? Autobusem.
11. .... szedł Javier? Szybkim krokiem.
12. .... kroisz chleb? Ostrym nożem.
13. .... dzieci wrócą ze szkoły? Wczesnym popołudniem.

Ćwiczenie 4 (201D4)
Co pasuje?

1. Angela ...*zaraziła się*... katarem. *(martwiła się / zaraziła się / przejmowała się)*
2. Uwe .... dużą firmą. *(radzi sobie / kieruje / prowadzi)*
3. Mami .... malarstwem. *(opiekuje się / pasjonuje się / przejmuje się)*
4. Tom zawodowo .... historią. *(stresuje się / cieszy się / zajmuje się)*
5. Javier napisał zadanie .... przykładem. *(w porównaniu z / w związku z / zgodnie z)*
6. .... tym pisaniem, muszę odpocząć. *(bawiłem się / martwiłem się / zmęczyłem się)*

Ćwiczenie 5 (201D5)
Proszę uzupełnić.

> dzieci, ręka, noga, ta wiadomość, piechota,
> współczesny teatr, cudze problemy,
> moja szczotka ✓, masło, mój długopis

1. Dlaczego czeszesz się ...*moją szczotką*...?
2. Nie zdążył na tramwaj i musiał iść ....
3. Wszystko mnie boli, nie mogę ruszyć ani ...., ani ....
4. Czy Angela ucieszy się ....?
5. Kto zajmuje się ....?
6. Czemu piszesz ....?
7. Czy mógłbyś posmarować chleb ....?
8. Andrzej pasjonuje się ....
9. Nie stresuj się ....!

Ćwiczenie 6 (201D6)
Proszę uzupełnić.

> z, ze, pod, nad ✓, przed, za, między, poza

1. Gołębie latały ...*nad*... naszymi głowami.
2. Nie możesz całymi dniami siedzieć .... telewizorem.
3. Uwielbiam pizzę .... szpinakiem.
4. Uwe często jest .... domem, w związku z wyjazdami firmowymi.
5. Angela siedziała .... Karoliną a Tomem.
6. Pies śpi .... stołem.
7. Poproszę colę .... lodem.
8. Przepraszam, ale ja byłam pierwsza, a pan stał .... mną!

Przedstawmy się | Narzędnik

POWTÓRZENIE (E)

Ćwiczenie 1 (201E1)
Proszę połączyć przeciwieństwa.

zaleta	mężatka
nie cierpieć	nieśmiały
wolna	rezultat
pewny siebie	niezdyscyplinowany
przyczyna →	martwić się
zorganizowany	przepadać za
nie przejmować się	wada

Ćwiczenie 2 (201E2)
Proszę uzupełnić.

1. Czy moglibyśmy pojechać z ...*wami*... *(wy)*?
2. Czy pójdziesz ze .... *(ja)* do kina?
3. Nie warto z .... *(oni)* rozmawiać. I tak się nie zgodzą.
4. Nie powinnaś się .... *(ona)* przejmować!
5. Możesz spotkać się z .... *(my)* w weekend?
6. Nie pójdę ani z .... *(ty)*, ani z .... *(on)*!
7. Przyszli wszyscy poza .... *(one)*.
8. Co za dziecko! Nikt sobie z .... *(ono)* nie radzi.

Ćwiczenie 3 (201E3)
Proszę ułożyć historyjkę, używając następujących wyrażeń.

> z ulgą, zmęczyć się, przejmować się, z rezygnacją, radzić
> sobie, cieszyć się, piechotą, jednym słowem, poza miastem

DOPEŁNIACZ JEST WSZĘDZIE
Lekcja_02

KOMUNIKACJA
relacjonowanie zdarzeń
opowiadanie o rodzinie

SŁOWNICTWO
kataklizmy
biografia

GRAMATYKA
dopełniacz

lać (leje), powódź, strata, panika, ogień, zabić, zginąć, umrzeć, zniszczyć, zniszczony, uciekać / uciec, zawalić się, nagroda, kopalnia, zgodzić się

nowe słowa

A NIE LUBIĘ PONIEDZIAŁKU!

Ćwiczenie 1 (202A1)
Proszę posłuchać i uzupełnić.

Javier: Leje i leje! Nie lubię takiej ……………, i tych parasoli, kaloszy…! No i nie lubię …………………… .
Mami: Nikt nie lubi …………… tygodnia. I nikt nie lubi …………… . No, może Anglicy.
Javier: Co ……………? Nie oglądałem „………………", nie słuchałem …………, nie miałem ……………… na nic. Uczyłem się ……………………… .
Mami: Nie do ……………, ty?! Więc nie słyszałeś, że na południu Polski jest wielka powódź!
Javier: A co to takiego? Nie znam tego ……………… .
Mami: Nie masz ………………?
Javier: Szkoda czasu na szukanie, ty mi powiedz!
Mami: Powódź to jest kataklizm, kiedy za długo i zbyt intensywnie pada deszcz. Taka „wielka woda", rozumiesz? „Powódź tysiąclecia" była w lipcu 1997 roku, a teraz wszyscy boją się nowej ……………, nowych …………… .
Javier: Więcej ………………! To tylko deszcz!

Ćwiczenie 2 (202A2)
Proszę odpowiedzieć na pytania.

1. Czego nie lubi Javier?
2. Dlaczego Javier nie oglądał ani nie słuchał wiadomości?
3. Co to jest powódź?
4. Gdzie jest powódź?
5. Dlaczego Javier nie chce użyć słownika?
6. Kiedy była tak zwana „powódź tysiąclecia"?
7. Czy Javier z natury jest pesymistą?
8. Jakiego rodzaju gramatycznego jest *powódź*?

Ćwiczenie 3 (202A3)
Co pasuje?

lawina (4), huragan, pożar, trzęsienie ziemi, powódź, susza, wybuch wulkanu, tsunami

1. bardzo silny wiatr
2. bada się je sejsmografem
3. eksplozja góry z kraterem na szczycie
4. masy śniegu lub kamieni spadające ze stoku górskiego ✓
5. długi czas bez opadów deszczu
6. wielka fala
7. palenie się budynków, lasów, niekontrolowany ogień
8. wielka woda

Ćwiczenie 4

W jakich regionach świata wymienione kataklizmy występują często, a w których bardzo rzadko?

Ćwiczenie 5 `202A4`

Czego ludzie nie mają, kiedy jest jakiś kataklizm?

> woda, prąd, jedzenie, ogrzewanie, dach nad głową, pomoc medyczna, lekarstwa, wiadomości itp.

Ludzie nie mają...

B) UCZ SIĘ POLSKIEGO

02

Dopełniacz jest wszędzie | Ucz się polskiego

Ja tu pilnuję! *Niczego nie żałuję*

Ćwiczenie 1 `202B1`

Proszę uzupełnić.

1. Kogo potrzebujesz? ..... *Potrzebuję ciebie / matki / przyjaciółki.* ..... (ty / matka / przyjaciółka)
2. Czego potrzebujesz? .... (słownik / pomoc / słońce)
3. Kogo szukasz? .... (ktoś kompetentny / żona / kolega)
4. Czego szukasz? .... (okulary / klucz / wyjście)
5. Kogo słuchasz? .... (rodzice / nauczyciel / dziecko)
6. Czego słuchasz? .... (radio / wykład / jazz)
7. Kogo się boisz? .... (złodziej / ten mężczyzna / ojciec)
8. Czego się boisz? .... (duże psy / pająki / ciemność)
9. Czego ona uczy? .... (język / gramatyka / historia)
10. Czego używasz? .... (brzydkie słowa / życie / kosmetyki)
11. Czego pilnuje pies? .... (dom / mieszkanie / ogród)
12. Czego żałujesz? .... (stracony czas / młodość / ta decyzja)
13. Czego zapominasz? .... (klucze / komórka / portfel)
14. Czego życzymy? ....
    (miły weekend / Szczęśliwy Nowy Rok / wszystko najlepsze)

Sto lat Sto lat

Ćwiczenie 2 `202B2`

Proszę wypisać czasowniki (bezokoliczniki), które zawsze łączą się z dopełniaczem.

czasownik + DOPEŁNIACZ

....
....
....
....
....

Ćwiczenie 3 `202B3`

Czy wiesz, co to znaczy?

1. **szukać dziury w całym**:
   - [ ] widzieć braki tam, gdzie ich nie ma
   - [ ] szukać czegoś bezmyślnie
   - [ ] chcieć znaleźć coś małego

2. **pilnować swojego nosa**:
   - [ ] nie wychodzić z domu
   - [ ] mieć intuicję
   - [ ] zajmować się swoimi sprawami

3. **bać się jak ognia**:
   - [ ] bać się wszystkiego
   - [ ] bać się panicznie
   - [ ] bać się pożaru

Ćwiczenie 4 `202B4`

Jakie czasowniki z ćwiczenia 2 pasują do dialogu?

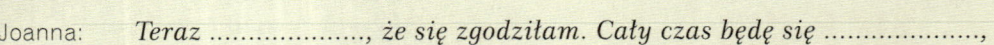

Karolina jedzie na weekend z przyjaciółmi. Ale...

Pani Joanna: Teraz ...., że się zgodziłam. Cały cas będę się ...., że coś ci się stanie.

Karolina: Mamo! Nie możesz mnie traktować jakbym miała 10 lat! .... trochę wolności! Przecież dobrze się ...., nie .... o porządkach w domu, nie .... brzydkich słów, nawet muzyki nie .... już tak głośno – jestem dorosła i odpowiedzialna!

Pani Joanna: Tak, wiem, kochanie. Może rzeczywiście .... dziury w całym?

Karol: A ja myślę, że ona ma nowego chłopaka i dlatego tak chce jechać.

Karolina: A ty masz .... swojego nosa!

Karol: A ja i tak .... ci udanej imprezy. Baw się dobrze, siostro!

C ILE? ILU?

`202C1`

ILE?	ONE r. niemęskoosobowy		ILU?	ONI r. męskoosobowy	
	dwa / dwie, trzy, cztery	+ mian. l. mn. komputery, studentki, piwa		dwóch, trzech, czterech	+ dop. l. mn. studentów
	pięć, sześć, ... dwanaście, ...	+ dop. l. mn. komputerów studentek, piw		pięciu, sześciu, ... dwunastu, ...	
	dużo, mało, kilka, wiele...			dużo, mało, kilku, wielu...	

dwie kawy, trzy koty, cztery piwa
dwoje, troje, czworo, pięcioro dzieci → **SĄ / BYŁY / BĘDĄ** (czasownik w l. mn.)
dwóch, trzech, czterech, pięciu studentów
dużo, mało studentek, studentów → **JEST / BYŁO / BĘDZIE** (czasownik w l. poj.)

Ćwiczenie 1 `202C2`

Co nie pasuje?

1. ~~Wiele~~ / wielu ~~pasażerzy~~ / pasażerów ~~czekał~~ / czekało na dworcu.
2. Ile / ilu porcje / porcji zamówić? Pięć / pięciu czy sześć / sześciu?
3. Duży / dużo ludzie / ludzi lubi / lubią oglądać telewizję.
4. Czy wiesz, ile / ilu studenci / studentów jest / są w Krakowie?
5. W klasie stały / stało kilka / kilku komputerów / komputery.
6. W Polsce mieszka / mieszkają 12 tysiące / tysięcy Romowie / Romów.
7. Wiele / wielu nauczycieli / nauczycieli ma / mają własne firmy.
8. Kilka / kilku nauczycielek / nauczycielki już wyjechała / wyjechało.
9. Mało / mała kobiety / kobiet pracuje / pracują w tym zawodzie.
10. Wiele / wielu policjant / policjantów zginęło / zginęli w tej akcji.
11. Dużo / duże zwierzęta / zwierząt zabijają / zabija inne zwierzęta.

POPULACJA EUROPY

🇬🇧	Londyn	7 421 209
🇪🇸	Madryt	3 250 000
🇫🇷	Paryż	2 153 600
🇵🇱	Kraków	756 583
🇳🇱	Amsterdam	742 011
🇬🇷	Ateny	729 137
🇫🇮	Helsinki	559 330
🇩🇰	Kopenhaga	503 699
🇮🇪	Dublin	505 739

Ćwiczenie 2

Proszę uzupełnić (czas teraźniejszy).

1. W grupie ...**uczy się**... *(uczyć się)* ...**czterech**... (4) ...**studentów**... *(student)*.
2. Na tej ulicy .... *(budować się)* .... (16) .... *(dom)*.
3. W Biblii .... *(być)* .... (12) .... *(apostoł)*.
4. W klasie .... *(wisieć)* .... (7) .... *(zdjęcie)*.
5. W garażu .... *(stać)* .... (6) .... *(samochód)*.
6. Tam .... *(pracować)* .... (10) .... *(kelner)*.
7. Tu .... *(być)* .... (5) .... *(płyta CD)*.
8. W lodówce .... *(leżeć)* .... (8) .... *(piwo)*.
9. .... (9) .... *(dziewczynka)* .... *(bawić się)* **razem**.
10. W Polsce .... *(mieszkać)* .... (38) .... *(milion)* **ludzi**.

Ćwiczenie 3

Znajdź 10 różnic. Porównaj oba rysunki.

D BRAT OJCA CZY OJCIEC BRATA?

Ćwiczenie 1

Co pasuje?

nagroda	Morse'a	pora	Guliwera
mistrzostwa	tygodnia	rata	lasu
literatura	Polski	plan	roku
dzień	morza	matka	soli
koniec	płatności	pożar	wulkanu
alfabet	języków obcych	wybuch	kredytu
owoce	faktu	trzęsienie	ważności
prezydent	Nobla	data	ojca
termin	świata	kopalnia	lekcji
szkoła	Europy	podróże	ziemi

02

Ćwiczenie 2 `202D2`
Jaki jest mianownik?

....

Józef Dietl ....

....

E PRZYIMKI

Ćwiczenie 1 `202E1`
Gdzie jest dopełniacz?

> witamy w Krakowie, z Polski, ze Śląska, bez sensu, Kino pod Baranami, dla obcokrajowców, krok po kroku, od czasu do czasu, ode mnie, pytanie o drogę, z mlekiem, koło kiosku, poza domem, obok sklepu, przy tablicy, naprzeciwko poczty, wśród ludzi, na dworcu, podczas meczu, u dentysty, po lekcji, do Wrocławia, o której godzinie, z powodu choroby, w Tatrach, czekam na niego, z Niemiec, oprócz niej, tam i z powrotem, ze śmietaną

Ćwiczenie 2 `202E2`
Proszę wypisać przyimki, które łączą się z dopełniaczem.

DOPEŁNIACZ
z / ze

Ćwiczenie 3 `202E3`
Proszę uzupełnić zdania przyimkami z tabeli.

1. Jak ....u.... Pana Boga za piecem.
2. Masz .... nich wiadomość?
3. .... poniedziałku!
4. Torba leży .... radia.
5. .... nas to bez znaczenia.
6. Wiem to .... gazety.
7. Piję kawę .... mleka.
8. Umiesz grać „.......... Elizy"?
9. Frytki są .... ziemniaków.
10. Lubię wszystkie owoce .... bananów.

F KIEDY TO BYŁO?

Ćwiczenie 1 `202F1`
Proszę posłuchać i wpisać daty.

Data	Wydarzenie
29.11.2010	Andrzejki. Studenci rozmawiają o datach, które pamiętają.
	Początek stanu wojennego w Polsce.
	Pierwsze wolne wybory w Polsce.
	Zmarł cesarz Japonii Hirohito.
	Śmierć księżnej Diany.
	Ślub Diany i Karola.
	Ślub księcia Williama.
	Upadek Muru Berlińskiego.
	Zjednoczenie Niemiec.
	Atak na WTC.
	Urodził się Javier.

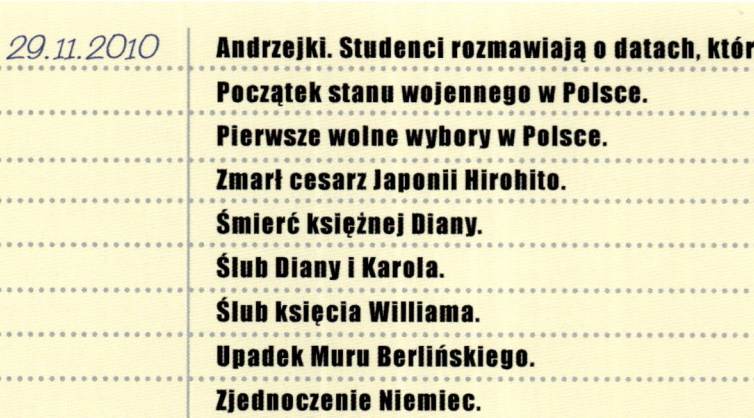

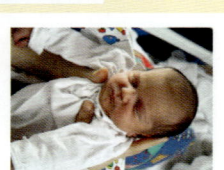

Ćwiczenie 2 `202F2`

Proszę napisać daty i liczby słowami. Czy umiesz wyjaśnić zaznaczone słowa?

Moja babcia Stanisława urodziła się (21.08.1923 r.) ....
.... we Lwowie.
Imieniny obchodziła (08.05.) ...., ale nie lubiła swojego imienia.
(01.09.1939 r.) ....
.... wybuchła (II) .... wojna światowa i wszystko się zmieniło. Rodzina babci na zawsze opuściła Lwów.
Najpierw mieszkali w Gdyni, potem przeprowadzili się do Krakowa. Tam babcia poznała mojego dziadka Tadeusza. Pobrali się przed końcem wojny, (02.04.1945 r.) ....
...., w Kościele Mariackim.
Mieli (5) .... dzieci. Najstarszy syn urodził się (22.01.1946 r.) ....
....,
a najmłodszy (17.08.1958 r.) ....
.... To mój ojciec chrzestny.
Moja mama, ich jedyna córka, przyszła na świat (20.05.1948 r.) ....
....
Dziadek prowadził własną firmę, a babcia zajmowała się domem. Całe życie ciężko pracowali. Mieli (9) .... wnuków – trzy dziewczynki
i (6) .... chłopców. Babcia zmarła po długiej chorobie
(26.01.2007 r.) ....
.... Jest pochowana na małym
wiejskim cmentarzu pod Częstochową.

02

Dopełniacz...

POWTÓRZENIE G

Ćwiczenie 1 🎧 `202G1`

A. Gdzie jest dopełniacz?

 *Organizacja powstała 11 grudnia 1946 roku z inicjatywy Polaka doktora Ludwika Rajchmana w wyniku uchwały Zgromadzenia Ogólnego Narodów Zjednoczonych. Głównym celem UNICEF jest pomoc dzieciom w zakresie wyżywienia, ochrony zdrowia, edukacji, a także ochrony przed przemocą i wykorzystywaniem. Zakres działania organizacji jest globalny.
Za swoją działalność UNICEF dostał w 1965 roku Pokojową Nagrodę Nobla.
Organizacja miała też duży udział w uchwaleniu przez ONZ w 1989 roku Konwencji o Prawach Dziecka.
Od 2006 ich reklama jest na koszulkach siatkarek i piłkarzy klubu FC Barcelona.
Co roku na święta Bożego Narodzenia UNICEF wydaje specjalne kartki pocztowe, z których dochód przeznacza na swoją działalność. Oprócz tego przez cały rok prowadzona jest sprzedaż różnorodnych produktów na cele charytatywne.
(źródło: Wikipedia)*

B. Prawda czy nieprawda?   P | N

UNICEF powstał w czasie wojny. __ | ✓
Dr Ludwik Rajchman założył UNICEF. __ | __
UNICEF działa na całym świecie. __ | __
UNICEF zajmuje się dziećmi. __ | __
Sportowcy reklamują tę organizację. __ | __
Akcje charytatywne są tylko w grudniu. __ | __

Ćwiczenie 2 `202G2`

Proszę napisać pytania do podkreślonych słów.

1. *Kogo* .... tu nie znasz? Nie znam Piotra i Alicji.
2. .... jesteś? Jestem z Anglii.
3. .... byłeś? Byłem u mamy.
4. .... to jest? To jest do pisania.
5. .... to wiesz? Wiem to z gazety.
6. .... nie mógłbyś żyć? Bez książek.
7. .... idziesz? Idę do domu.
8. .... muzyki słuchasz? Klasycznej.
9. .... komputera używasz? Tego.

TEATR ŻYWYCH FOTOGRAFII*
Lekcja_03

KOMUNIKACJA
w kasie kina
porównywanie

SŁOWNICTWO
kino, film
streszczenie

GRAMATYKA
przyimki statyczne i dynamiczne
zdania celowe

nowe słowa: msza, pościg, obsada, wrażenie, ścieżka, wytwórnia, bohater, przygoda, słynny, spojrzenie, szaleństwo, napięcie, groza, strach, plemię

A DO KINA CZY NA FILM?

Ćwiczenie 1 [203A1]
Proszę uzupełnić.

JESTEM		IDĘ	
Gdzie? (+ miejscownik) **U kogo?** (+ dopełniacz)	**Na czym?** (+ miejscownik)	**Dokąd?** (+ dopełniacz) **Do kogo?** (+ dopełniacz)	**Na co?** (+ biernik)
w kawiarni	*na kawie*	do kawiarni	*na kawę*
		do parku	
			na wykład
u kolegi			na urodziny
w Zakopanem			
			na wizytę
	na mszy	do kościoła	
w restauracji			
w firmie			
		do galerii	
		do babci	

*"Teatr żywych Fotografii" nazwa pierwszego stałego kina w Łodzi przy ul. Piotrkowskiej (1899 r., stosowano aparat projekcyjny systemu braci Lumiére).

Ćwiczenie 2 [203A2]
Proszę uzupełnić tekst wpisując w każdą lukę odpowiedni wyraz.

Jest (1) *piątek* po południu. (2) .... skończyli lekcje i wykłady, mają dość nauki. Myślą, co mogliby robić w wolnym (3) .... Pogoda jest (4) .... i nikt nie ma (5) .... na spacer. Angela proponuje kino. Nie wie jeszcze, (6) .... mogą pójść, ale sprawdza program w (7) .... i wybiera film, który ma dobre (8) .... Następnie (9) .... bilety i umawia się z kolegami przed (10) .... pod (11) ....

1.	w piątek	piątek ✓	piątku
2.	studentki	studentów	studenci
3.	czasu	czasem	czasie
4.	brzydka	brzydko	brzydki
5.	ochotę	ochoty	ochota
6.	na czym	na co	czym
7.	Internetu	Internet	Internecie
8.	recenzję	recenzje	recenzji
9.	rezerwowa	rezerwuje	rezerwuję
10.	szóstą	szóstej	szósta
11.	kinie	kino	kinem

Ćwiczenie 3 `203A3`
Proszę uzupełnić dialog.

może być ≠ być może

Javier: *Może pójdziemy na spacer?*
Angela: E, raczej nie, pada deszcz i jest zimno.
Javier: ....
Angela: Proponuję, żebyśmy poszli do kina.
Javier: ....
Angela: Nie wiem, co ciekawego grają, ale możemy sprawdzić.
Javier: ....
Angela: Może być. Ma niezłe recenzje.
Javier: ....
Angela: Oczywiście, że mogę. Ile biletów?
Javier: ....
Angela: Za dziesięć szósta pod kinem.

o → ósmej | przed → ósmą
po → ósmej | na → ósmą

Ćwiczenie 4 `203A4`
Proszę dopasować.

kasa — biały prostokąt, na którym emitowany jest film
film z napisami — opinia krytyka, np. w gazecie
film dubbingowany — z lokalną wersją językową
miejsce — tam ludzie kupują bilety
klimatyzacja — regulacja temperatury
rząd → fotele jeden przy drugim w kinie, w teatrze
seans — numer fotela
sala — wersja oryginalna, tekst na ekranie
recenzja — ze zniżką
bilet ulgowy — projekcja, pokaz filmowy
ekran — duży pokój w kinie, w szkole itp.

Ćwiczenie 5 `203A5`
Proszę uporządkować dialogi.

A
- [1] - Dzień dobry. Mam rezerwację na nazwisko Brown.
- [ ] - Rząd piąty, miejsce siódme, może być?
- [ ] - Na „Autora widmo", na osiemnastą.
- [ ] - Niestety nie, to premiera. Sala jest pełna.
- [ ] - Trochę za blisko. Nie ma niczego dalej od ekranu?
- [ ] - Na jaki seans?

B
- [1] - Przepraszam, mam pytanie. Czy ten film jest dubbingowany?
- [ ] - Dla studentów i emerytów.
- [ ] - Tak, ale dzisiaj niestety jest zepsuta.
- [ ] - Nie. Jest po angielsku, z polskimi napisami.
- [ ] - Aha. A dla kogo są bilety ulgowe?
- [ ] - I już ostatnie pytanie: czy w sali jest klimatyzacja?

Teatr żywych fotografii | Do kina czy na film?

B JAKIE KINO? JAKI FILM?

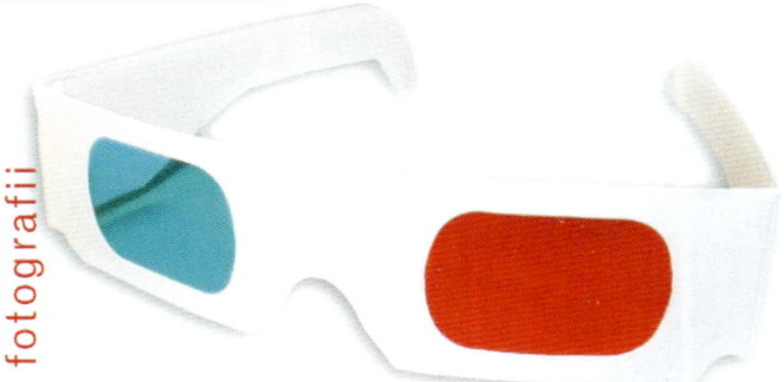

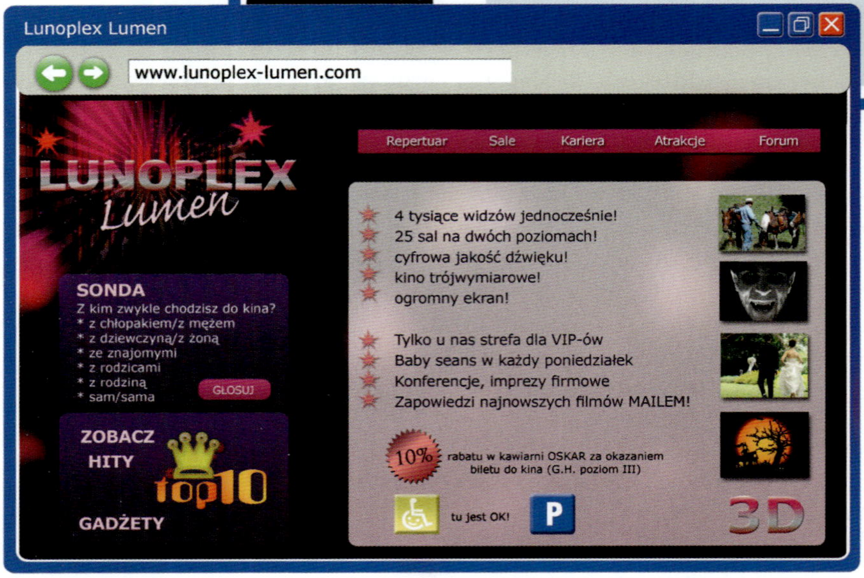

_03

Jakie kino? Jaki film? | Teatr żywych fotografii

Ćwiczenie 1 _203B1_
Jakie zalety, a jakie wady mają te kina?

zalety ⊕

Lumen	Zaczarowany Młyn
Nie ma problemu, żeby zaparkować samochód.	

wady ⊖

Lumen	Zaczarowany Młyn

Ćwiczenie 2 _203B2_
Jakie kino oni wybiorą i dlaczego?

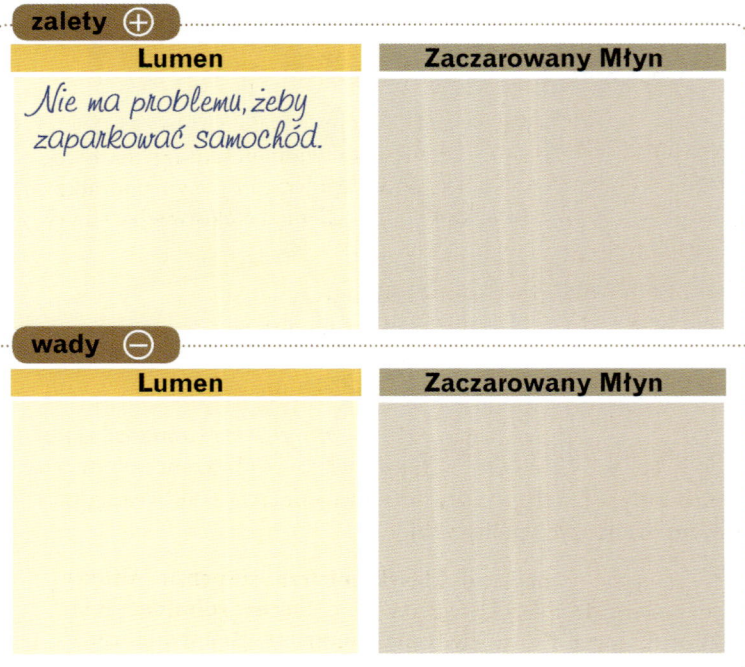

Ćwiczenie 3
O jakich typach (gatunkach) filmów oni mówią? Jakie są jeszcze inne gatunki?

- [ ] film science fiction
- [ ] film animowany
- [1] film sensacyjny
- [ ] film gangsterski
- [ ] dramat wojenny
- [ ] komedia romantyczna
- [ ] musical
- [ ] western
- [ ] dreszczowiec

Ćwiczenie 4
Proszę dopasować tytuły do filmów.

„Pozdrowienia z Moskwy" ✓
„Gwiezdne wojny"
„Czas apokalipsy"
„Psychoza"
„Cztery wesela i pogrzeb"
„Ojciec chrzestny"
„Upiór w operze"
„Król Lew"
„Tańczący z wilkami"

03

1. „*Pozdrowienia z Moskwy.*" Drugi film o misji brytyjskiego superagenta 007, **zrealizowany na podstawie powieści** o Jamesie Bondzie autorstwa Iana Fleminga. W rolę agenta Jej Królewskiej Mości po raz drugi **wcielił się** Sean Connery. **Scenarzyści** postawili na gadżety, takie jak „morderczy zegarek", szybką akcję, pościgi i walki, ze słynną sceną bójki w Orient Expressie na czele.

2. .... Dla mnie to film wszechczasów! **Fabuła jest oparta na książce** amerykańskiego pisarza włoskiego pochodzenia o tym samym tytule. **Film, mistrzowsko wyreżyserowany przez** Coppolę, opowiada o historii rodziny mafijnej Corleone. Głowę rodziny – Vita Corleone – zagrał Marlon Brando i **za tę rolę dostał Oskara**. Dalsze losy rodziny można oglądać w dwóch następnych częściach, również **w gwiazdorskiej obsadzie**.

3. .... Widziałam ten spektakl w teatrze, ale **ekranowa wersja** też robi wrażenie! To historia obsesji miłosnej geniusza muzycznego o zdeformowanej twarzy, żyjącego w podziemiach paryskiej opery. Niektórzy mówią, że film jest kiczowaty i cukierkowy, ale dla mnie ma fantastyczną **scenografię** i przede wszystkim doskonałą **ścieżkę muzyczną**.

4. .... Może jestem dziecinny, ale bardzo lubię filmy z **wytwórni** Walta Disneya. „Hakuna matata!" **Głównym bohaterem jest** Simba, który razem z przyjaciółmi, innymi zwierzętami, musi przeżyć wiele przygód zanim zasiądzie na tronie. **Scenariusz nawiązuje do** dramatu Williama Shakespeare'a **pod tytułem** „Hamlet".

5. .... **Akcja rozgrywa się** na Dzikim Zachodzie. Opowiada historię amerykańskiego oficera, który stacjonując w odległym forcie, poznaje plemię Indian. Wkrótce przekonuje się jak fałszywe są znane mu stereotypy na ich temat, a z czasem znajduje wśród nich przyjaciół i miłość. Film osiągnął wielki **sukces kasowy**, a Kevin Costner jako **producent, reżyser, aktor** zyskał uznanie i popularność.

6. .... Popularność sześciu części galaktycznej sagi oraz innych produktów związanych ze światem wykreowanym w filmie to fenomen **kultury masowej**. Wszyscy chyba słyszeli o Jedi, Ciemnej Stronie Mocy, Lordzie Vaderze i słynnym początku: „Dawno, dawno temu, w odległej galaktyce...". Jest to film, który pod względem **efektów wizualnych**, zmienił oblicze współczesnej kinematografii.

7. .... Najbardziej kasowy brytyjski film w historii i **zdobywca wielu nagród filmowych** – po prostu **przebój**. Wcale się nie dziwię! To **pełne komizmu** spojrzenie na miłość, pokazaną ironicznie, z humorem. Roztrzepany angielski amant, „stary" kawaler, zakochuje się w Amerykance i... oczywiście wszystko **kończy się happy endem**.

8. .... Luźna **adaptacja** książki Josepha Conrada, której **akcja** została przeniesiona w czasy wojny w Wietnamie. Film jest świetnym **obrazem** wojennego szaleństwa. W Polsce film **był emitowany** w kinach w czasie stanu wojennego w 1981 roku, przez co od razu stał się **filmem kultowym** dla opozycji politycznej.

9. .... Trzymający w napięciu **klasyk mistrza** suspensu Alfreda Hitchcocka. **Atmosfera grozy**, strachu, niepokoju rośnie z każdą minutą, aż do **sceny kulminacyjnej**. Niektórzy mówią, że to **arcydzieło światowej kinematografii**, a ja, kiedy przypominam sobie słynną scenę morderstwa pod prysznicem, zawsze mam dreszcze...

Ćwiczenie 5 `203B5`
Prawda czy nieprawda?

		P	N
1.	James Bond jest Brytyjczykiem.	✓	_
2.	Ian Fleming zagrał Bonda.	_	_
3.	„Ojciec chrzestny" nie ma kontynuacji.	_	_
4.	Akcja „Upiora w operze" dzieje się w Paryżu.	_	_
5.	„Król Lew" to ekranizacja „Hamleta".	_	_
6.	„Tańczący z wilkami" zarobił dużo pieniędzy.	_	_
7.	„Gwiezdne wojny" to również komiksy, gry komputerowe itp.	_	_
8.	„Cztery wesela i pogrzeb" to poważny film.	_	_
9.	„Czas apokalipsy" był zakazany w Polsce.	_	_
10.	Oglądając „Psychozę", widz powinien się bać.	_	_

Ćwiczenie 6 `203B6`
Co pasuje?

na podstawie ( ) atmosfera ( ) dostać ( ) film ( ) oparty na ( )
kultura ( ) arcydzieło (1) główny ( ) gwiazdorska ( ) kończyć się scena ( )
sukces ( )

1. kinematografii ✓   4. kultowy   7. Oskara   10. powieści
2. happy endem   5. bohater   8. masowa   11. książce
3. kulminacyjna   6. obsada   9. kasowy   12. grozy

Ćwiczenie 7 `203B7`
Co pasuje?

1. Bardzo ...*podoba*... mi się ten film.
   a) lubię   b) lubi   c) podoba ✓
2. Chłodzi i wentyluje wnętrze: ....
   a) kondycja   b) klimat   c) klimatyzacja
3. Nie .... żadnego polskiego reżysera.
   a) wiem   b) znam   c) umiem
4. W Polsce prawie wszystkie filmy kinowe są ....
   a) z podtytułami b) z napisami   c) z napisem
5. Kto ogląda film? ....
   a) Widmo   b) Widz   c) Widzenie
6. Film 3D to film ....
   a) trzywymiarowy b) trzechwymiarowy c) trójwymiarowy
7. Muzyka do filmu to inaczej ....
   a) droga muzyczna b) ścieżka muzyczna c) trasa muzyczna
8. „Zapowiedzi" – to, co ....
   a) było   b) jest   c) będzie
9. Filmy 100 lat temu były ....
   a) czarno-białe   b) czarne-białe c) czarne i białe
10. Publiczna prezentacja działań artystycznych to ....
    a) pogląd   b) przegląd   c) ogląd
11. Roman Polański to znany ....
    a) dyrektor   b) reżyseria   c) reżyser

Ćwiczenie 8 `203B8`
Proszę napisać historię, wykorzystując słowa z tytułów filmów:

„Pozdrowienia z Moskwy", „Gwiezdne wojny", „Czas apokalipsy", „Psychoza", „Cztery wesela i pogrzeb", „Ojciec chrzestny", „Upiór w operze", „Król Lew", „Tańczący z wilkami"

Np. W Moskwie były cztery opery. Czasem...

C PROŚBA, PROPOZYCJA, ROZKAZ!

03

Javier powiedział, żeby pójść do kina.	*żeby* + bezokolicznik → komunikat
Javier powiedział Mami, żeby (Mami) sprawdziła repertuar.	*żeby* + czas przeszły → prośba
Mami myśli, że to jest dobry pomysł.	*że* → łączy dwa zdania

| Ktoś powiedział, | żebym / żebyś / żeby | zrobił / zrobiła | coś. |
| | żebyśmy / żebyście / żeby | zrobili / zrobiły | |

Ćwiczenie 1
Proszę przekształcić zdania.

Angela, możesz pójść ze mną i pomóc mi w szukaniu fajnego filmu?

Mami poprosiła Angelę, żeby **poszła z nią i pomogła jej w szukaniu fajnego filmu**.

Javier, ty masz dużo czasu, kup wcześniej bilety dla wszystkich.

Tom przekonał Javiera, żeby ....

Uwe, a może zadzwonisz do kina i zrobisz rezerwację?

Javier poprosił Uwe'go, żeby ....

Tom, poczekaj na mnie, to tylko 5 minut!

Angela kazała Tomowi, żeby ....

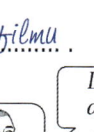
Dajcie mi numer do tego kina.

Uwe powiedział kolegom, żeby ....

Mami, sprawdź jeszcze raz numer telefonu do tego kina!

Kolega krzyknął do Mami, żeby ....

Ćwiczenie 2
Proszę uzupełnić.

1. Tyle razy cię prosiłam, **żebyś** sprzątał swój pokój.
2. Jan powiedział mi, ... teraz ja kupiła mleko.
3. Magda poprosiła go, ... zrobił herbatę.
4. Ania kazała studentom, ... powtórzyli gramatykę.
5. Czy Iwona już mówiła wam, ... przyszli wcześniej?
6. Tomek zgodził się, ... *(my)* mieli dzień wolny.
7. Mama kazała dziecku, ... było grzeczne.
8. Powiedział ci, ... to zrobił na jutro?

Ćwiczenie 3
że? żeby?

1. Wiem, **że** nic nie wiem.
2. Ania powiedziała, ... jedzie jutro w góry.
3. Patrycja poprosiła Anię, ... do niej przyszła.
4. Ania odpowiedziała, ... do niej przyjdzie.
5. Zaproponował im, ... poszli razem do kina.
6. Tata pisze, ... miło spędza urlop.
7. Krzyczałem do niego, ... się pospieszył.
8. Nie wiedzieliśmy, ... masz dziś urodziny.

POWTÓRZENIE D

Proszę opisać swój ulubiony film. Proszę spróbować użyć następujących słów:

na początku, potem, następnie, na końcu, główny bohater, reżyser, scenariusz, akcja, fabuła, rola, oparty na, ścieżka dźwiękowa, nagroda, atmosfera, sukces itp.

DWAJ, TRZEJ, CZTEREJ
Lekcja_04

KOMUNIKACJA	**SŁOWNICTWO**	**GRAMATYKA**
budowanie definicji	nazwy narodowości	mianownik l. mn. rzeczowników
opis	nazwy zawodów	niemęskoosobowych (powtórzenie)
	sport	mianownik l. mn. rzeczowników
		męskoosobowych, liczebniki: dwaj, trzej...

nowe słowa

wygrywać / wygrać ≠ przegrywać / przegrać, zarabiać / zarobić, mistrz, mistrzostwa, kibic, gospodarz / gospodyni

A MIANOWNIK LICZBA MNOGA

Ćwiczenie 1 (204A1)
Proszę wpisać słowa we właściwe miejsca w tabeli.

spodnie, plecy, kierowca, imiona ✓, mięśnie, usta, okulary, stół, drzwi, urodziny, pytanie, łóżko, tata, północ, szkoła, dzieci, pomoc, ptak, ciśnienie, gospodyni, imię ✓, okulista, sól, plac, serce, meble, liceum, przyjemność, zdjęcia, plotki

LICZBA POJEDYNCZA			LICZBA MNOGA	
ON r. męski	**ONA** r. żeński	**ONO** r. nijaki	**ONE** r. niemęskoosobowy	*tylko l. mn. (pluralia tantum)*
		imię	imiona	

Ćwiczenie 2 (204A2)
Jaka jest liczba mnoga?

-y
- rower - *rowery*
- para - ....
- ptak - ....
- plotka - ....
- gospodyni - ....
- plac - ....

- łóżko - ....
- okno - ....
- pytanie - ....
- zdjęcie - ....
- liceum - ....
- ramię - ....

Ćwiczenie 3
dwa? dwie? dwoje?

"Aaa, aaa, kotki dwa, szarobure obydwa..."

dwie	części	....	rzęd__
....	imiona	....	kawiarni__
....	plotki	....	poziom__
....	zdjęcia	....	kin__
....	dzieci	....	bilet__
....	pary spodni	....	sal__
....	serca	....	miejsc__
....	gospodynie	....	recenzj__
....	pary okularów	....	ekran__
....	place	....	kas__

04

Dwaj, trzej, czterej | **Mianownik liczba mnoga**

```
dwa  → obydwa  = oba    ten i ten   np.: „Aaa, aaa, kotki dwa, szarobure obydwa..."
dwie → obydwie = obie   ta i ta     np.: „Kocham je obie!"
dwoje → obydwoje = oboje ten i ta    np.: „Oboje rodzice przyszli do szkoły"
```

Ale: **dwaj** lub **obydwaj (obaj) kierowcy, studenci...** DLACZEGO?

Ćwiczenie 4
Kto to jest?

1. g o ś ć – wizyta / dom / urodziny
2. k _ _ _ _ _ – praca / znajomy / razem
3. a _ _ _ _ – teatr / film / grać
4. m _ _ _ _ _ _ _ – warsztat / samochód / naprawiać
5. s _ _ _ _ _ _ – uniwersytet / studiować / książki
6. l _ _ _ _ _ – szpital / pacjent / badać
7. d _ _ _ _ _ _ _ – zęby / gabinet / borować
8. s _ _ _ – firma / pracodawca / dyrektor
9. s _ _ – rodzina / dziecko / rodzaj męski
10. m _ _ _ _ _ _ _ _ – człowiek / przystojny / dorosły
11. ch _ _ _ _ _ _ – człowiek / młody / nastolatek
12. s _ _ _ _ _ – obok / mieszkać / dom
13. w _ _ _ _ _ _ _ _ _ _ _ – warzywa / jeść / zero mięsa
14. m u i c h – klasztor / modlić się / Benedyktyni
15. p _ _ – on / oficjalnie / grzecznie
16. B _ _ _ – osoba / pochodzić / Belgia

Ćwiczenie 5
Proszę posłuchać i uzupełnić, a następnie wpisać przykłady w odpowiednie miejsca w tabeli Mianownika (str. 28).

Pan Grzegorz: *Mami, to ty?! O! Są i ....*
Mami: *Chciałam panu kogoś przedstawić: to moi .... Ci dwaj to ....!*
Pan Grzegorz: *Naprawdę? Wyglądają jak ....*
Mami: *Organizowali teatr uliczny, więc może są trochę brudni. A ci trzej to .... medycyny.*
Pan Grzegorz: *Hm, w przyszłości ...., tak? A może ....? Albo .... szpitala?*
Mami: *Pan cały czas żartuje! To są .... bardzo znanego chirurga!*
Pan Grzegorz: *Plastycznego? Przepraszam Mami, ... tacy jak ja lubią żartować. ....! Co zjecie na kolację? Męskiego befsztyka? .... nie przyszli, mogę was zaprosić.*
Mami: *To .... Nie jedzą mięsa.*
Pan Grzegorz: *Mami, oni w dodatku w ogóle nic nie mówią. To jacyś ....?!*
Mami: *Chyba nie mam nastroju do pana żartów. ...., wychodzimy! A poza tym to są .... i nie mówią jeszcze dobrze po polsku.*

dwadzieścia siedem _27

Ćwiczenie 6

Proszę odpowiedzieć na pytania.

1. Kim są koledzy Mami?
2. Dlaczego dwaj z nich są brudni?
3. Dlaczego nie jedzą mięsa?
4. Dlaczego Mami wychodzi z domu?

MIANOWNIK KTO? CO? (l. mn.)

Mianownik liczba mnoga | Dwaj, trzej, czterej

rodzaj męskoosobowy - ONI

rzeczownik	**-i** b, d, f, ch, ł, m n, p, s, t, w, z	**-y** k, g, r	**-e** sz, cz, dz, dż, ż, rz ś, ć, dź, ź, ń, l, j	**-owie** rodzina, tytuł narodowość (1 sylaba)
alternacje	t ▷ ci d ▷ dzi ch ▷ si sta ▷ ści	k ▷ cy g ▷ dzy r ▷ rzy ec ▷ cy ca ▷ cy	anin ▷ anie	
przykład	student > studenci			

DWAJ / TRZEJ / CZTEREJ

Uwaga: brat / bracia, człowiek / ludzie, ksiądz / księża

Ćwiczenie 7

Proszę zamienić na liczbę mnogą.

1. Lekarz pracuje w szpitalu. *Lekarze pracują w szpitalach*.
2. Policjant skontrolował samochód. ......
3. Pracownik będzie podpisywał umowę. ......
4. Prezenter musi dobrze wyglądać. ......
5. Dziadek żył 90 lat. ......
6. Przewodnik pokaże muzeum. ......
7. Złodziej ukradł portfel. ......
8. Stylista je sałatkę. ......
9. Profesor zrobił egzamin. ......
10. Marsjanin atakuje. „......" ☺

Ćwiczenie 8

Proszę wpisać końcówki. Uwaga na alternacje!

okuli*ści*   dziennika......   kucha......   ekonomi......
ojc......   prezes......   inżynier...... rolni......
emery......   sprzedawc......   chirur......   męż......

Ćwiczenie 9

O jakich zawodach mówi lektor?
Proszę posłuchać jeszcze raz i zanotować najważniejsze informacje.

a) nauczyciele
Najważniejsza jest…

b)

c)

d)

e)

f)

g)

h)

Dwaj, trzej, czterej | **Mianownik liczba mnoga**

Ćwiczenie 10

Proszę zamienić na liczbę pojedynczą.

- Polscy biolodzy odkryli nowy gatunek muchy
- Chirurdzy znów strajkują
- Ukraińcy inwestują w autostrady
- PISARZE NIE CHCĄ VAT-U
- SERBOWIE PRZEPRASZAJĄ CHORWATÓW
  Serb przeprasza Chorwata
- Czy piloci dobrze zarabiają?
- Słowacy a niedźwiedzie
- Naukowcy zapraszają do Centrum Nauki
- Amerykanie mogą mieć kłopoty
- REKTORZY DO ODWOŁANIA
- POLITYCY KŁAMIĄ!
- CZESI WYGRALI Z AUSTRIAKAMI 1:0
- AKCJONARIUSZE PROTESTUJĄ
- NACJONALIŚCI ORGANIZUJĄ MANIFESTACJE

B MISTRZOWIE ŚWIATA

Ćwiczenie 1
Kto to jest?

PL	DE	JP
Polka + Polak ▶ Polacy	.... + ... ▶	.... + ... ▶ ....
IT	US	FI
.... + ... ▶	.... + ... ▶	.... + ... ▶ ....
FR	SE	CN
.... + ... ▶	.... + ... ▶	.... + ... ▶ ....
GB	AR	NO
.... + ... ▶	.... + ... ▶	.... + ... ▶ ....

Ćwiczenie 2
Co pasuje?

boisko ———————— 50%
zwycięstwo   grupa sportowa
bramka   np. liniowy, główny…
remis   ≠ początek, start
sędzia   profesjonalnie uprawia sport
koniec   rywal
połowa   rezultat
drużyna   miejsce, gdzie gra się mecz
wynik   gol
zawodnik   sukces w rywalizacji
przeciwnik   np. 0:0, 1:1…

Ćwiczenie 3
Co pasuje? Proszę uzupełnić tekst wyrażeniami z ćwiczenia 2, a następnie posłuchać i skorygować.

…Miliony przed telewizorami, a tu cały czas 0:0. Dwie minuty przed .... drugiej .... meczu na .... wchodzi nowy .... To ostatnia nadzieja .... gospodarzy. Czy będzie w końcu ....? Czy zmieni się ....? Kto będzie górą? .... nikogo nie interesuje, ... tak! A on biegnie, biegnie, jest blokowany, faul, tak! faul, co za nieczyste zagranie. Oczywiście żółta kartka. Piłka po stronie .... Ostatnia minuta i, proszę państwa, gol! .... kończy mecz, 1:0 dla gości. Niesamowite emocje!...

Ćwiczenie 4 `204B4`
Jaki to sport?

1. stwo-ko-lar ....
2. ty-ko-lek-atle-ka ....
3. ciar-stwo-nar ....
4. ko-ka-ków-szy ....
5. ka-siat-ków ....
6. łapki nanoż ...*piłka nożna*...
7. omus ....
8. folg ....
9. istne ....
10. bbolejs ....

grać – gra
biegać – bieg
skakać – skok
rzucać – rzut
walczyć – walka
zjeżdżać – zjazd

04

Ćwiczenie 5 `040` `204B5`
O jakich sportach oni mówią?

 Javier: *Argentyńczycy lubią piłkę nożną.*

 Mami: ....

 Angela: ....

 Tom: ....

 Sasza: ....

 Karol: ....

Ćwiczenie 6
Co to jest?

  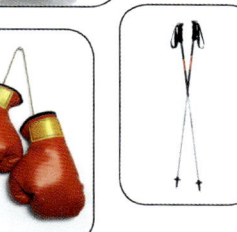   

Ćwiczenie 7
Proszę krótko opisać jakiś popularny sport (np. hokej, tenis, bejsbol…).

Dwaj, trzej, czterej | **Mistrzowie świata**

POWTÓRZENIE C

Ćwiczenie 1 `204C1`
Dwa, dwie, dwaj, dwoje; trzy, trzej, troje; cztery, czterej, czworo?

1. Proszę ...*dwie*... kawy i ...*dwa*... ciastka. *(2, 2)*
2. Moja prababcia miała tylko .... dzieci. *(2)*
3. Na ekrany wchodzą .... nowe filmy. *(3)*
4. Są aż .... kandydaci na to stanowisko. *(4)*
5. Promocja: .... płyty w cenie jednej! *(2)*
6. „..................muszkieterowie" to dobra powieść. *(3)*
7. Do ciasta daje się .... czy .... jajka? *(2, 3)*
8. Oni mają .... czy .... dzieci? *(3, 4)*
9. .... zawodnicy weszli na kort. *(2)*
10. Ta szkoła ma aż .... boiska. *(4)*
11. Pociąg spóźnił się tylko .... minuty. *(2)*

dwaj studenci są = dwóch studentów jest

Ćwiczenie 2 `204C2`
Kto tam mieszka?

1. W Polsce mieszkają ...*Polacy*...
2. We Włoszech mieszkają ....
3. Na Słowacji mieszkają ....
4. W Rosji mieszkają ....
5. W Portugalii mieszkają ....
6. W Niemczech mieszkają ....
7. W Korei mieszkają ....
8. Na Węgrzech mieszkają ....
9. W Finlandii mieszkają ....
10. W Argentynie mieszkają ....
11. W Austrii mieszkają ....

trzydzieści jeden _31

JACY ONI SĄ STRASZNI!
Lekcja_05

KOMUNIKACJA
definiowanie
wyrażanie opinii

SŁOWNICTWO
przymiotniki opisujące ludzi
charakter

GRAMATYKA
mianownik l. mn. przymiotników męskoosobowych
konstrukcje: ktoś, kto / człowiek, który
przymiotniki typu: znajomy, bezdomny

nowe słowa: oszczędny, sprytny, solidny, zarozumiały, skromny, polegać na, odgadnąć

A KTOŚ, KOGO LUBIĘ

Ćwiczenie 1 [205A1]
Proszę dopasować słowa do definicji.

odpowiedzialny ✓, punktualny, systematyczny, nerwowy, tolerancyjny, bezczelny, cierpliwy, nieśmiały

Nie dam się sprowokować! Muszę być opanowany! Muszę zachować spokój!

Osoba, którą łatwo zdenerwować.
....

Ktoś, kto nigdy się nie spóźnia.
....

Ktoś, kto zawsze robi to co powinien. **Osoba** solidna, **na której** można polegać.
...odpowiedzialny...

Ktoś, dla kogo dużym stresem jest spotkanie z obcymi ludźmi. **Ktoś, kto** boi się nowych sytuacji.
....

Ktoś, z kim możesz o wszystkim porozmawiać. Jest otwarty i próbuje zrozumieć innych.
....

Człowiek, który jest dobrze zorganizowany. Robi wszystko w odpowiednim czasie, a nie zostawia nic na ostatnią chwilę.
....

Osoba bardzo arogancka, **dla której** słowo „kultura" nie istnieje.
....

Człowiek, którego podstawową cechą jest spokój. Trudno **wytrącić go z równowagi**. Jest zawsze opanowany i co najważniejsze – umie czekać.
....

wytrącić z równowagi = zdenerwować

Ćwiczenie 2 [205A2]
Jak myślisz, jacy oni są?

a
c
b
d

Jak budować definicje

Architekt to | ktoś, kto / człowiek, który / osoba, która | projektuje domy.

Ćwiczenie 3 (205A3)

Proszę uzupełnić tabele, a następnie proszę skonstruować analogiczną tabelę dla rzeczownika „tekst" lub innego rzeczownika nieżywotnego rodzaju męskiego.

05

	Ktoś,	Coś,
MIANOWNIK	**kto** zna polski.	**co** jest ważne.
DOPEŁNIACZ	.... nie znam.	.... nie lubię.
CELOWNIK	*komu* ufam.	*czemu* się przyglądam.
BIERNIK	.... kocham.	.... lubię.
NARZĘDNIK	... . rozmawiam.	... . mam problem.
MIEJSCOWNIK	O .... myślę.	... . marzę.

	Człowiek,	Osoba,	Dziecko,
MIANOWNIK	**który** zna polski.	**która** widziała wypadek.	**które** umie mówić.
DOPEŁNIACZ	.... nie znam.	.... szukam.	... . jest nagroda.
CELOWNIK	*któremu* ufam.	*której* ufam.	.... ufam.
BIERNIK	.... kocham.	.... czekam.	O .... pytam.
NARZĘDNIK	... . rozmawiam.	.... się interesuję.	... . spacerujesz.
MIEJSCOWNIK	O .... myślę.	... . jesteś zakochana.	... . marzycie.

Nie ufam tym ludziom!

	Ludzie,	Kobiety i dzieci,
MIANOWNIK	**którzy** znają polski.	**które** są tutaj.
DOPEŁNIACZ	.... nie znam.	.... szukam.
CELOWNIK	*którym* ufam.	*którym* ufam.
BIERNIK	.... kocham.	.... czekam.
NARZĘDNIK	... . rozmawiam.	.... się interesuję.
MIEJSCOWNIK	O .... myślę.	... . rozmawiacie.

Jacy oni są strasznil! | Ktoś, kogo lubię

Ćwiczenie 4 (205A4)

Proszę uzupełnić.

1. Piotr to ...., na *kim* zawsze mogę polegać.
2. Justyna jest dziewczyną, ... wszyscy znają.
3. Ten student, z .... chciałeś porozmawiać, poszedł już do domu.
4. Czy jest coś, ... mogę dla ciebie zrobić?
5. To są ludzie, dla .... chętnie to zorganizuję.
6. Czy wiesz, ... jest prezydentem Polski?
7. Dlaczego otworzyłaś drzwi człowiekowi, ... nie znasz?
8. Paszport to ...., ... powinno nosić się przy sobie.
9. Czy znasz osobę, dla .... jest ta przesyłka?
10. .... dzwonił? Nie wiem, to chyba .... do szefa.
11. Moi przyjaciele, o .... opowiadałam ci tak często, wyjechali do Afryki.
12. Czy chcesz .... do picia? Napiłbym się .... zimnego.
13. Dziecko, ... nie akceptują inne dzieci, często staje się agresywne.
14. Fizyka to ...., z .... mam problem.
15. Ktoś, dla .... kariera jest ważniejsza niż rodzina, zwykle zostaje sam.

Ćwiczenie 5

Proszę skorygować definicje.

Człowiek gościnny – to człowiek, ~~kto~~ dom jest otwarty dla innych.
Człowiek gościnny – to człowiek, którego dom jest otwarty dla innych.

Rozrzutny – to ktoś, który wydaje za dużo pieniędzy.
....

Skąpy – to kogoś, kto bardzo nie lubi wydawać pieniędzy.
....

Człowiek samolubny – to osoba, który myśli tylko o sobie.
....

Człowiek rodzinny – to człowiek, dla kogo najważniejsi są jego bliscy.
....

Szczery – to ktoś, który zawsze mówi prawdę.
....

Ćwiczenie 6

Co Angela mówi o swoich znajomych?

Jacy są moi znajomi?

JAVIER
Ktoś, ... wszyscy chętnie zapraszają .... imprezy. ...., która rozbawi każdego.

TOM
Osoba, ... można dyskutować .... różne tematy. ...., od kogo można się dużo nauczyć.

MAMI
Powinna być bardziej pewna siebie, ale lubię ją taką jaka jest. To osoba, dla której sztuka nie ma tajemnic.

UWE
Ktoś, ... polegać.

Ćwiczenie 7

Proszę wybrać dowolne słowo i zdefiniować tak, by inni mogli je odgadnąć.

uprzejmy ✓, oszczędny, spontaniczny, zdyscyplinowany, towarzyski, ambitny, gadatliwy, spokojny, sprytny

Ktoś, kto zawsze mówi: proszę, dziękuję, przepraszam.
Osoba, która jest miła i kulturalna.

B SYMPATYCZNI CZY OKROPNI?

05

Ćwiczenie 1 🎧 047 205B1

Proszę posłuchać. Co pasuje?

1. Angela jest:
   - [ ] zadowolona
   - [✓] przygnębiona
   - [ ] zmęczona

2. Angela ma:
   - [ ] idealną grupę
   - [ ] optymalną grupę
   - [ ] fatalną grupę

3. Studenci Angeli są:
   - [ ] niezorganizowani
   - [ ] niezdyscyplinowani
   - [ ] nieprzygotowani

4. Angela uważa, że studenci:
   - [ ] nie znoszą jej
   - [ ] cierpią
   - [ ] lubią ją

5. Kurs jest:
   - [ ] wcześnie
   - [ ] po południu
   - [ ] wieczorem

6. Studenci Angeli zawsze dotąd byli:
   - [ ] sympatyczni
   - [ ] antypatyczni
   - [ ] niemili

Jacy oni są straszni! | Sympatyczni czy okropni?

---

 048 205B2

DIALOG_1

Tom: *Czemu jesteś taka przygnębiona? Co się dzieje?*
Angela: *To wszystko przez moich studentów. Są **okropni**!*
Tom: *Co ty mówisz? Przecież zawsze lubiłaś uczyć!*
Angela: *Tak, ale teraz mam taką fatalną grupę. Ci ludzie są po prostu **beznadziejni**! Nie uczą się! Przychodzą **nieprzygotowani**, na lekcjach są **leniwi** i **bezmyślni**, a do tego wiecznie **niepunktualni**. Niestety bywają też **bezczelni**. Typowe nastolatki. Jestem pewna, że mnie nie cierpią!*
Tom: *Nie powinnaś tak myśleć. Oni są po prostu bardzo **młodzi**. To normalne, że nic im się nie chce. W dodatku wasz kurs jest późno wieczorem i mogą być **zmęczeni**. Jestem przekonany, że nie chcą być **aroganccy** – im się pewnie wydaje, że są **dowcipni**.*
Angela: *Może masz rację. Chyba trochę przesadzam. To dlatego, że **moi** studenci zwykle byli bardzo **dobrzy** – **pracowici**, **zdolni**, **zmotywowani**, a przede wszystkim **mili**.*
Tom: *Angela! Głowa do góry! Jesteś świetną nauczycielką. Zobaczysz, że ci **nowi** jeszcze będą **zadowoleni** i jeszcze będziecie się dobrze bawić.*

---

 049 205B3

PWST= Państwowa Wyższa Szkoła Teatralna

DIALOG_2

Mami: *Witajcie moi **drodzy**! Już jestem.*
Angela: *O, Mami! Jesteś bardzo podekscytowana. Co się stało?*
Mami: *Wyobraźcie sobie, że na wernisażu poznałam przesympatyczną studentkę PWST, właściwie już aktorkę, bo od niedawna gra w teatrze. I wiecie co - wyciągnęła mnie na próbę spektaklu.*
Tom: *Można tak po prostu iść do teatru i obejrzeć próbę?*
Mami: *Chyba nie, ale weszłam z nią i nie było problemów. Poznałam mnóstwo sympatycznych ludzi.*
Angela: *Znowu aktorzy? Jak ci dwaj Belgowie?*
Mami: *Tak, ale tym razem to nie jacyś **początkujący** studenci, tylko **prawdziwi** artyści.*
Tom: *Hm, artyści. To chyba dość snobistyczne środowisko.*
Mami: *Wprost przeciwnie! Ja też zawsze uważałam, że oni wszyscy są **zarozumiali**, bo myślą, że są **lepsi** od zwykłych ludzi. Ale **ci** są zupełnie **inni** – **otwarci**, **serdeczni**, **skromni**. Naprawdę **tacy interesujący** i **uroczy**.*
Angela: *No, no! Tylko się nie zakochaj!*

trzydzieści pięć _35

Ćwiczenie 2

Proszę uzupełnić.

Jacy oni są straszni! sympatyczny? okropny? uroczy?

l. pojedyncza	l. mnoga	alternacje
okropny	*okropni*	*ny > ni*
	beznadziejni	
niepunktualny		
leniwy		
	zmęcz**e**ni	
pracowity		
	młodzi	
miły		
	wes**e**li	
lepszy		
arogancki		
drogi		
dobry		
	początkujący	
interesujący		
	uroczy	

Sympatyczni czy okropni?

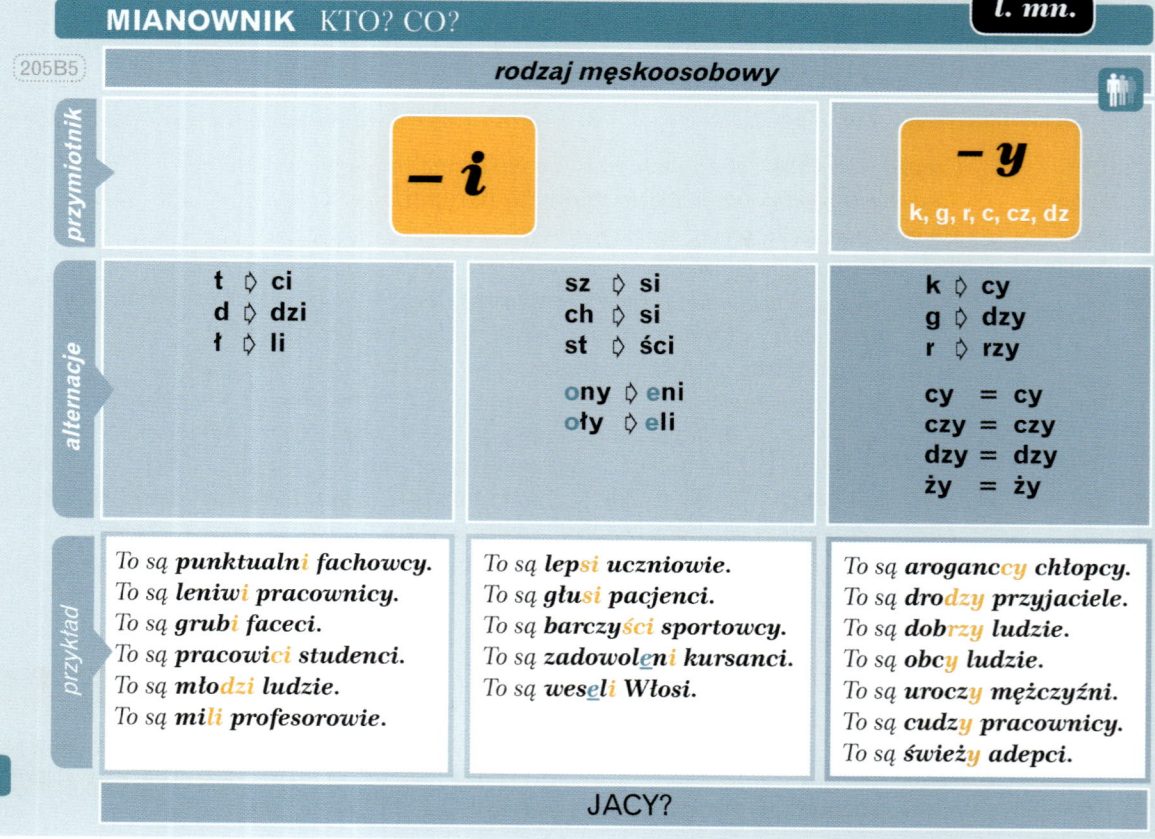

duży - duzi

Ćwiczenie 3

Proszę dopisać liczbę mnogą.

Jaki?	Który?	Czyj? *Czyi?*
cierpliwy ➔	ten ➔ *ci*	mój ➔
nieśmiały ➔	tamten ➔	twój ➔
stary ➔	pierwszy ➔	nasz ➔
taki ➔	drugi ➔	wasz ➔

Ćwiczenie 4 [205B7]

Proszę zamienić na liczbę mnogą.

1. Czy twój nauczyciel jest dobry?
   Czy twoi nauczyciele są dobrzy?
2. Ten dziennikarz jest kompetentny i niezależny.
   ....
3. Tamten Francuz jest wysoki i elegancki.
   ....
4. Jaki jest wasz nowy kolega?
   ....
5. Człowiek na fotografii był chudy, stary i siwy.
   ....
6. On był wyższy, grubszy, ale słabszy.
   ....
7. Dlaczego nasz syn jest taki szczupły?
   ....
8. To jest młody i utalentowany pisarz.
   ....
9. On jest trochę chory i zmęczony.
   ....
10. Taki duży, a taki głupi!
    ....

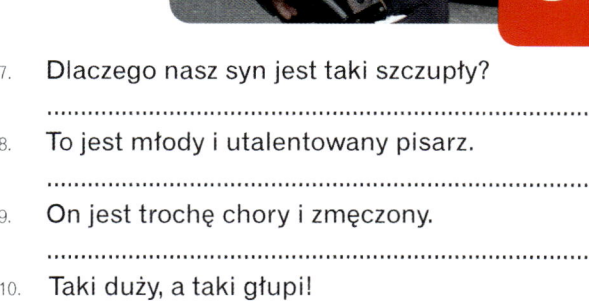

Ćwiczenie 5 [205B8]

Proszę zamienić na liczbę pojedynczą.

1. Nasi lekarze są bardzo dobrzy. → *Nasz lekarz jest bardzo dobry.*
2. Holendrzy byli pierwsi na mecie. → ....
3. Wasi znajomi są towarzyscy. → ....
4. Ci ludzie są bardzo ubodzy. → ....
5. Którzy panowie są źli i niezadowoleni? → ....
6. Czy ci artyści są interesujący? → ....
7. Oni są drudzy czy trzeci w kolejce? → ....
8. Tamci chirurdzy są doskonali. → ....

Ćwiczenie 6 [205B9]

Proszę dopisać liczbę mnogą.

rok -	brat -	oko -	imię - ....
tydzień -	dziecko - *dzieci*	ucho -	zwierzę - ....
człowiek -	ręka -	ksiądz -	książę - ....

C JACY SĄ CI LUDZIE?

Ćwiczenie 1 [050] [205C1]

Kim są ci ludzie i jacy oni są? Proszę posłuchać i uzupełnić tabelę.

prawnik, złodziej, student ✓, lekarz, nauczyciel, artysta

a) *studenci* — Zwykle są…
b) ....
c) ....
d) ....
e) ....
f) ....

*Jacy oni są strasznii! | **Sympatyczni czy okropni?***

Ćwiczenie 2

Proszę uzupełnić litery, a następnie odpowiedzieć na pytania.

Wczoraj dwaj bezdomn_ zostali aresztowani z powodu

Chorz_ będą musieli płacić za szpitalne jedzenie oraz

CZY BEZDZIETN_ POWINNI PŁACIĆ WYŻSZE PODATKI?

Sprytn_ złodziej_ obrabowali kasę w

TYLKO DOB_ SPECJALI___ OD KOMPUTERÓW MOGĄ STARAĆ SIĘ O TĘ PRACĘ, PONIEWAŻ

UWAGA ŁYS_i_! Nie musicie się już martwić, w aptekach pojawił się rewelacyjny lek na

Czy ludz_ pracowi_ mają większe szanse, żeby

NAJLEPS_ STUDEN__ BĘDĄ MOGLI BEZPŁATNIE STUDIOWAĆ NA UNIWERSYTETACH ZA GRANICĄ, JEŚLI

1. Kto nie musi się już martwić? ...Łysi......
2. Kto został aresztowany? ....
3. Kto będzie musiał płacić za szpitalne jedzenie? ....
4. Kto powinien płacić wyższe podatki? ....

> **Uwaga!**
> Niektóre przymiotniki pełnią w zdaniu funkcję podmiotu. Odpowiadają wtedy na pytanie: **Kto?**

Ćwiczenie 3

Proszę pogrupować zdania.

1. Czy to naprawdę taki **zły** człowiek? ✓
2. **Zły** też czasem zrobi coś dobrego. ✓
3. **Chory** był bardzo słaby.
4. Piotr jest **chory**.
5. **Bezdomni** ludzie potrzebują pomocy innych.
6. **Bezdomni** często przychodzą tu na miskę zupy.
7. **Znajomy** lekarz poradził mi, żeby brać to lekarstwo.
8. Mój **znajomy** jest bardzo gościnny.
9. **Bogaci** zwykle potrafią oszczędzać.
10. Ci ludzie są bardzo **bogaci**.
11. **Zdrowy** nie zrozumie chorego.
12. Czy wasz syn jest już **zdrowy**?
13. To jest **obcy** człowiek, nie możesz mówić mu wszystkiego.
14. **Obcy** znów atakują!

Kto to jest?

Zły też czasem zrobi coś dobrego.

Jaki on jest?

Czy to naprawdę taki zły człowiek?

Myślę, że *ona jest ładna.*
Uważam, że...
Sądzę, że...
Według mnie...
Moim zdaniem...
Wydaje mi się, że...
Jestem pewien, że...
Jestem przekonany, że...
Trzeba przyznać, że...

05

Ćwiczenie 4 205C4
Co pasuje?

1. Uważam, że *Szwajcarzy / Szwajcarze* to bardzo *punktualni / punktualne* ludzie i może dlatego są *znani / znany* z produkcji najlepszych zegarków na świecie.
2. Trzeba przyznać, że *Niemieccy / Niemcy* to *zorganizowany / zorganizowani* i *solidne / solidny* naród.
3. Według mnie Japończycy są *pracowity / pracowici* i bardzo *systematyczny / systematyczni*.
4. Moim zdaniem to nieprawda, że wszyscy *Włosi / Włochy* są *spontaniczni / spontaniczne*.
5. *Jestem / wiem* przekonana, że Finowie mają naturę podobną do Polaków, bo *oba / obie* narody miały zbliżoną historię.
6. Wydaje mi się, że *wszystkie / wszyscy* Hiszpanie są *towarzyskie / towarzyscy* i *wesoły / weseli*.
7. *Angielscy / Anglicy* są *opanowany / opanowani* i trudno wytrącić ich z równowagi.

Jacy oni są straszni! | Jacy są ci ludzie?

Ćwiczenie 5 205C5
Proszę wybrać dwie profesje i dwie narodowości, a następnie opowiedzieć o typowych cechach charakteru ludzi, którzy je reprezentują.

Według mnie lekarze powinni być cierpliwi i...

POWTÓRZENIE D

Ćwiczenie 1 205D1
Co nie pasuje?

1. oszczędny   skąpy   ~~sprytny~~   rozrzutny
2. systematyczny   zdyscyplinowany   cierpliwy   zorganizowany
3. arogancki   bezczelny   antypatyczny   nieśmiały
4. cierpliwy   opanowany   spokojny   odpowiedzialny
5. leniwy   solidny   odpowiedzialny   pracowity

Ćwiczenie 2 205D2
Proszę uzupełnić.

1. Wszystkie kobiety, *które* (który) znam są gadatliwe.
2. Skąd są .... (ten) studenci, ... (który) przyjechali wczoraj?
3. .... (jaki) są .... (wasz) nowi sąsiedzi? To .... (uroczy) ludzie.
4. Dla .... (który) aktorek są te kwiaty?
5. Na .... (jaki) dzieci czekamy?
6. .... (czyj) są .... (ten) synowie? .... (twój)?

Ćwiczenie 3 205D3
Wyrażamy swoje opinie. Proszę uzupełnić litery.

1. s ą dz ę , ż e
2. _ _ d ł _ _ m _ i _
3. _ _ _ s _ e _ _ _ z _ k _ _ a _ _ y,
4. _ o _ m _ _ a _ _ e _
5. _ y _ _ j _ _ i _ i _ , _ _
6. _ r e _ a _ r _ _ n a , _ _

trzydzieści dziewięć **39**

EDUKACJA
Lekcja_06

KOMUNIKACJA
mówienie na temat edukacji i wykształcenia

SŁOWNICTWO
komputer, Internet, edukacja

GRAMATYKA
rzeczowniki odczasownikowe

bezprzewodowy, użytkownik, hasło, wagary, egzamin dojrzałości, uciekać, wymagania

nowe słowa

A) Z KOMPUTEREM ZA PAN BRAT

Ćwiczenie 1 [206A1]
Proszę podpisać obrazki i uzupełnić zdania.

1. Pracujemy na ...*komputerze*... .
2. Piszemy na ....
3. Oglądamy na ....
4. Przenosimy informacje na .... lub ....
5. Drukujemy na ....
6. Zmieniamy baterie w ....

Ćwiczenie 2
Proszę posłuchać dialogu i zaznaczyć: prawda czy nieprawda?

	P	N
Karolina pisze maile.		✓
Mami musi napisać prezentację o systemie edukacyjnym w Japonii.		
Karolina uczy Mami, jak się zalogować na jej komputerze.		
W domu jest bezprzewodowy internet.		
Mami nigdy nie korzystała z przeglądarek internetowych.		
Mami znalazła to, czego szukała.		

06

Edukacja | Z komputerem za pan brat

DIALOG_1

Mami: *Co robisz? Piszesz maile?*
Karolina: *Nie, szukam czegoś w Internecie.*
Mami: *Ja też muszę poszukać informacji na lekcję, czy mogłabyś mi pomóc?*
Karolina: *Oczywiście. Czego potrzebujesz?*
Mami: *Informacji o systemie edukacyjnym w Polsce.*
Karolina: *Zawsze kiedy chcesz, możesz korzystać z mojego komputera. Pokażę ci wszystko od początku. Żeby się **zalogować**, musisz wpisać **użytkownika**: „Karolina" i **hasło**: „Karolka". Zapamiętasz?*
Mami: *Myślę, że tak.*
Karolina: *W domu jest **bezprzewodowy internet**, więc nie musisz niczego podłączać. Na **pulpicie**, w lewym górnym rogu jest **ikonka** Internet Explorer i obok Mozilla Firefox. Którą **przeglądarkę** wolisz?*
Mami: *Wszystko jedno, używam tej i tej, tylko w polskiej wersji to jest trochę skomplikowane.*
Karolina: *Dobrze, system edukacji w Polsce, mamy 847 000 wyników, możesz **kliknąć** na pierwszy **link**. O tutaj jest fajny schemat.*
Mami: *Świetny! Takiego potrzebuję.*
Karolina: *Czy chcesz **zapisać go na dysku**, czy **wydrukować**?*
Mami: *Może zapisać.*
Karolina: *W takim razie **zaznacz** tekst z obrazkiem, **skopiuj**, a następnie **wklej** do nowego **dokumentu tekstowego**.*
Mami: *Moment. Dobrze, że chociaż menu w **edytorze tekstu** ma takie same ikonki jak w wersji japońskiej. Gotowe!*

Ćwiczenie 3
Proszę połączyć antonimy.

otwórz — wyłącz
wyślij — wyloguj się
zapisz — wklej
zaloguj się → odbierz
włącz — zamknij
wytnij — usuń

Ćwiczenie 4
Proszę uzupełnić.

pulpit, hasło, wydrukować ✓, użytkownik, link, bezprzewodowy, wkleić, zaznaczyć, dysk

1. Proszę poczekać, zaraz panu *wydrukuję* ten dokument.
2. Czy możesz mi wysłać .... do tej strony internetowej?
3. Gdzie zapisać ten tekst - na .... czy na ....?
4. Niestety, tutaj nie ma .... internetu.
5. Czy pamiętasz .... do tego komputera?
6. Proszę .... ten tekst, a następnie go skopiować.
7. Na tym komputerze są zalogowani trzej ....
8. Mami skopiowała schemat, a potem .... go do swojego dokumentu.

Ćwiczenie 5
Co pasuje?

1. Kiedy Angela chce sprawdzić pocztę elektroniczną, musi *otworzyć / odebrać* program pocztowy.
2. Kiedy Iwona pisze ćwiczenie, musi *usunąć / zapisać* dokument.
3. Kiedy Javier potrzebuje tabeli z Internetu w wersji papierowej, musi ją *skopiować / wydrukować*.
4. Kiedy Mami chce używać komputera, musi go *włączyć / wyłączyć*.
5. Kiedy Sylwia potrzebuje coś skopiować, musi to najpierw *wysłać / zaznaczyć*.
6. Kiedy Ania jest zmęczona i kończy pracę, musi *zamknąć / zapisać* laptop.
7. Kiedy Aneta planuje używać tego samego fragmentu tekstu więcej niż raz, musi go *skopiować / cofnąć*, a potem *wyciąć / wkleić*.

Ćwiczenie 6
Proszę połączyć.

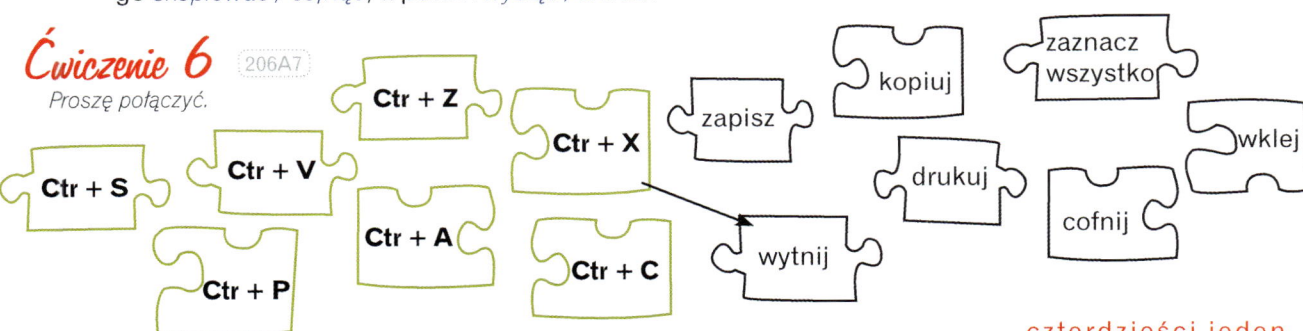

Ćwiczenie 7 `206A8`
Proszę porozmawiać w grupie.

- Czy dzieci powinny korzystać z Internetu samodzielnie?
- Czego zwykle używasz w czasie pracy?
- Jakie zagrożenia niesie ze sobą Internet?
- Z jakich programów komputerowych najczęściej korzystasz?
- Czego potrzebuje student do nauki języka polskiego?
- Czy zakupy w sieci są bezpieczne?
- Co sądzisz o blokowaniu stron przez rodziców i pracodawców?
- Czego zwykle szukasz w Internecie?
- Co sądzisz na temat portali społecznościowych?

B) PRZEDSZKOLE, SZKOŁA, STUDIA

Ćwiczenie 1 `206B1`
Proszę podpisać fotografie i odpowiedzieć na pytania.

1. W jakim wieku są osoby na zdjęciach?
2. Jak wyglądają?
3. W co są ubrane?
4. Co robią?
5. Jak myślisz, czym się interesują?

(gimnazjum)

Ćwiczenie 2 `206B2`
Czy znasz znaczenie tych słów?
Czy możesz połączyć je z definicjami?

- kujon
- juwenalia
- lektorat
- wykład
- sprawdzian
- ściągać
- wagary *g*
- wymagający
- oblać egzamin
- studniówka
- matura
- mundurek
- indeks

1. uczeń albo student, który cały czas się uczy i niczym innym się nie interesuje
2. tradycyjne święto uniwersytetu, kiedy studenci organizują różne atrakcyjne imprezy
3. zajęcia na uniwersytecie, kiedy profesor mówi, a studenci słuchają
4. przepisywać nielegalnie z książki albo od kolegi w czasie testu
5. ktoś, kto ma wysokie oczekiwania, wymagania, np. nauczyciel
6. oficjalny dokument studenta, gdzie są wyniki egzaminów
7. egzamin dojrzałości, który kończy szkołę średnią
8. lekcja języka na uniwersytecie
9. kiedy ktoś ucieka ze szkoły, to idzie na… *v*
10. bal sto dni przed maturą
11. nie zdać egzaminu
12. strój szkolny, uniform
13. test

Ćwiczenie 3

Proszę odpowiedzieć na pytania.

1. Czy dzieci powinny chodzić do przedszkola?
2. Czy masz dobre wspomnienia ze szkoły?
3. Jakie były twoje ulubione przedmioty?
4. Czy chodziłeś na wagary?
5. Czy to dobrze, kiedy nauczyciel jest wymagający?
6. Co sądzisz o mundurkach w szkole?
7. Czy jest w twoim kraju taka tradycja jak studniówka?

Ćwiczenie 4

Proszę posłuchać dialogu i uzupełnić tabelę.

 KAROLINA    KAROL

	Karolina	Karol
PROFIL KLASY		
ULUBIONE PRZEDMIOTY		
ULUBIONA NAUCZYCIELKA	*pani od fizyki*	
ZAINTERESOWANIA		
CECHY CHARAKTERU		

Ćwiczenie 5

Proszę posłuchać dialogu jeszcze raz i uzupełnić tekst.

Mami: Karolina, czy ty chodzisz do ...*liceum*... ogólnokształcącego czy profilowanego?
Karolina: Do ogólniaka, do Piątki - to .... liceum w Krakowie.
Mami: Naprawdę?
Karolina: No, jest jeszcze jedno niezłe, ale tam chodzą same kujony, wiesz tacy, co tylko się uczą i uczą, i świata poza .... nie widzą.
Mami: Aha, a w jakiej klasie jesteś?
Karolina: W .... – uniwersyteckiej.
Mami: Uniwersyteckiej? Co to znaczy?
Karolina: Mamy lekcje matematyki i fizyki z nauczycielami .... z Uniwersytetu Jagiellońskiego, a część .... mamy nie w szkole, tylko na uniwersytecie, jak .... studenci.
Mami: To musi być fajne, a Karol też jest w tej klasie?
Karolina: Karol, nigdy w życiu! On jest za ...., a w uniwersyteckiej naprawdę trzeba się uczyć. On jest w humanistycznej – tam wystarczy, że jest inteligentny i ....
Karol: Mówicie o mnie? Mami, nie słuchaj mojej .... siostry! Wybrałem .... humanistyczny, bo kocham historię starożytną i literaturę.
Karolina: Cha, cha! ....! I może jeszcze łacinę kochasz, co?
Karol: No, nie za bardzo, ale za to bardzo lubię panią od łaciny, bo nigdy nie daje zadań domowych.
Karolina: Ja najbardziej lubię panią od fizyki, jest bardzo ...., ale świetnie uczy. Poza tym fizyka to moje drugie hobby, zaraz po fotografii.
Mami: A jakie .... lubicie najbardziej?
Karolina: Ja oczywiście fizykę i hiszpański.
Karol: Ja też hiszpański i .... historię.

Ćwiczenie 6

Co pasuje?

Klasa Karoliny	że Karol jest leniwy.
Karolina mówi,	historię starożytną i literaturę.
Karol jest oczytany, to znaczy,	jest wymagająca, ale świetnie uczy.
Piątka	bo nie daje zadań domowych.
Karol uwielbia	to bardzo dobre liceum ogólnokształcące.
Karol lubi panią od łaciny,	fizykę i hiszpański.
Pani od fizyki	ma część zajęć na uniwersytecie.
Karolina lubi	że przeczytał dużo książek.

C SPOTKANIE KLASOWE

Ćwiczenie 1 `206C1`

*Mami poszła z Karolem i Karoliną na spotkanie klasowe.
Proszę uzupełnić dialogi, a następnie posłuchać i sprawdzić.*

- Zatańczysz?
- Nic nowego. Ostatnio dużo czasu zajmuje mi szkoła, wiesz **pisanie** wypracowań, **czytanie** lektur, **odrabianie** zadań.
- Cześć Mami, pamiętasz mnie?
- Cześć, przepraszam za **spóźnienie**. ✓
- Dlaczego uczysz się języka polskiego?
- Po co ci włoski, przecież się uczysz hiszpańskiego!
- To bardzo interesujące, ale czy **malowaniem** zarobisz na **utrzymanie**?
- Pracujemy na utrzymanie, to znaczy na mieszkanie, **płacenie** rachunków, na **kupowanie** tego, co jest potrzebne do **życia**.
- „Upływa szybko **życie**, tak szybko mija czas!"
- Czas na **jedzenie** i **picie**.

DIALOG_1
- Adam: ....
- Mami: *Oczywiście, że pamiętam. Dawno nie byłeś u Karola. Co u ciebie słychać?*
- Adam: ....
- Karol: *Chyba chciałeś powiedzieć: **oglądanie** telewizji, **siedzenie** przed komputerem, **granie**, **surfowanie**, **czatowanie**, **esemesowanie**, **myślenie** o niebieskich migdałach...*

DIALOG_2
- Robert: ....
- Mami: *Chcę studiować malarstwo na Akademii Sztuk Pięknych w Krakowie.*
- Robert: ....
- Mami: *Utrzymanie? Co to znaczy?*
- Robert: ....

DIALOG_3
- Piotr: ....
- Ewa: ***Tańczenie** to nie dla mnie.*

DIALOG_4
- Karolina: *Zapisałam się na kurs włoskiego!*
- Robert: ....
- Karolina: ***Uczenie się** języków to przyszłość! Planuję też zdać certyfikat z angielskiego. Teraz nawet dzieci w gimnazjum przygotowują się do FCE.*

DIALOG_5
- Łukasz: *Cześć, przepraszam za spóźnienie.*
- Justyna: *Moi drodzy, jesteśmy już wszyscy, a zatem oficjalne **rozpoczęcie** imprezy. Zapraszam do stołu.*
- Piotr: ....

DIALOG_6
- Karol: *Proponuję toast za nas i za nasze **spotkanie**!*
- Wszyscy: ....
  Za rok, za dzień, za miesiąc, razem nie będzie nas!"

Ćwiczenie 2 `206C2`

Proszę uzupełnić tabelę.

RZECZOWNIKI ODCZASOWNIKOWE

krótkie czasowniki typu: być, pić, żyć

-ać	-eć	-ować	-ić	-yć	-ąć + grupa specjalna	
czytać	myśleć	kupować	płacić	tańczyć	rozpocząć	żyć
czyta**nie**			płac**enie**		rozpocz**ę****cie**	
-**nie**	-......				-......	

alternacja ą:ę

Ćwiczenie 3

Proszę uzupełnić zdania.

1. **Czytanie** (czytać) to moja ulubiona rozrywka.
2. .... (palić) jest niezdrowe.
3. Angela uwielbia .... (pisać) SMS-ów.
4. .... (malować) to pasja Mamy.
5. .... (mówić) po polsku jest bardzo trudne.
6. .... (uprawiać) sportu jest ważne dla zdrowia.
7. Samo .... (być) na kursie nie wystarczy, żeby mówić po polsku!
8. .... (odrabiać) zadań i .... (powtarzać) nowych słówek jest też ważne.
9. .... (sprzątać) zajmuje mi w każdą sobotę dużo czasu.
10. .... (pić) alkoholu w miejscach publicznych jest zakazane.
11. .... (komentować) ludzi to brzydki zwyczaj.
12. „Częste .... (myć) skraca życie."

Ćwiczenie 4

Proszę posłuchać i zaznaczyć dobrą odpowiedź.

1. Justyna ma zamiar studiować: ☐ administrację ☑ turystykę ☐ korespondencję
2. Justyna chce robić coś związanego z jej: ☐ zainteresowaniami ☐ pracą w biurze ☐ przyszłością
3. Robert chce studiować: ☐ ekonomię ☐ prawo ☐ administrację
4. Robert planuje: ☐ licencjat ☐ magisterium ☐ studia doktoranckie
5. Piotr chce studiować architekturę, bo zawód architekta to: ☐ tradycja rodzinna ☐ praktyczny zawód ☐ prestiżowy zawód
6. Architekt zarabia: ☐ dobrze ☐ źle ☐ słabo
7. Łukasz planuje studia: ☐ techniczne ☐ ekonomiczne ☐ informatyczne
8. Piotr mówi, że: ☐ uniwersytet jest lepszy ☐ politechnika jest lepsza ☐ to i to ma dobre strony

Ćwiczenie 5

Co warto studiować i dlaczego?

- archeologia
- języki obce
- dziennikarstwo
- matematyka
- stosunki międzynarodowe
- zarządzanie

POWTÓRZENIE D

Proszę rozwiązać krzyżówkę.

1. .... internetowa, np. Internet Explorer
2. .... tekstowy, np. nowy.doc lub nowy.rtf
3. potrzebujemy jej, kiedy chcemy drukować
4. używamy jej do pisania na komputerze
5. szkoła wyższa, np. .... Sztuk Pięknych
6. Ctrl + Z
7. więcej niż matura mniej niż magisterium
8. egzamin dojrzałości

Edukacja | Spotkanie klasowe

PRACA
Lekcja_07

KOMUNIKACJA	SŁOWNICTWO	GRAMATYKA
rozmowa o pracę mówienie o problemach zawodowych, pisanie maili	praca i zatrudnienie typy przedsiębiorstw życiorys i list motywacyjny	utrwalenie dotychczasowego materiału

doświadczenie, zakres obowiązków, wyścig szczurów, rozwój zawodowy

A SZUKANIE PRACY
nowe słowa

Ćwiczenie 1 — 207A1
Co pasuje?

1. poziom edukacji
2. funkcja
3. np.: marketingu, finansów ✓
4. mówić po…
5. bezpośredni kontakt z klientem
6. znajomość programów komputerowych
7. to, co musi umieć pracownik
8. życiorys
9. opis kwalifikacji i motywacji do pracy
10. pracuje w firmie
11. kieruje firmą

szef ( ) wymagania ( ) znajomość języków obcych ( ) obsługa klienta ( ) list motywacyjny ( )
cv ( ) dział (3) stanowisko ( ) wykształcenie ( ) obsługa komputera ( ) pracownik ( )

SZKOŁA JĘZYKA POLSKIEGO "GLOSSA"

poszukuje pracownika na stanowisko sekretarki w dziale obsługi klienta. Wymagania: wykształcenie średnie lub wyższe, znajomość języków obcych, obsługa komputera.

CV oraz list motywacyjny proszę przesłać na adres szkoły:
praca@glossa.pl

DIALOG_1 — 207A2

Teresa: Witam Panią. Proszę się krótko zaprezentować.
Kandydatka: Nazywam się Joanna Szymańska, niedawno ukończyłam studia na Uniwersytecie Ekonomicznym, na kierunku Marketing i Zarządzanie.
Tomasz: Czy ma pani jakieś **doświadczenie zawodowe**?
Kandydatka: Tak, już w czasie studiów podjęłam pracę **na pół etatu** w polsko – hiszpańskiej firmie.
Tomasz: Czym zajmowała się ta firma i **co należało do pani obowiązków**?
Kandydatka: To była firma handlowa, natomiast ja byłam odpowiedzialna za **prowadzenie korespondencji**, **wystawianie faktur** i **organizację biura**.
Tomasz: Jakich aplikacji komputerowych pani używała?
Kandydatka: Pakietu Open Office, przede wszystkim edytora tekstu i arkusza kalkulacyjnego. Na co dzień korzystałam z programu pocztowego Outlook i przeglądarek internetowych FireFox i Internet Explorer.
Teresa: Czy potrafi pani **pisać bezwzrokowo**?
Kandydatka: Tak.
Teresa: Dlaczego teraz szuka pani nowej pracy?
Kandydatka: Ponieważ poprzednia firma nie może mi zapewnić pracy na **cały etat**, a ja muszę **się usamodzielnić** i zarabiać na swoje utrzymanie, które, jak państwo wiecie, nie jest teraz tanie.
Teresa: Rozumiem. Proszę nam powiedzieć, jakie języki obce pani zna?
Kandydatka: **Mówię biegle** po hiszpańsku, znam bardzo dobrze angielski i podstawy niemieckiego.
Tomasz: Jest pani jedną z wielu kandydatek na to stanowisko. Jak nas pani przekona, że jest pani najlepsza?
Kandydatka: Jestem odpowiedzialna i dobrze zorganizowana, szybko się uczę, jestem osobą otwartą i umiem **pracować w zespole**.
Tomasz: Dziękujemy pani za spotkanie, skontaktujemy się z panią telefonicznie w najbliższym czasie.

Ćwiczenie 2 `207A3`
Proszę wyjaśnić słowa wyróżnione w dialogu 1.

Ćwiczenie 3 `068` `207A4`
Jakie są ich kwalifikacje oraz dotychczasowe doświadczenia?

07

	Joanna Szymańska	Piotr Leśniewski	Ewa Dębska	Paulina Szuba
wykształcenie			średnie	
rodzaj zatrudnienia				praca na zlecenie
doświadczenie zawodowe	praca w firmie handlowej			
zakres obowiązków				
umiejętności	pisanie bezwzrokowe			
znajomość języków obcych				
cechy charakteru				

Praca | **Szukanie pracy**

Ćwiczenie 4 `072` `207A5`
Proszę uzupełnić dialog.

doświadczenia, obsługa, podoba, osoba, decyzja, kontaktach, wymagania, znajomość

Tomasz: *Kogo, według ciebie, powinniśmy zatrudnić?*
Teresa: *To trudna .... Mnie się najbardziej .... kandydatka numer 4. Energiczna, ma dużo entuzjazmu i jest bardzo sympatyczna, a to ważne w .... z klientami.*
Tomasz: *Paulina Szuba, tak? Zgadzam się, że jej otwartość to duży atut, ale boję się, że ona jest za młoda i nie ma .... Na tym stanowisku potrzebna jest ...., która świetnie radzi sobie z problemami.*
Teresa: *A co sądzisz o Piotrze? Spełnia wszystkie ....: komputer, doświadczenie, języki, otwarta osobowość i lubi nowe wyzwania.*
Tomasz: *Wydaje mi się, że ma za wysokie kwalifikacje na to stanowisko. A Ewa Dębska?*
Teresa: *........................ oprogramowania komputerowego i .... klienta to jej plus, ale języki - duży minus.*

Ćwiczenie 5 `207A6`
Co pasuje?

korzystać z	umieć
biegle	ostatni
utrzymanie	firma
potrafić	dać pracę
poprzedni	używać
przedsiębiorstwo	zarabiać
zatrudnić	doskonale
dostawać pensję	wydatki na życie

czterdzieści siedem **47**

Ćwiczenie 6 `207A7`

Proszę przedyskutować w grupie, kto będzie najlepszym kandydatem na stanowisko sekretarki.

Jolanta Łapińska
matura / technikum odzieżowe
2 lata / sklep
1 rok / firma produkcyjna / kontroler jakości
komputer: podstawy
języki: angielski + / –
punktualna, pracowita, uczciwa

Jerzy Kuc
inżynier / Politechnika
3 lata / przedsiębiorstwo budowlane
komputer: systemy operacyjne: MS Windows, Linux
języki: niemiecki +++
angielski +
operatywny, ambitny, pomysłowy

Edyta Szołdrzyńska
Akademia Ekonomiczna / Finanse i Rachunkowość
5 lat / główna księgowa / firma usługowo-handlowa
komputer: obsługa programów księgowych
języki:
angielski +++
niemiecki ++
włoski +
odpowiedzialna, solidna

Ćwiczenie 7 `207A8`

Proszę ułożyć prezentacje.

B   MAM JUŻ DOŚĆ! CHCĘ ZMIENIĆ PRACĘ!

Ćwiczenie 1 `207B1`

Proszę przedyskutować zalety i wady pracy Ryśka.

Od: r.krynski@interia.pl
Do: andrzej.sokolowski@poczta.pl
Kopia do:
Ukryta kopia do:
Temat: Re: co słychać?

Cześć Stary!
Pytasz, co słychać? Lepiej nie pytaj! Mam już dość tej pracy! Rzucam to wszystko w diabły! OK., wiem, co powiesz: dobrze zarabiam, co kwartał dostaję premię, mam służbowego laptopa, karnet na siłownię i dobre ubezpieczenie, ale tak nie można żyć! Niby wzięta prestiżowa firma, a traktują człowieka jak niewolnika! Ciągle muszę zostawać po godzinach – a raczej po nocach. Atmosfera w biurze fatalna, szef tylko się wścieka. Zero koleżeńskich stosunków, każdy tylko patrzy, jak wyciąć jakiś numer. Dla wszystkich najważniejsza kasa i kariera – prawdziwy wyścig szczurów! Chciałbym z Tobą pogadać. Może skoczymy gdzieś na piwo?

Pozdrawiam
Rysiek

Ćwiczenie 2 `207B2`

Proszę uporządkować odpowiedź Andrzeja, a następnie posłuchać i skontrolować.

Cześć Rysiek!
napisałeś że Dobrze, mnie do ..... *Dobrze, że do mnie napisałeś.*
w żyć Nie takim możesz stresie ....!
z procentach się w Zgadzam stu Tobą ....
się W liczy niż coś kariera więcej życiu pieniądze i ....!
spotkać, Musimy się sobotę być w może ....?
już Czy Anią rozmawiałeś z, pracę chcesz zmienić że ....?
sądzi tym Co ona wszystkim o ....?

Pozdrawiam
Andrzej

Ćwiczenie 3
Proszę przedyskutować w grupie, co powinien zrobić Rysiek? Jak szukać pracy?

Ćwiczenie 4 `207B3`
Proszę przeczytać mail 1 i 2 jeszcze raz. Prawda czy nieprawda?

	P	N
Rysiek ma dobrze płatną pracę.	✓	
Wysokie zarobki są najważniejsze dla Ryśka.		
Rysiek ma stanowisko poniżej swoich kwalifikacji.		
Rysiek cieszy się, że ma nadgodziny, bo więcej zarabia.		
W pracy jest koleżeńska atmosfera.		
W biurze dużym problemem są szczury.		
Według Andrzeja liczą się tylko pieniądze.		
Andrzej może spotkać się w weekend.		

C ŻYCIORYS

Ćwiczenie 1 `207C1`
Proszę uzupełnić CV Ryszarda.

architektonicznym, asystent, biegła, grafiki, konserwatorska, Kraków, telefon, kreatywność, miejsce, obcych, obsługi, piśmie, Politechnika, pracy, żeglarstwo

CURRICULUM VITAE

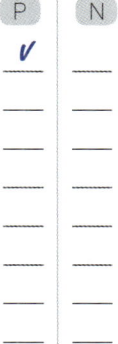

Dane osobowe
Imię i nazwisko: Ryszard Kryński
Data i miejsce urodzenia: 01 IV 1966 ....
Adres zamieszkania: ulica Miodowa 6/12, Kraków
..........................: 0 607 28 18 30
E-mail: r.krynski@interia.pl

Wykształcenie
- 1986 - 1992 .... Krakowska im. Tadeusza Kościuszki Wydział Architektury i Urbanistyki
- 1982 - 1986 I Liceum Ogólnokształcące im. Nowodworskiego w Krakowie

Doświadczenie zawodowe
- 2003 - do dziś naczelny koordynator zespołu projektantów w firmie architektoniczno - projektowej ARCHITRAW
- 1998 - 2003 główny projektant w biurze .... BUD - DOM
- 1995 - 1998 projektant w Pracowni Architektonicznej S.Banatkiewicz
- 1993 - 1995 .... projektanta w firmie projektowej WinBud
- Praktyki zawodowe odbyte w czasie studiów: budowlana, projektowa, ...

Przebyte szkolenia
Kurs .... **komputerowej** (Photoshop, InDesign, Corel, tworzenie stron www i php) prowadzony przez firmę COMARCH, Kraków
sześciotygodniowy **kurs języka angielskiego** w Irlandii

Osiągnięcia
Pierwsze .... w konkursie architektonicznym „Szklane Domy"
Wyróżnienie w III edycji konkursu „Biurowiec przyszłości"

Obsługa komputera
.... znajomość obsługi komputera i przeglądarek internetowych. Zaawansowana znajomość .... programu AutoCad, Adobe Photoshop, InDesign, Corel Draw.

Znajomość języków
angielski: biegle w mowie i ....
hiszpański: poziom średnio zaawansowany
francuski: poziom podstawowy

Zainteresowania
podróże, narciarstwo, ... , sztuka użytkowa, teatr, kino, nauka języków ....

Mocne strony
komunikatywność, ..., odpowiedzialność, wszechstronność, umiejętność .... w zespole

Inne kwalifikacje prawo jazdy kat. B

Referencje na życzenie

RYSZARD KRYŃSKI
ARCHITEKT

ul. Miodowa 6/12, Kraków
tel. 607 28 18 30
r.krynski@interia.pl

Ćwiczenie 2 `207C2`
Proszę uporządkować list motywacyjny Ryszarda.

Ryszard Kryński
ul. Miodowa 6/12
31-031 Kraków
tel. 0 607 28 18 30

Kraków 02-07-2012

3D-architekci sp. z o.o.
ul. Kalwaryjska 17
31-038 Kraków

☐ *W kontaktach z klientami sprawdzam się jako osoba otwarta i umiejąca radzić sobie z trudnymi do rozwiązania problemami. Mam doświadczenie w kierowaniu zespołem.*

☐ *Mam nadzieję, że będę mógł pełniej zaprezentować swoją osobę podczas osobistego spotkania.*

☐ *Moja wiedza poparta jest wieloletnią praktyką. W czasie mojej kariery zawodowej pracowałem zarówno przy projektowaniu budynków, jak i aranżacji wnętrz mieszkań, domów jednorodzinnych oraz biurowców. Mam również bogate doświadczenie w projektowaniu ogrodów i tzw. małej architektury.*

☐ *W związku z ogłoszeniem, które ukazało się w dniu 01.07.2011 na stronie internetowej www.architekci.pl, chciałbym zaproponować swoją kandydaturę na stanowisko głównego projektanta w Państwa firmie. Sądzę, że spełniam wszystkie stawiane przez Państwa firmę wymagania.*

[5] *Wierzę, że w Państwa firmie będę mógł zrealizować w pełni swoje twórcze możliwości.*

☐ *Szanowni Państwo!*

Z poważaniem
Ryszard Kryński

Ćwiczenie 3 `207C3`
Proszę ułożyć dialog pomiędzy Ryszardem, a szefem firmy 3D-architekci.

Ćwiczenie 4 🎧 `207C4`
Proszę posłuchać i uzupełnić.

Rysiek: *Witaj Aniu! Możesz mi ....! Dostałem tę pracę!*
Ania: *To wspaniale! Wiedziałam, że jesteś najlepszy!*
Rysiek: *Chyba faktycznie dobrze wypadłem na rozmowie, bo .... niezłe warunki zatrudnienia i co najważniejsze: w .... o pracę mam zagwarantowane więcej .... niż dotąd!*
Ania: *Fantastyczna ....! Więc dokąd pojedziemy na wakacje? Zawsze marzyłam o Maderze!*

Ćwiczenie 5 `207C5`
Proszę pogrupować słowa.

budowlane, doświadczenie, handlowa, honorarium ✓, komputerowa, kwalifikacje, pensja, produkcyjne, zarobki, zatrudnić, przyjąć nowego pracownika, reklamowa, umiejętności, usługowa, wynagrodzenie, znajomość czegoś, przyjąć na stanowisko

PIENIĄDZE: *honorarium*

FIRMA:

PRZEDSIĘBIORSTWO:

DAĆ PRACĘ:

PRACOWNIK MA:

POWTÓRZENIE D

07

Praca | Powtórzenie

Ćwiczenie 1 [207D1]
Proszę wybrać odpowiednie słowo.

1. Agnieszka pracuje na ....*stanowisku*.... sekretarki. *(zawodzie / biurze / stanowisku)*
2. Dobra sekretarka powinna .... bezwzrokowo. *(czytać / pisać / mailować)*
3. Etat to forma .... *(obowiązków / zatrudnienia / zarobków)*
4. Alicja w pracy .... za kontakty z klientami. *(zajmuje się / jest odpowiedzialna / obsługuje)*
5. Piotr nie lubi .... z tej przeglądarki internetowej. *(używać / korzystać / obsługiwać)*
6. Ryszard ma duże .... w zawodzie architekta. *(doświadczenie / wymagania / wykształcenie)*
7. Firma musi .... nowego pracownika w dziale finansów. *(zatrudnić / dać pensję / zarabiać)*
8. Atrakcyjna .... to podstawa sukcesu w branży usługowej. *(konkurencja / kariera / oferta)*
9. Organizacja pracy w zespole to praktyczna .... *(znajomość / umiejętność / kwalifikacje)*
10. .... komputera to dziś podstawowe wymaganie pracodawcy. *(koordynacja / obsługa / organizacja)*

Ćwiczenie 2 [207D2]
Proszę połączyć słowa, a następnie wyjaśnić ich znaczenie.

- umowa __
- wysyłać __
- cieszyć się __
- kalendarz __
- nawiązać __
- nienormowany __
- pisać __
- 4. spotkań
- realizować __
- branża __
- nowe *8*
- 11. o pracę
- urządzenia __
- 8. inwestycje ✓
- 2. maile
- 5. współpracę
- 1. bezwzrokowo
- 6. biznesplan
- 10. popularnością
- 9. czas pracy
- 3. biurowe
- 7. usługowa

Ćwiczenie 3 [207D3]
Proszę rozwiązać krzyżówkę.

1. pensja, wynagrodzenie
2. kontrakt
3. drukarka i faks to są .... biurowe
4. pisać elektroniczne listy
5. funkcja, pozycja
6. przedsiębiorstwo
7. dać pracę
8. pisać bez patrzenia na klawiaturę
9. może być 8 godzin dziennie, a może być .... czas pracy
10. CV
11. programy komputerowe
12. można pracować na pół albo na cały ....

11. A P L I K A C J E

JA SWOJE WIEM!
Lekcja_08

KOMUNIKACJA
wywiad
opowiadanie

SŁOWNICTWO
pochodzenie, rodzina
informacje o sobie
idiomy ze słowem *swój*

GRAMATYKA
biernik
zaimek *swój*

korzenie, utrzymywać / utrzymać kontakty, pochodzić, przodek, facet, przyzwyczajać się / przyzwyczaić się, sieć, schylać się / schylić się, sięgać / sięgnąć, zamieszanie

nowe słowa

A PROSZĘ O KILKA SŁÓW

Ćwiczenie 1
Co pasuje?

- A rodzina ze strony twojej mamy?
- À propos uniwersytetu: co chciałabyś studiować?
- Odtwarzacz?
- Bardzo jestem ciekawa: czy miałaś problemy z powodu swojego nazwiska?
- Porozmawiajmy o tym, co robisz w Krakowie. Czy możesz się przedstawić? ✓
- Czy możesz powiedzieć, jakie masz plany na najbliższy czas?
- Czy mogę zapytać, jak ci idzie nauka polskiego?
- A co sprawiło, że zainteresowałaś się Polską i językiem polskim? Szukałaś swojego miejsca na ziemi?

-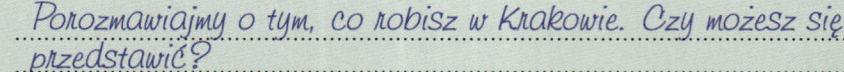
  Porozmawiajmy o tym, co robisz w Krakowie. Czy możesz się przedstawić?
- Nazywam się Anna Siedlaczek. Urodziłam się w Niemczech, ale mam polskie korzenie. To znaczy mój tata i jego rodzina pochodzą ze Śląska, ale część z nich wyemigrowała za zachodnią granicę w latach osiemdziesiątych. Nie utrzymywaliśmy kontaktów, nie odwiedzaliśmy Polski w wakacje... ani ja, ani moja siostra nie mówiłyśmy po polsku jako dzieci. Nie wiem dokładnie dlaczego, bo tata nie chce ze mną o tym rozmawiać.
- ....
- Pochodzi z Niemiec, z Bawarii. My mieszkamy na północy, więc nie spotykaliśmy się za często, zwykle na urodzinach babci. Niestety, od kilku lat choruje na Alzheimera. Można powiedzieć, że niewiele wiem o swoich przodkach. Proszę o następne pytanie.
- ....
- „Miałaś"? Ja je cały czas mam! Każdy je wymawia inaczej, zawsze muszę sprawdzać, czy dobrze zapisali... Muszę wyjść za mąż za faceta o mniej skomplikowanym nazwisku, absolutnie! Na szczęście imię mam łatwe do zapamiętania, chociaż w Polsce wymawia się je przez dwa „n". Na początku nie mogłam się przyzwyczaić.
- ....
- Nikt nie wierzy w moją motywację, ale to z powodu... muzyki. Zakochałam się po prostu! Słuchałam tylko polskiej muzyki, chodziłam na koncerty, a potem chciałam zrozumieć, o czym śpiewają. Próbowałam sama, pytałam o różne słowa ojca, szukałam w sieci, ale to na nic. Postanowiłam więc zapisać się na kilkutygodniowy kurs językowy. Rodzice się zgodzili na mój pobyt tutaj, na szczęście

Ćwiczenie 2 `208A2`

O co Ania Siedlaczek pyta dziennikarkę? Proszę pamiętać o formie oficjalnej.

- Witam panią. ....?
- Jestem dziennikarką, pracuję jako wolny strzelec dla różnych gazet.
- ....?
- „Wolny strzelec" to osoba, która nie ma nigdzie etatu, pracuje na własny rachunek, często dla różnych firm czy instytucji.
- ....?
- Moja pierwsza praca to lokalna radiostacja, która już nie istnieje. Robiłam tam chyba wszystko i wiele się nauczyłam. Potem kolejne radio, krótka przygoda z telewizją regionalną, no i na końcu gazeta ogólnopolska. Dziś robię różne rzeczy, np. wywiady z obcokrajowcami o naszym mieście.
- ....?
- Tak, urodziłam się w Krakowie, właściwie wszyscy moi przodkowie tu mieszkali, a więc mogę powiedzieć: jestem Krakowianką z dziada pradziada.
- ....?
- Interesuję się polityką, fotografią, teatrem, językami. Uwielbiam gotować, tańczyć, spotykać się z ciekawymi ludźmi. Pracuję też jako wolontariuszka w hospicjum, więc nie mam za dużo czasu. Zwłaszcza przy trójce dzieci i dwóch psach!
- ....?
- Mój najtrudniejszy wywiad... niech pomyślę. Chyba kilka lat temu z Robertem de Niro. Byłam tak zdenerwowana, że zapomniałam angielskiego, po prostu biała ściana. Na szczęście de Niro był cierpliwy i wyrozumiały, a ja po pierwszym szoku doszłam do siebie, choć ten stres pamiętam do dziś.
- ....?
- Myślę, że mogłabym pracować jako psycholog dziecięcy, zawsze bardzo mnie to interesowało. Albo weterynarz.
- ....?
- Niestety, słowo „weterynarka" nie istnieje...

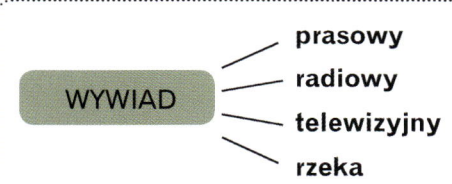

`208A3`

WYWIAD — prasowy / radiowy / telewizyjny / rzeka

przeprowadzić wywiad
udzielić wywiadu
odmówić udzielenia wywiadu

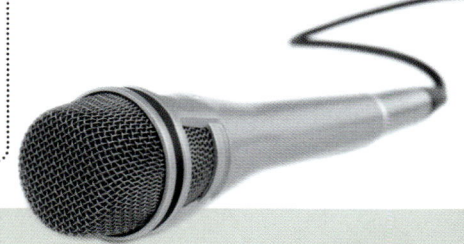

tata za wszystko płaci, bo ja jestem tylko biedną studentką...

- ....
- Powoli, krok po kroku, poznawałam przypadki, koniugacje, struktury, miałam momenty frustracji i złości „po co mi to?", ale teraz widzę, że to miało sens. Przepraszam za moją niecierpliwość! Oczywiście robię wiele błędów, nie pamiętam niektórych słów, na przykład to coś, co gra, CD albo MP3...
- ....
- No właśnie, dziękuję za pomoc, okropne słowo.
- ....
- Dziś gram w tenisa, potem muszę zdążyć na basen, który jest na drugim końcu miasta, więc pewnie zadzwonię po taksówkę... A poważnie: czekam na odpowiedź z uniwersytetu z Kolonii, czy przyjęli mnie na studia. Od tego wszystko zależy. Więc na razie cieszę się, że mam czas na swoje przyjemności. Pobyt w Krakowie to dla mnie nauka, ale i relaks! No i prawie codziennie jest jakiś fajny koncert!
- ....
- Dziennikarstwo. Może ja teraz zrobię wywiad z panią?

Ćwiczenie 3 (208A4)

Proszę na podstawie tekstu uzupełnić tabelkę oraz dopisać swoje przykłady w liczbie pojedynczej. Uwaga na przypadek!

	przykład z tekstu	twój przykład l. poj.	twój przykład l. mn.
chorować na	Alzheimera	grypę, serce	płuca, nerki
czekać na			
chodzić na			
mieć czas na			
zdążyć na			
zgadzać się na			
grać w			
wierzyć w			
dziękować za			
płacić za			
przepraszać za			
wyjść za mąż za			
prosić o			
pytać o			
dzwonić po			

B ...JAK BIERNIK

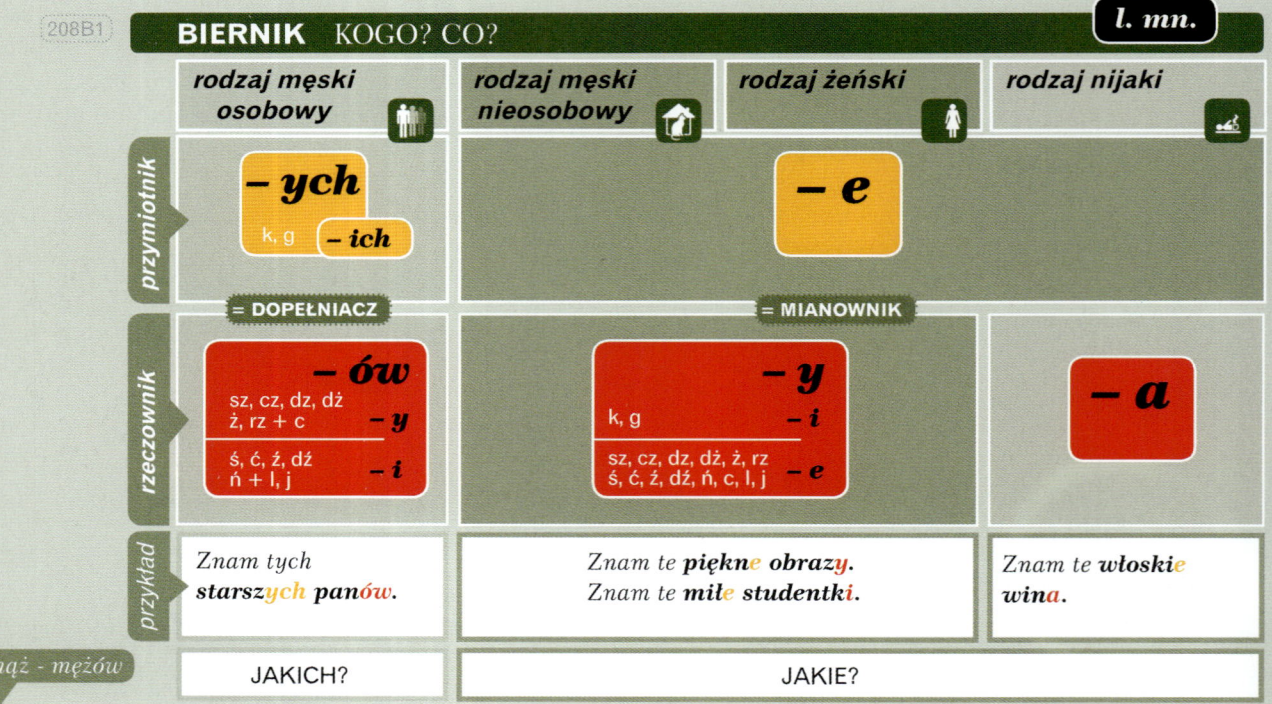

BIERNIK KOGO? CO? — l. mn.

mąż - mężów

Ćwiczenie 1 (208B2)

Proszę zamienić liczbę pojedynczą na liczbę mnogą.

Znam twoją koleżankę.
→ *Znam twoje koleżanki*.

Zwiedziłem to włoskie miasto.
→ ....

Kocham mojego dziadka.
→ ....

Kupiłam świeżego pomidora.
→ ....

Pijecie sok owocowy?
→ ....?

Spotkaliśmy znanego aktora.
→ ....

Miałyśmy rasowego psa.
→ ....

Lubię tego studenta.
→ ....

Widzę twoje dziecko.
→ ....

Czytasz szwedzki kryminał?
→ ....?

Otwórz tę książkę!
→ ....!

Dostałeś urzędowy list?
→ ....?

Sprzedaliśmy egzotycznego ptaka.
→ ....

Ćwiczenie 2 `208B3`
Proszę dokończyć zdania (liczba mnoga).

1. Kiedyś pisałam *długie listy albo krótkie telegramy*.
2. Piję tylko ....
3. Dzieci lubią oglądać ....
4. Spotkałeś już ....?
5. Z okna widzę ....
6. W szkole mamy ....
7. Lubisz czytać ....?
8. Dzień dobry. Proszę ....
9. Kupiłem ....
10. Ona świetnie gotuje ....
11. Organizujecie ....?
12. Kocham ....
13. Dziecko rysuje ....
14. Musisz brać ....
15. Mój tata zbiera ....

Ćwiczenie 3
Proszę wrócić do tabelki z części A ćw. 3 i uzupełnić przykłady w liczbie mnogiej.

Ćwiczenie 4  `208B4`
Proszę wstawić odpowiednie przyimki.

Moja pierwsza przygoda w Polsce? Zaczęło się tak: leciałem do Krakowa .... Londyn, to był bardzo długi i męczący lot. Czytałem prasę może .... kwadrans, ale byłem zestresowany i szybko zasnąłem. Obudziła mnie pasażerka obok, pytała ...... coś po polsku. „Przepraszam, mój długopis spadł .... pana fotel" - powtórzyła po angielsku - „Czy mógłby pan schylić się ..... niego?". Zrobiłem to, ... co mnie prosiła, ale niczego nie znalazłem. „Trudno" - nawet się nie zmartwiła - „...... pół godziny lądujemy, wtedy będzie łatwiej szukać. A pan pierwszy raz w Polsce?". „Tak" - odpowiedziałem - „...... przyszły poniedziałek zaczynam kurs polskiego". „Ach tak, i będzie pan chodzić ...... lekcje ...... uniwersytet?". „Nie, to prywatna szkoła. Chciałem jechać .... kurs .... morze, ale w końcu zdecydowałem się .... Kraków. Czuję, że coś mnie tu fajnego spotka..."

cdn. ← ciąg dalszy nastąpi

Ja swoje wiem! | B... jak biernik

Ćwiczenie 5  `208B5`
Proszę wstawić przyimki: przez, na, nad, o, po, pod, w/we, za.

Tom: ...A pani jest z Krakowa?
Dziewczyna: I tak, i nie, to długa historia. Chętnie panu opowiem, może pójdziemy kiedyś ...*na*..... kawę albo .... spacer, na przykład .... Wisłę?
Tom: Fantastycznie! Może .... wtorek? Szczegółowo umówimy się .... telefon, dobrze? Może zapiszę sobie pani numer, tylko schylę się jeszcze raz .... ten długopis.
Dziewczyna: A to może ja poproszę pana .... numer?
Tom: Świetnie, ale .... chwilę, muszę poszukać telefonu, bo nie pamiętam numeru. Sięgnę tylko .... torbę. O, to ten numer.
Dziewczyna: Proszę więc czekać .... mój telefon, powiedzmy .... poniedziałek wieczorem. Mam nadzieję, że będzie pan mieć trochę czasu .... relaks?
Tom: Oczywiście! Dziękuję .... zaproszenie, nikogo nie znam w Krakowie.
Dziewczyna: A więc do zobaczenia! Zaraz po lądowaniu muszę biec, żeby zdążyć .... pociąg, a pan?
Tom: Ja chyba zadzwonię .... taksówkę.
Dziewczyna: Proszę poprosić .... rachunek albo paragon. I jeszcze raz przepraszam .... to zamieszanie z długopisem!

Ćwiczenie 6 `208B6`
Proszę uzupełnić.

1. Wypadek! Kobieta wpadła ....*pod*.... samochód!
2. Niech ktoś zadzwoni .... policję!
3. Czy ten bus jedzie .... Ojców?
4. Wieczorem idziemy .... Kazimierz.
5. A potem może pójdziemy .... Wisłę?
6. Co robiłeś .... weekend?
7. Uczę się polskiego .... Internet.
8. Pociąg do Krakowa wjedzie .... peron drugi.
9. Gdzie szampan? Już .... minutę dwunasta!
10. Nikt mnie .... to nie pytał.
11. Pamiętaj, że .... wtorek mamy test.
12. Najpierw muszę iść .... pocztę.
13. Proszę przejść .... ulicę, potem w prawo.
14. Marzę, żeby pojechać .... ocean albo przynajmniej .... Alpy.

Ćwiczenie 7 `208B7`
Z jakimi przypadkami mogą jeszcze łączyć się te przyimki?

przez	*tylko biernik!*
na	
nad	
o	
po	
pod	
w/we	
za	

C "SAMI SWOI" `208C1`

1. Zaimek *swój* odmienia się jak *mój*, *twój* itd.
2. Zastępuje *mój*, *twój* itd. jeśli przedmiot lub osoba, o których mówimy „należą" do podmiotu.

Alicja kocha jej męża.   = Alicja kocha Dawida.
Alicja kocha swojego męża. = Alicja kocha Borysa.

Borys kocha jego żonę.   = Borys kocha Celinę.
Borys kocha swoją żonę.   = Borys kocha Alicję.

3. *Swój* nie występuje w mianowniku. ~~Swój jego pies jest chory.~~

Ćwiczenie 1 `208C2`
Proszę wstawić zaimek „swój" w dobrej formie gramatycznej.

1. Zrobię to na ....*swój*.... koszt.
2. Mam problem ze .... synem.
3. Nie lubię .... pracy.
4. Opowiedz o .... wakacjach.
5. On naprawdę kocha .... żonę.
6. Idę do kina ze .... znajomymi.
7. Nienawidzę .... nóg, są takie grube!
8. Każdy ma .... problemy.
9. Co wiesz o .... mieście?
10. Idę do .... pokoju.
11. Koty chodzą .... drogami.
12. Zrozumiesz w .... czasie.
13. Dobrze znamy .... prawa.
14. Możesz pilnować .... nosa?
15. Proszę powiedzieć to .... słowami.

Proszę przeliterować swoje imię i nazwisko.

Mami, a ty masz swoją listę?

Ćwiczenie 2

mój? twój? jego? jej? nasz? ich? swój?

1. Każdy ptaszek ....*swój*.... ogonek chwali.
2. Adam i Ewa mają roczną córkę. .... córka ma na imię Ola.
3. Artur włożył dużo pieniędzy w .... samochód. .... samochód jest stary.
4. Muszę napisać .... CV na jutro.
5. Ona lubi tę kawiarnię. Zaprosiła znajomych do .... ulubionego miejsca.
6. On mieszka obok mnie. To .... najlepszy sąsiad.
7. Marku, jakie jest .... ulubione wino?
8. Przedstawiłam rodzicom .... chłopaka.
9. Alicja nie posprzątała. .... mama jest niezadowolona.
10. Ewa się spóźni. Musi odwiedzić .... babcię w szpitalu.
11. Mamy dużo zdjęć z wakacji. Chcecie zobaczyć .... zdjęcia?

Ćwiczenie 3

Co pasuje?

☐ wiedzieć swoje	1. niespokojny, niepewny, dziwny
☐ pójść na swoje	2. w charakterystyczny dla siebie sposób
☐ wyjść na swoje	3. równi sobie partnerzy, rozmówcy
☐ mieć za swoje	4. obcy, cudzy
☐ postawić na swoim	5. zacząć samodzielne życie, także pod względem finansowym
☐ po swojemu	6. spełnić marzenia, dojść do celu
☐ trafił swój na swego	7. ponieść konsekwencje swojego działania
☐ nie swój	8. bliski, znajomy ✓
☐ nieswój	9. nie stracić, mieć bilans na plus
8 swój człowiek *(potocznie)*	10. mieć swoje, lepsze informacje / opinie

Ćwiczenie 4

Proszę uzupełnić zdania wyrażeniami z ćwiczenia 3.

1. Alicja jest bardzo zdecydowana i zawsze umie .*postawić na swoim*.
2. Nigdy nie korzystam z książki kucharskiej, zawsze gotuję ....
3. Możesz mówić co chcesz, ja i tak ....
4. Ten polityk to taki ...., z każdym umie znaleźć kontakt.
5. Nie wolno czytać .... poczty!
6. Obydwoje są tak samo źli, ...
7. Synku, masz już 30 lat, powinieneś już ....
8. Dlaczego jesteś taki ...., stało się coś?
9. W biznesie najważniejsze jest, żeby ...., a nie sentymenty.
10. Byłeś niegrzeczny, więc przez tydzień zero komputera, ... !

POWTÓRZENIE D

Ćwiczenie 1
Jaki powinien być dobry dziennikarz?

Ćwiczenie 2
Jakie jest inne znaczenie słowa „wywiad"?

agent wywiadu - ....
obcy wywiad - ....
wywiad gospodarczy - ....

Ćwiczenie 3
Proszę napisać na kartkach po 3 pytania do Mami, Angeli, Javiera i Uwe'go. Następnie proszę rozdzielić role studentów w grupie i odpowiedzieć na te pytania.

Mami, dlaczego chciałaś studiować malarstwo właśnie w Krakowie?

NIE ZAPOMNIJ PASZPORTU!
Lekcja_09

KOMUNIKACJA
nakazy, zakazy
polecenia

SŁOWNICTWO
podróże, pakowanie
sprzęt kempingowy, lotnisko

GRAMATYKA
tryb rozkazujący, czasowniki niefleksyjne:
trzeba, można, warto, należy, powinno się

ubezpieczenie, pognieciony, nieodzowny, szykować (się), zamieszanie, rozsądny, celnik, obywatel, zażądać, powodzianie, wczasy, bezpieczeństwo, przypominać, cło

nowe słowa

A WALIZKA CZY PLECAK?

Ćwiczenie 1
Proszę podpisać przedmioty na zdjęciach.

1. ....
2. ....
3. ....
4. ....
5. ....
6. ....
7. ....
8. ....
9. ....
10. ....
11. ....
12. ....
13. *ładowarka*
14. ....
15. ....

Ćwiczenie 2
Jakie ubrania pakujesz, kiedy jedziesz na urlop latem, a jakie zimą?

Ćwiczenie 3
Co powinno się zawsze brać w podróż?

Ćwiczenie 4 🎧 209A2

Proszę posłuchać i zanotować, w co oni lubią się pakować.

A. Ewa: ....
B. Piotr: ....
C. Kamila: .... z. wieloma *kieszeniami* .
D. Paweł: ....

wiele = dużo
W szkole jest dużo / wiele osób.
ale!
Rozmawiałem **z wieloma** osobami.
Dla wielu osób to było coś nowego.

09

Ćwiczenie 5 🎧 209A3

Proszę posłuchać i uzupełnić.

Ewa:
Nie .... nosić ciężkich ...., dlatego walizka na kółkach jest dla mnie idealna. .... bardziej, że zwykle, jak typowa kobieta, zabieram w .... zbyt wiele rzeczy.

Piotr:
Torby są zazwyczaj ...., ale ja .... wolę walizkę, bo można .... poukładać rzeczy, no i .... nie są pogniecione po podróży.

Kamila:
Jestem studentką .... Krakowa, często jeżdżę do rodziców i zawsze mam .... rzeczy do zabrania. Wszystkie ....! Dlatego dla mnie lekka torba z wieloma kieszeniami jest najbardziej ....

Paweł
Na .... ludzie wolą pakować się w walizki. .... mnie plecak jest o wiele bardziej .... Zwłaszcza taki z pojemnymi kieszeniami. A już na .... w góry jest wprost nieodzowny!

Ćwiczenie 6 209A4
Co pasuje?

szczególnie	zazwyczaj
pojemny	większa wycieczka, ekspedycja
pognieciony	praktyczny, przydatny
wyprawa	zwłaszcza
zbędny	bardzo dużo
mnóstwo	≠ wyprasowany
poręczny	niezbędny, konieczny, niezastąpiony
na ogół	pakowny, dużo się w nim mieści
nieodzowny	niepotrzebny

Nie zapomnij paszportu! | Walizka czy plecak?

B WEŹ SWETER!

W rodzinie Majów straszne zamieszanie. Karol wyjeżdża w Bieszczady, Karolina na obóz do Hiszpanii, a pani Joanna i pan Grzegorz lecą do Paryża. Wszyscy się pakują.

Ćwiczenie 1 🎧 209B1

Proszę posłuchać dialogów i zaznaczyć, co oni zabierają (+), a czego nie zabierają (–) ze sobą.

KAROL
komputer
kuchenka turystyczna
krzesełka turystyczne
namiot
śpiwór
sprzęt narciarski
okulary przeciwsłoneczne
ciepły sweter

KAROLINA
+ sandały
wieszak
płyn przeciw komarom
krem z filtrem
zapalniczka
kurtka przeciwdeszczowa
paszport
kąpielówki

09

DIALOG_1

Pani Maj: *Karol! Ty znów przed komputerem?*
Karol: *Mhm.*
Pani Maj: *Co ty robisz?* **Nie jedz** *nad klawiaturą!* **Wytrzyj** *te okruchy! Dlaczego się nie szykujesz do wyjazdu?* **Wyłącz** *to natychmiast i* **idź** *się pakować!*
Karol: *Kiedy ja właśnie robię listę wszystkich rzeczy do spakowania.*
Pani Maj: *W takim razie* **przeczytaj** *mi albo nie,* **pokaż**! *No dobrze: karimata, śpiwór..., a gdzie namiot?*
Karol: *Namiot bierze Adam.*
Pani Maj: *Aha.* **Sprawdźmy** *dalej: kuchenka turystyczna, zapałki, zapalniczka... - dobrze, cały sprzęt kempingowy jest.* **Dopisz** *sobie płyn przeciw komarom.* **Zobaczmy** *jeszcze ubrania. Mniej więcej masz wszystko. Tylko* **weź** *ten gruby sweter i* **pamiętaj** *o kurtce przeciwdeszczowej i kąpielówkach!*

DIALOG_2

Karolina: *Mamo, nie widziałaś gdzieś moich sandałów?*
Pani Maj: *Leżą w przedpokoju koło wieszaka. Masz już wszystko?*
Karolina: *Prawie. Brakuje mi tylko kosmetyków.*
Pani Maj: *Koniecznie* **spakuj** *krem z filtrem. I* **nie zapomnij** *o paszporcie!*
Karolina: *Przecież wiem, mamo! Nie jestem dzieckiem!*
Pani Maj: *Karolinko, ja cię bardzo proszę, żebyś nie uważała się za zbyt dorosłą. Zwłaszcza na wakacjach w Hiszpanii.* **Pamiętaj**, **nie chodź** *nigdzie sama,* **nie wracaj** *za późno, a przede wszystkim* **nie zadawaj** *się z nieznajomymi.* **Bądź** *rozsądna!*

Weź sweter! | Nie zapomnij paszportu!

Ja już nie mogę! Ciągle słyszę: zrób to, zrób tamto! Idź! Przynieś! Wynieś! Pozamiataj...!

Ćwiczenie 2

Proszę uzupełnić tabelę.

	bezokolicznik	typ koniugacji	2 osoba l. poj.
dopisz			
idź			
nie chodź			
nie zadawaj się			*zadajesz się*
nie zapomnij		-ę, -isz	
pokaż	*pokazać*		
spakuj			
sprawdźmy			*sprawdzisz*
weź			
wyłącz			
wytrzyj			*wytrzesz*
zobaczmy			

	bezokolicznik	typ koniugacji	3 osoba l. mn.
przeczytaj	*przeczytać*		
jedz			
nie wracaj			
pamiętaj			*pamiętają*

60_ sześćdziesiąt

TRYB ROZKAZUJĄCY

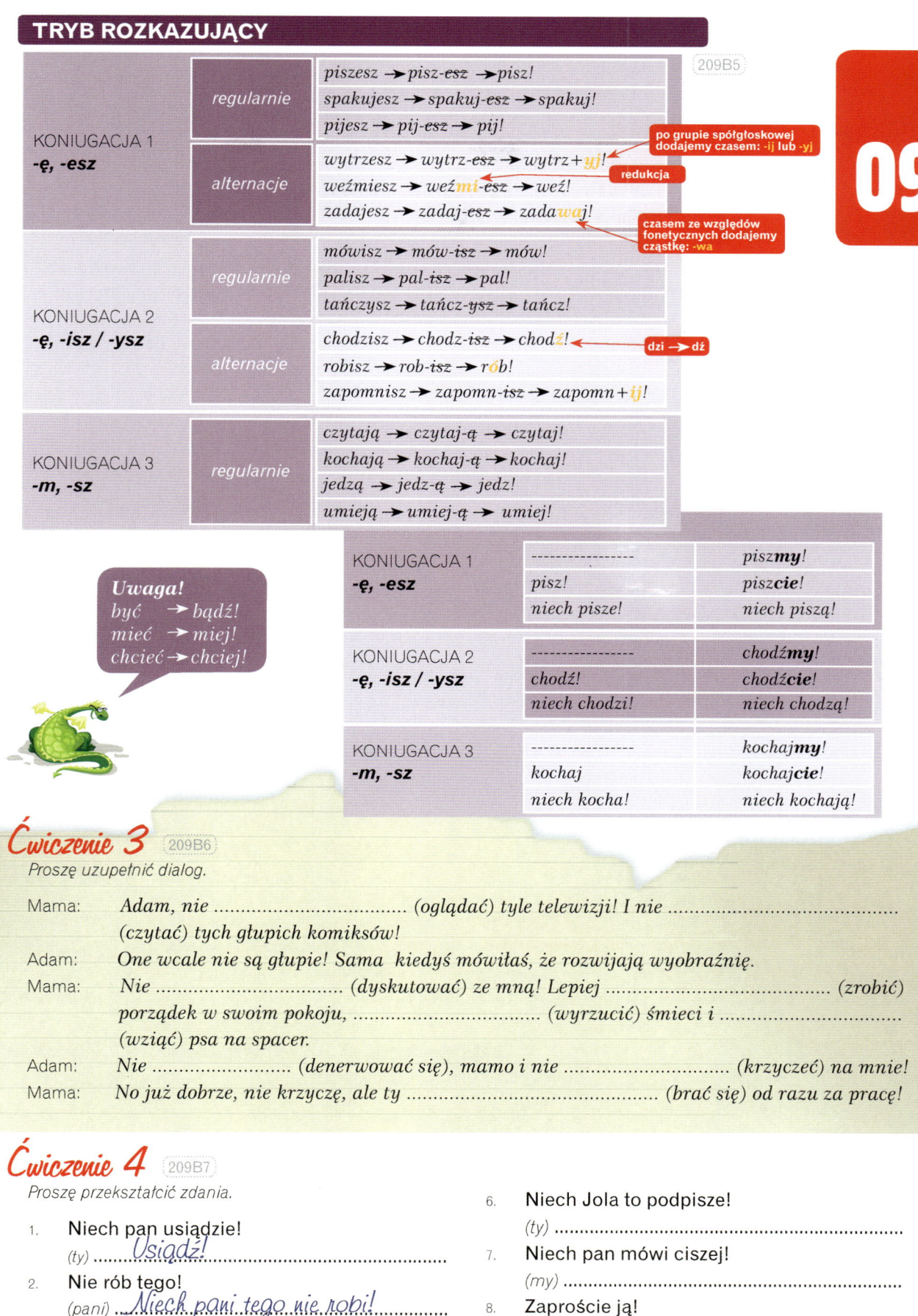

Ćwiczenie 3

Proszę uzupełnić dialog.

Mama: Adam, nie .... (oglądać) tyle telewizji! I nie .... (czytać) tych głupich komiksów!
Adam: One wcale nie są głupie! Sama kiedyś mówiłaś, że rozwijają wyobraźnię.
Mama: Nie .... (dyskutować) ze mną! Lepiej .... (zrobić) porządek w swoim pokoju, ... (wyrzucić) śmieci i .... (wziąć) psa na spacer.
Adam: Nie .... (denerwować się), mamo i nie .... (krzyczeć) na mnie!
Mama: No już dobrze, nie krzyczę, ale ty .... (brać się) od razu za pracę!

Ćwiczenie 4

Proszę przekształcić zdania.

1. Niech pan usiądzie!
   (ty) *Usiądź!*
2. Nie rób tego!
   (pani) *Niech pani tego nie robi!*
3. Niech państwo zostaną!
   (wy) ....
4. Wyjdź stąd!
   (pan) ....
5. Przeczytajcie to!
   (państwo) ....
6. Niech Jola to podpisze!
   (ty) ....
7. Niech pan mówi ciszej!
   (my) ....
8. Zaproście ją!
   (państwo) ....
9. Niech to dziecko zje obiad!
   (ty) ....
10. Pomóżmy mu!
    (pan) ....

09

Ćwiczenie 5 `209B8`
Proszę przekształcić zdania.

1. Proszę poczekać.
   (my) ......*Poczekajmy!*......
2. Proszę tu nie palić.
   (ty) ....
3. Proszę tego nie dotykać.
   (wy) ....
4. Proszę być punktualnie.
   (ty) ....
5. Proszę już kończyć.
   (my) ....
6. Proszę mieć przy sobie dokumenty.
   (wy) ....
7. Proszę jechać prosto.
   (my) ....
8. Proszę zadzwonić o 8.00.
   (wy) ....

Ćwiczenie 6 `209B9`
Proszę uzupełnić zdania.

1. Mama poprosiła:
   „......*Wypij*...... (ty / wypić) to lekarstwo!"
2. Piotr powiedział:
   „.......... (my / ugotować) dziś żurek."
3. Tato poprosił Pawła i Anię:
   „.......... (posprzątać) pokój!"
4. Policjant poprosił:
   „..........
   (pani / zaparkować) gdzie indziej!"
5. Dziecko prosiło:
   „.......... (wy / zabrać) mnie ze sobą!"
6. Urzędniczka powiedziała:
   „..........
   (państwo / wypełnić) tę ankietę."

Ćwiczenie 7 `209B10`
Proszę napisać instrukcję, jak wysłać e-mail.

Ćwiczenie 8 `209B11`
Proszę uzupełnić zdania.

1. Jola chciała, ...*żeby on zaprosił ją*...... (on / zaprosić / ona) do kina.
2. Agnieszka poprosiła, ... (mama / kupić / ona) nową sukienkę.
3. Ewa prosiła, ... (wy / r.m. / pójść) na wystawę.
4. Ojciec chciał, ... (dziecko - zjeść) obiad.
5. Nauczyciel poprosił, ... (studentki / oddać) test.
6. Tomek chciał, ... (wy / r.ż. / ugotować) zupę.
7. Prezydent poprosił, ... (obywatele / pomóc) powodzianom.
8. Strajkujący zażądali, ... (rząd / obniżyć) podatki.

C MOŻNA, TRZEBA WARTO

trzeba ✓   można   warto   należy   wolno   powinno się

PRZYZWOLENIE	PROPOZYCJA	POLECENIE
		trzeba

Ćwiczenie 1 `209C1`
Proszę uporządkować słowa.

Ćwiczenie 2 `209C2`
Proszę uzupełnić zdania słowami z ramki.

> nie powinno się, trzeba, można ✓, warto, należy, nie wolno, powinno się, nie warto, wolno

1. Czy tu ......*można*...... płacić kartą?
2. To jest przedział dla niepalących - tutaj .... palić!
3. Po wizycie u dentysty .... jeść przez godzinę.
4. Idę do sklepu, czy .... coś kupić?
5. To słaba książka, ... jej czytać.
6. To niezła sztuka, ... ją obejrzeć.
7. .... często chodzić na spacery, bo ruch to zdrowie!
8. Dzieci, którym .... robić wszystko, są kapryśne i samolubne.
9. W czasie odwiedzin w szpitalu .... zakładać obuwie ochronne.

Ćwiczenie 3 `209C3`
Proszę zamienić na tryb rozkazujący.

1. Nie warto iść na ten film.
   → *(ty)* ...... *Nie idź* ...... na ten film!
2. Powinno się wykupić ubezpieczenie.
   → *(państwo)* .... ubezpieczenie!
3. Trzeba zapłacić zaliczkę za wczasy.
   → *(ty)* .... zaliczkę za wczasy!
4. Powinno się obejrzeć tę wystawę.
   → *(wy)* .... tę wystawę!
5. Na lotnisko należy skręcić w prawo.
   → *(my)* .... w prawo!
6. Warto zamówić ten przewodnik przez Internet.
   → *(wy)* .... ten przewodnik przez Internet!

D — LOTNISKO

Ćwiczenie 1 `209D1`
Proszę uzupełnić teksty, a następnie posłuchać nagrania.

A
| samolot ✓ | odprawy | sprawdź | pospiesz się | idzie |
| raz | stresuj się | nadbagaż | wolno | czego |

Pani Maj: Grzegorz, ...! Nie zdążymy na ..... *samolot* .....!
Pan Maj: Kochanie, nie .... mamy jeszcze sporo czasu.
Pani Maj: Popatrz, jaka jest kolejka do .... bagażu! W dodatku ja mam chyba za ciężką torbę i będziemy płacić za ....!
Pan Maj: Twój bagaż jest w sam ...., a kolejka .... bardzo szybko. Naszykuj swój paszport i ...., czy nie masz w torebce czegoś, ... nie .... wnosić na pokład.

B
| znoszę | kartę | odprawa | czym | kontroli |
| kieszeni | podręcznego | przejście | prostu | lotu |

Pan Maj: Widzisz, ... paszportowa też już za nami, teraz tylko .... przez bramki, kontrola bagażu .... i możesz sobie spokojnie usiąść i czekać na samolot.
Pani Maj: Nie cierpię tej całej .... bezpieczeństwa! Nie .... tego prześwietlania torebek, wyciągania wszystkiego z ...., zdejmowania zegarków, pasków albo, co gorsza, butów.
Pan Maj: Joanno, uspokój się! Nie ma się .... przejmować, to tylko procedura.
Pani Maj: Wiem, ale... O rany! Grzegorz, ja chyba zgubiłam .... pokładową!
Pan Maj: Nie zgubiłaś, tylko dałaś mnie. Coś mi się zdaje, kochanie, że po .... boisz się .... i stąd to całe poirytowanie.

C
| pasty | pokład | pasażerowie | pod |
| metalowych | mililitrów | golenia | plastikowej |

Uwaga ....! Przypominamy, że na .... samolotu nie wolno wnosić: ostrych .... przedmiotów, pojemników .... ciśnieniem (dezodoranty, pianki do ...., lakiery do włosów) ani płynów. Kosmetyki typu żele i .... o pojemności nie większej niż 100 .... można zabrać w specjalnej przezroczystej .... zamkniętej torebce.

sześćdziesiąt trzy _63

09

Ćwiczenie 2
Co to znaczy?

- zagubiony bagaż
- stawka za nadbagaż
- wymiary i zawartość bagażu podręcznego
- odbiór bagażu
- terminal lotów krajowych
- strefa wolnocłowa

Ćwiczenie 3 [209D2]
Proszę posłuchać i uzupełnić.

ODLOTY			
Czas	Kierunek	Numer lotu	Uwagi
12:15	PARYŻ	LH 4792	odprawa
:	KOPENHAGA	W 7156	odwołany
:	MADRYT	SP 6373	odprawa

PRZYLOTY			
Czas	Kierunek	Numer lotu	Uwagi
:	WARSZAWA	LO 3497	wylądował
11:25	FRANKFURT	AC 7644	planowo
11:30	WIEDEŃ		opóźniony

Ćwiczenie 4 [209D3]
Proszę uporządkować zdania.

1. ~~nadać~~ / ~~mam~~ / ~~zdążyłem~~ / ~~problem~~ / ~~nie~~ / ~~bagażu~~ / ~~a~~ / ~~zakończona~~ / ~~odprawa~~ / ~~już~~ / ~~jest~~
   Mam problem, nie zdążyłem nadać bagażu, a odprawa już jest zakończona .

2. są / wózki / gdzie / przepraszam / bagażowe
   ....?

3. numer / odwołany / lot / LO3635 / został / dlaczego
   ....?

4. o / oknie / prosić / miejsce / chciałabym / przy
   ....

5. tę / pan / wziąć / torbę / podręczny / ~~może~~ / bagaż
   Może ....

6. coś / czy / ma / oclenia / pani / do
   ....?

[093] [209D4]

Witamy państwa na pokładzie samolotu linii Lot. Prosimy o zapięcie pasów, złożenie stolików i zapoznanie się z instrukcją bezpieczeństwa. W czasie startu prosimy o nieużywanie urządzeń elektronicznych i nieopuszczanie swoich miejsc. Życzymy miłego lotu.

DIALOG 1
Pasażer: *Przepraszam, nie mogę zapiąć pasów. Czy może mi pani pomóc?*
Stewardessa: *Oczywiście, już idę.*
Stewardessa: *Czy mogę panu podać coś do picia?*
Pasażer: *Owszem, proszę coś zimnego.*
Stewardessa: *Mogę panu zaproponować sok, wodę mineralną albo mrożoną herbatę.*

DIALOG 2
Pasażerka: *Przepraszam, za ile będziemy lądować w Rzymie?*
Steward: *Za godzinę i piętnaście minut.*
Pasażerka: *A która to będzie godzina miejscowego czasu?*
Steward: *17.20.*
Pasażerka: *Dziękuję bardzo.*

09

Wita państwa kapitan samolotu, lecimy na wysokości dziewięciu tysięcy metrów nad poziomem morza. Będziemy przelatywać nad Wiedniem i Rijeką. Temperatura na zewnątrz wynosi minus 43 stopnie Celsjusza.

Szanowni państwo, rozpoczynamy lądowanie. Prosimy o pozostanie na swoich miejscach, złożenie stolików i zapięcie pasów. Jest pogodnie, temperatura na zewnątrz wynosi 28 stopni Celsjusza.

Nie zapomnij paszportu! | Lotnisko

Ćwiczenie 5
Co pasuje?

nadać	pasy
zdjąć	bagaż
przejść	→ z taśmy bagażowej
zdjąć	stolik
zapiąć	maski tlenowe
złożyć	buty i pasek
wyłączyć	na swoich miejscach
pozostać	przez bramkę
zapoznać się	urządzenia elektroniczne
założyć	z instrukcją bezpieczeństwa

Ćwiczenie 6
Co pasuje?

1. **samolot**
   ☐ pospieszny ☐ osobowy ☑ pasażerski
2. **bagaż**
   ☐ ręcznik ☐ podręczny ☐ poręczony
3. **maska**
   ☐ tlenowa ☐ oddychająca ☐ utleniona
4. **wyjście**
   ☐ pomocne ☐ awaryjne ☐ bezawaryjne
5. **karta**
   ☐ podkładka ☐ pokładowa ☐ pokład
6. **klasa**
   ☐ podstawowa ☐ ekonomista ☐ ekonomiczna

POWTÓRZENIE E

Ćwiczenie 1
Proszę odpowiedzieć na pytania.

O czym warto pamiętać przy pakowaniu?
Czego nie powinno się brać na wakacje?
Czego nie wolno brać na pokład samolotu?
Co można wziąć na pokład samolotu?
Czego nie trzeba brać, kiedy jedzie się do eleganckiego hotelu?

Co powinno się wziąć na urlop pod namiotem?
Co należy mieć przy sobie na granicy?
O czym nie można zapomnieć, kiedy jedzie się nad morze?
Co powinno się zabrać na wycieczkę w góry?
Co warto wziąć, planując zwiedzanie nowego miasta?

Ćwiczenie 2
Proszę uzupełnić dialog (tryb rozkazujący).

Ewa: *Co robimy dziś wieczorem?*
Piotr: ......*Chodźmy*...... *(chodzić - my) do kina!*
Ewa: *Nie mam ochoty na kino.* .... *(przygotować - my) dobrą kolację i* .... *(zaprosić - my) znajomych.*
Piotr: *Świetny pomysł.* .... *(zadzwonić - ty) do Andrzeja i Ani,* .... *(oni - przyjść) koło dziewiątej, a ja idę zrobić zakupy.*
Ewa: .... *(pamiętać - ty) o brokułach,* .... *(kupić - ty) też szynkę, oliwki i jajka!*
Piotr: .... *(powiedzieć - ty) Andrzejowi,* .... *(przynieść - on) wino, najlepiej czerwone wytrawne.*
Ewa: *Już dzwonię, a ty* .... *(pospieszyć się) z zakupami!*

KOCHAM CIĘ POLSKO!
Lekcja_10

KOMUNIKACJA	SŁOWNICTWO	GRAMATYKA
prośba o informacje	atrakcje turystyczne Polski	miejscownik – powtórzenie
wysyłanie wiadomości	listy, maile, SMS-y	wołacz l. poj. i l. mn.

nowe słowa: wścibski, podwórko, bałagan ≠ porządek, prostokątny, trójkątny, zaliczka, zagracony, zachęcać ≠ zniechęcać, parapet

A) CO JEST W KARTONACH?

DIALOG 1

Pani Krysia: Sąsiadko, sąsiadko! Słyszała pani?
Pani Jasia: Co, pani Krysiu, co się stało?
Pani Krysia: No ten pan obcokrajowiec, ten co wynajmuje mieszkanie obok pani, wrócił z podróży i, widziała pani, co przywiózł?!
Pani Jasia: Ten pan Ksawery, tak? Nie widziałam!
Pani Krysia: Jakoś tak, Hilary albo Ksawery. Właśnie, droga pani Jasiu, wracałam ze sklepu i widziałam jak TO wnosili!
Pani Jasia: Ale co, ale co?
Pani Krysia: No właśnie nie wiem!!! Widziałam tylko kartony! Ale może spróbujemy zobaczyć z pani balkonu? Ma pani jeszcze tę lornetkę, tę po świętej pamięci mężu?
Pani Jasia: Gdzieś tam jest... Poszukam...

Ćwiczenie 1
Gdzie jest lornetka?
Jedna osoba wymyśla potencjalne miejsce, druga próbuje zgadnąć, np.:

Czy lornetka jest w sypialni na łóżku?

Ćwiczenie 2 `210A3`
Co się stało? Proszę uzupełnić tekst.

Pani Krysia ...*zapytała*... panią Jasię, czy .... najnowsze wiadomości. Pani Jasia ...., że nie. Pani Krysia ...., że Javier, który .... mieszkanie obok, ... z podróży i przywiózł dziwne kartony. Pani Jasia, która nie ...., jak DOKŁADNIE Javier ma na imię, była bardzo .... Pani Krysia, która niestety nie ...., co było w kartonach, ..., żeby obie z panią Jasią .... z balkonu, co to jest. Sąsiadka nie była ...., gdzie jest lornetka, ale obiecała, że .... No cóż, sąsiadki Javiera są trochę ....

Ćwiczenie 3 `210A4`
Proszę uzupełnić.

Javier: Halo? Słyszysz mnie, piękna kobieto?
Angela: Javier, ty głupku! Wróciłeś? Jesteś już w ....?
Javier: O tak, tylko dwa tygodnie byłem w .... i już się stęskniłaś!
Angela: Cały ty... Ale opowiadaj, jak było?
Javier: Wiesz, co to jest „tukan"?
Angela: Jakiś kolorowy ptak?
Javier: Nie jakiś, tylko specjalny. Mieszkają tylko w Ameryce ...., w .... tropikalnych, np. w Meksyku, ..., Boliwii, ..., Wenezueli, ..., oczywiście w Argentynie...
Angela: I? Po co mi to mówisz? To samo znajdę w ....
Javier: Raczej w Wikipedii. No i chciałem mieć takiego ptaka, ale one nie żyją w ...., więc kupiłem trochę drewnianych rzeźb, miałem delikatny nadbagaż, mnóstwo problemów na .... i w samolocie, no ale teraz siedzę u siebie w .... i tak myślę, gdzie je postawić. Pomożesz, droga koleżanko?
Angela: Ile ich masz?
Javier: Drobiazg! Tylko 20 malutkich tukanów...

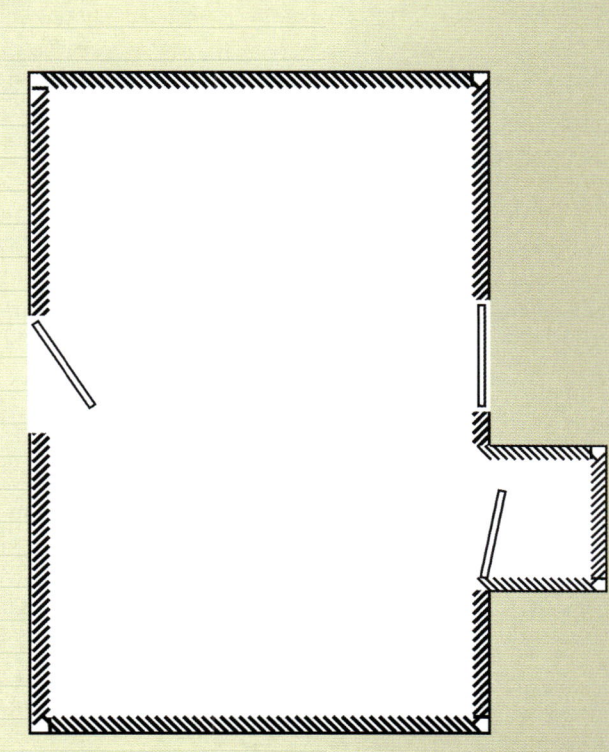

Ćwiczenie 4 `210A5`
Proszę narysować, jak wygląda pokój Javiera.

Ćwiczenie 5 `210A6`
Pomóż Javierowi i Angeli oryginalnie zaaranżować pokój: gdzie można postawić 20 drewnianych tukanów?

Pierwszy tukan może stać na szafie...

B. WAKACJE W POLSCE

Ćwiczenie 1

Proszę uzupełnić teksty słowami w miejscowniku, a następnie posłuchać i skorygować.

Bieszczady | Kazimierz | Suwalszczyzna | Dolny Śląsk | Kaszuby | Tatry

---

Kaszuby ✓, ludność, kształt, głowa, Europa, amfiteatr, region, rezerwat

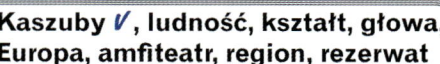

Ja spędzam wakacje z wnukami na *Kaszubach* w .... zwanym Szwajcarią Kaszubską. Piękna kraina, pełna pagórków, jezior. A wokół pola truskawkowe! Można posłuchać koncertu w .... w .... odwróconej łodzi rybackiej lub zwiedzić słynny dom stojący na .... Z szacunkiem myślę o .... kaszubskiej, która przez wieki zachowała swoją tożsamość, kulturę, a przede wszystkim język. Obowiązkowo trzeba też być w .... archeologicznym „Kamienne Kręgi", gdzie jest cmentarzysko Gotów z II w. n. e., drugie takie w .... Mój wnuk za to uwielbia muzeum parowozów, jak to chłopak...
/Tadeusz l.65, emeryt/

Wilno, miasto, kemping, las, łąka, jezioro, spływ, lato

Mieszkam w dużym ...., więc w .... staram się uciekać od cywilizacji. Zwykle wybieram północno-wschodnią Polskę. Często bywam na Suwalszczyźnie, oczywiście na .... pod namiotem. Co można robić? Codziennie rano kąpać się w krystalicznie czystym ...., łowić ryby, pływać łódką lub kajakiem, spacerować po .... i zbierać jagody albo grzyby... Uwielbiam tamtejszy krajobraz: pofałdowany teren, głazy, pola, bociany na .... Warto spędzić przynajmniej jeden dzień na .... kajakowym. Jedzenie, nawet to najprostsze, smakuje jak nigdzie indziej. Warto też pojechać na Litwę i spędzić weekend w .... lub jego okolicach.
/Małgorzata l.42, menedżer w firmie reklamowej/

---

miejsce, cmentarz, grób, Dolina, szczyt, góry, cisza, noc

Pierwszy raz w Zakopanem byłam z wycieczką szkolną. To był mój pierwszy pobyt w prawdziwych ....! Wciąż pamiętam, co czułam stojąc na .... Giewontu, jakie wrażenie zrobiła na mnie tatrzańska przyroda, folklor. Do dziś lubię spędzać urlop w tym ...., mimo tysięcy turystów, którzy wpadli na ten sam pomysł. Ale Zakopane to nie tylko tłum na Krupówkach. Uwielbiam schronisko w .... Pięciu Stawów, gdzie telefony nie mają zasięgu, a niebo w .... jest tak blisko, że można dotknąć gwiazd! No i wszystko jest zatopione w absolutnej .... Zawsze też przynajmniej kwadrans muszę pobyć na starym ...., gdzie między innymi w symbolicznym .... leży Witkacy, który tu żył i tworzył. */Danuta l.60, sekretarka/*

---

filmy, zdjęcia, historia, miasteczko, pensjonat, rower, Kazimierz, willa

Na wiosnę i w lecie nie ma nic piękniejszego od Kazimierza nad Wisłą, głównie z powodu jego bajkowej atmosfery. Spędzam w tym malowniczym .... każdy długi weekend, zwiedzając również na .... jego okolice. Widok na Wisłę z wysokiego brzegu jest jedyny i niepowtarzalny, a dookoła mamy jeszcze do dyspozycji skałki do wspinaczki. Od lat nocuję w tym samym ...., w starej .... z pięknym ogrodem. Wiele czytałem o burzliwej .... Kazimierza, utrwalam też na .... jego wyjątkową architekturę. W .... jest wiele galerii, w końcu to miasto artystów! Tu też odbywa się znany festiwal filmowy „Dwa brzegi", a samo miasto wykorzystywane było jako plener w wielu ....
/Marek l.27, student/

książki, ludzie, piosenki, pierś, wiersze, wolność, którzy, granica

Śląsk, wody, zabytki, góry, okolice, Wrocław, kalejdoskop, kopalnia

10

Mówi się, że w Bieszczady jedzie się raz, a potem się tylko powraca... Góry te, znajdujące się na .... trzech państw, znane są z połonin z unikatową roślinnością, z których widoki zapierają dech w .... Myślę wtedy o ...., ale też o .... stąd. To tu w czasach PRL-u przyjeżdżali outsiderzy z całej Polski, którzy nie mogli sobie nigdzie znaleźć miejsca. To te tereny zamieszkiwali Łemkowie, po .... zostały tylko drewniane cerkwie. Ich historie spisane są w wielu ...., ..., ... Bieszczady nie są już tak dzikie, jak kiedyś, ale wciąż można tu spotkać rysia, niedźwiedzia albo wilka.
/Antonina l.60, sekretarka/

W Sudetach, jak w ...., znajdziemy wszystko: cudowne krajobrazy, niezwykłe zjawiska geologiczne, zamki, stylowe uzdrowiska. Nad tym wszystkim unosi się duch dziedzictwa wielu kultur: niemieckiej, czeskiej, polskiej. Co wybrać: wizytę w podziemnej .... czy kąpiel w .... termalnych? Wycieczkę po .... czy po .... sakralnych różnych epok i wyznań? A może poszukać śladów dawnych pogańskich kultów? Na Dolnym .... jest wszystko, a ja mam szczególny sentyment do tego regionu, bo moja mama urodziła się we .... i zawsze podróżowaliśmy po jego bliższych czy dalszych ....
/Michał l.17, uczeń/

Kocham Cię Polsko! | Wakacje w Polsce

Ćwiczenie 2 210B2

Proszę opowiedzieć, czego mogą spodziewać się goście na podstawie tego ogłoszenia.

Do wynajęcia drewniany domek letniskowy w górach w bardzo atrakcyjnej cenie. W pełni wyposażona kuchnia, kominek, salon w stylu rustykalnym, dwie sypialnie. Na zewnątrz miejsce na ognisko i altana. Przepiękny widok z tarasu na pobliskie góry o każdej porze roku. Spokojna okolica gwarantuje odpoczynek na łonie natury, a aktywnych ucieszy bliskość szlaków pieszych i rowerowych. Wybierz się tam z rodziną lub przyjaciółmi, na weekend lub na urlop. Łatwy dojazd (nawet pociągiem!), w pobliżu sklep i karczma z daniami kuchni regionalnej.
Kontakt: znamiudanyweekend@gmail.com

Ćwiczenie 3 210B3

Proszę uzupełnić.

Od: Iwona Skrzypek <iwo_skrzypek@wp.pl>
Do: znamiudanyweekend@onet.com
Temat: Zapytanie

Witam,
znalazłam Państwa ...*ofertę*... w Internecie i chciałabym zapytać o kilka ....
Po pierwsze: czy mają Państwo .... terminy w czerwcu? Najbardziej interesuje mnie przedłużony weekend, od czwartku .... do poniedziałku rano.
Po ....: jaka jest cena za cały domek? Jaką formę płatności Państwo preferują i czy konieczna jest zaliczka? Jeśli tak, to w jakiej wysokości?
Po ....: czy mają Państwo mapę dojazdu? Byłam już kiedyś w tym rejonie i z doświadczenia wiem, że łatwo zgubić drogę. Niestety, nie posiadam .... w aucie.
I po ....: jak daleko jest do najbliższych ....? Planujemy wieczór z muzyką przy ognisku, nie chcielibyśmy nikomu przeszkadzać.
Z góry .... za odpowiedź.
Z poważaniem
Iwona Skrzypek

PS. Gdyby mieli Państwo jeszcze jakieś ...., proszę mi przesłać na maila, te na stronie są trochę niewyraźne.

Ćwiczenie 4 210B4

Napisz odpowiedź biura do Iwony wykorzystując poniższe informacje.

10-15.06., 100 zł/doba, niestety nie, ok. 300 metrów, zaliczka 30%, instrukcje mailem, przelew na konto

Od: Zenon Krzak <znamiudanyweekend@onet.com>
Do: iwo_skrzypek@wp.pl
Temat: Re:Zapytanie

Ćwiczenie 5 [210B5]

Proszę ułożyć dialog Iwony z jej koleżanką Ewą w porządku chronologicznym, a następnie posłuchać i skorygować.

☐ Halo? A to ty, Ewciu, nie poznałam. Co u was? Wieki się nie słyszeliśmy!
☐ To trochę ryzykowne, nie uważasz? Niesprawdzone oferty, nawet super korzystne, to często nabijanie klienta w butelkę, pamiętam jak...
☐ Ach nie, ogłoszenie znalazłam na stronie jakiegoś biura, nawet nie pamiętam, jak się nazywa...
☐ Gdyby jednak coś było nie tak, pamiętaj: ostrzegałam...
☒ 3 Dzięki, ale akurat w ten weekend jedziemy za miasto. Wiesz, znalazłam bardzo atrakcyjną ofertę na wynajem domku letniskowego w górach. Wszystko wygląda świetnie: taras z widokiem na góry, drewniane meble, wyposażona kuchnia, kominek, cisza, spokój... i tylko stówka za dobę!
☐ Nie kracz, wszystko będzie dobrze, jestem o tym przekonana, więc i tak mnie nie zniechęcisz.
☐ Zaraz, zaraz, gdzie to znalazłaś? A może to z polecenia?
☐ Dzwonię z zaproszeniem. Może wpadniecie do nas w przyszłą niedzielę na grilla na działkę? Zachęcam: Zbyszek serwuje swoją słynną karkówkę...!

C LUDZIE LISTY PISZĄ

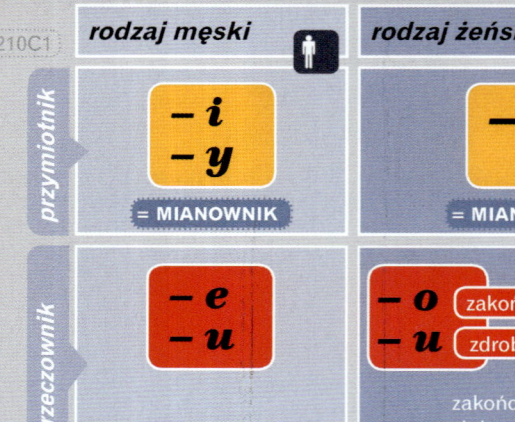

WOŁACZ (l. poj.)

	rodzaj męski	rodzaj żeński	rodzaj nijaki
przymiotnik	–i / –y (= MIANOWNIK)	–a (= MIANOWNIK)	–e (= MIANOWNIK)
rzeczownik	–e / –u (= MIEJSCOWNIK)	–o (zakończone na -a) / –u (zdrobnienia na -a); zakończone na -i lub spółgłoskę jak dopełniacz	–o / –e / –ę / –um (= MIANOWNIK)
przykład	Drogi Ryszardzie! / Drogi Tomaszu!	Droga Anno! / Droga Aniu! / Droga pani!	Drogie dziecko!

Wyjątki: Bóg – Boże! pan – panie! ojciec – ojcze!

WOŁACZ l. mn. = MIANOWNIK l. mn.
Drodzy panowie! Drogie panie! Drogie dzieci!

Ćwiczenie 1 [210C2]

Proszę uzupełnić.

1. Cześć (Ewcia) ...Ewciu...!
2. (Ewa) .... kochana!
3. Ty wstrętny (egoista) ....!
4. (Agata) ...., ech, (Agata) ....!
5. (mama, tata) ...., ...
6. Szanowny (pan Kazimierz) P..................!
7. Jak się macie, (chłopak, l. mn.) ....!
8. Hej, (syn) ....!
9. Kochana (babcia) ....!
10. Drogi (syneczek) ....!
11. (stary) ....!

Ćwiczenie 2 [210C3]

Proszę dopasować powyższe nagłówki do listów, kartek, e-maili, sms-ów. W tych ostatnich proszę wstawić przecinki, duże litery, ogonki, kropki, kreski, całe słowa zamiast skrótów.

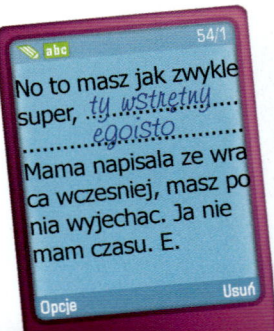

No to masz jak zwykle super, *ty wstrętny egoisto*...........
Mama napisala ze wraca wczesniej, masz po nia wyjechac. Ja nie mam czasu. E.

Mama Tata......
jest super autokar tez spoko namioty 6-os. zdrowi i grzeczni jak pani cos bedzie mowic to nie my kochamy was buziaki P&P

Temat: RE: pozdrowienia

.... nawet nie wiesz, jak Ci dobrze...
Mam wprawdzie urlop, ale postanowiłam wykorzystać go na zrobienie remontu. Od rana do nocy albo jeżdżę po supermarketach budowlanych, albo pilnuję robotników. Chłopcy pojechali na obóz do Grecji, myślałam, że przynajmniej będzie trochę spokoju, ale gdzie tam! Coś musieli narozrabiać, bo dzwoniła opiekunka, ale chyba miała problem z zasięgiem i w sumie nie wiem, co się stało. Zbyszka nie uściskam, bo go nie ma: wyobraź sobie, że pojechał z kolegami na „kilka dni" w Tatry, bo jest „zmęczony"! I „coś mu się od życia należy"! A ja? Powiedział, że sama chciałam tego remontu, to te parę dni sobie poradzę bez niego. Grrrry...!
Nie napisałaś, jak się nazywa ten Wasz pensjonat. Teściowa jest w tej samej miejscowości, co Wy, ale może lepiej, żebyście się nie spotkali – ostatnio tylko narzeka na wszystko i wszystkich.
Swoją drogą zobacz, jaki postęp: nad morze samolotem, wszędzie wi-fi. A pamiętasz, jak zaraz po maturze jechałyśmy całą noc na stojąco, w toalecie? I te noclegi w starym domu wczasowym? To były czasy...
Całuję i zazdroszczę ;).
E.

SMS 1: Jesteś starszy więc piszę do ciebie. Jak będą na was skargi macie obaj z Pawłem szlaban na Internet przez miesiąc, zrozumiano? Nie zapomnijcie wysłać babci kartki na imieniny. Tata

SMS 2: Dojechałem, wsz. OK. Wczoraj pierwsza wyprawa, trochę mi głowę słońce spaliło i nogi nie czuje ale warto dla tych widoków. W schronisku nie było już miejsc, spaliśmy na ziemi. Bigos i żurek jak u mamy :). Jutro Rysy, trzym. kciuki i nie bądź już zła :)) Z.

10

Z roku na rok jest coraz gorzej. Jak zwykle wynajęłam pokój u pani Heleny, w końcu w jej willi byliśmy w podróży poślubnej z Twoim świętej pamięci ojcem, ale tym razem trafili mi się okropni sąsiedzi za ścianą. Dzieci bez przerwy biegają i krzyczą, a rodzice nic! Mamusia książeczki sobie czyta albo siedzi z nosem w komputerze, a tatuś sporty uprawia. A, i jeszcze mają psa! Nic, tylko szczeka i wszędzie brudzi. W dodatku nie spotkałam żadnych znajomych, pani Zofia zmarła niedawno, pamiętasz, ta od profesora Pokutyńskiego, a reszta chyba będzie dopiero po sezonie. Chyba skrócę pobyt do trzech tygodni.
Bardzo Cię proszę, wyjedź po mnie na dworzec, bo mam ciężką walizkę. Zadzwonię, kiedy dokładnie.
Twoja Mama
PS. Uważaj na siebie i pamiętaj, żeby ubierać coś na głowę, jak jest słońce!

SMS karta: Szkoda że cie tu nie ma...

Serdeczne pozdrowienia znad morza oraz wyrazy ubolewania z powodu śmierci Pańskiej małżonki. Dowiedziałam się od pani Heleny, co się stało i natychmiast postanowiłam napisać, jak bardzo ta wiadomość mnie zasmuciła.
Mam nadzieję, że z Pana zdrowiem już lepiej i zawita Pan do „Bryzy" za rok.
Ja tu trochę chodzę albo rozwiązuję krzyżówki, ale głównie wspominam sobie dawne czasy: fajfy, dancingi, brydże do rana, spacery promenadą, koncerty. Inny świat, inny świat... No nic, nie ma co narzekać, zdrowie najważniejsze. Jeszcze raz wszystkiego dobrego, Panie Profesorze.

Z poważaniem
Janina Szymeczko

SMS: Ciezko bylo na Rysach? Mnie niestety po tej operacji zostalo tylko plywanie :(. Wypijcie za moje zdrowie i przyslijcie jakies zdjecie. Do zob. w biurze.
Jacek

Pozdrowienia znad Bałtyku! Pogoda dopisuje (na razie), dzieci szczęśliwe, cały dzień budują zamki albo tory samochodowe z piasku, a Maks wszystko im burzy :). Ja czytam albo leniuchuję, Jacek bawi się z dzieciakami albo pływa w morzu (szalony, woda zimna jak lód). Pensjonat ujdzie, pokoje małe i trochę zaniedbane, ale za to do plaży mamy 5 minut spacerkiem. Naszą ulubioną smażalnię ryb niestety zamknęli, chodzimy na obiady aż do portu. Dość drogo, ale nie ma wyboru. Przynajmniej mają internet bezprzewodowy... W ogóle ceny są z kosmosu, no ale przez dwa tygodnie powdychamy jodu, to może w zimie nie będziemy tak chorować. No i zachciało nam się lecieć, to koszty też wzrosły. Strasznie się rozpisałam, jeszcze tylko uściski dla Zbyszka. Pa! Agata.

Kochana Babciu,
Dużo zdrowia,
szczęścia, pomyślności
i pieniążków
z okazji Twoich imienin
życzą
Piotruś i Pawełek

Ćwiczenie 3 `210C4`

Proszę odpowiedzieć na pytania.

1. Gdzie spędzają wakacje pani Janina, Agata, Jacek, Ewa, Zbyszek, Piotr i Paweł?
2. Gdzie nocują, jedzą; jak tam się dostali?
3. Jak spędzają czas?
4. Jakie są między nimi relacje, skąd się znają?
5. Co o nich wiemy, jacy są?
6. Czy są zadowoleni ze swoich wakacji? Dlaczego tak, dlaczego nie?
7. Jak ma na imię pies Agaty?
8. Jak się nazywa żona pana Kazimierza?
9. Jak się nazywa pensjonat pani Heleny?
10. Jaki szczyt zdobył Zbyszek?

POWTÓRZENIE D

Ćwiczenie 1 `210D1`
Proszę wrócić do części A i w dialogu 1 i ćw.3 podkreślić formy wołacza.

Ćwiczenie 2 `210D2`
Proszę napisać kartki z wakacji od i do bohaterów z ćwiczenia 1 części B z krótką informacją, jak spędzają urlop.

Kocham Cię Polsko! | Ludzie listy piszą

siedemdziesiąt jeden _71

WEJŚĆ CZY WYJŚĆ?
Lekcja_11

KOMUNIKACJA
relacjonowanie z użyciem czasowników ruchu

SŁOWNICTWO
poruszanie się, turystyka wyrażenia i idiomy oparte na czasownikach ruchu

GRAMATYKA
czasowniki ruchu

przygoda, potknąć się, kałuża, ognisko, tłok, podchody, schować, przechytrzyć, zapowiadać, latarka, wzgórze

nowe słowa

A WCHODZISZ CZY WYCHODZISZ?

Ćwiczenie 1
Proszę narysować schematyczne rysunki do podanych czasowników.

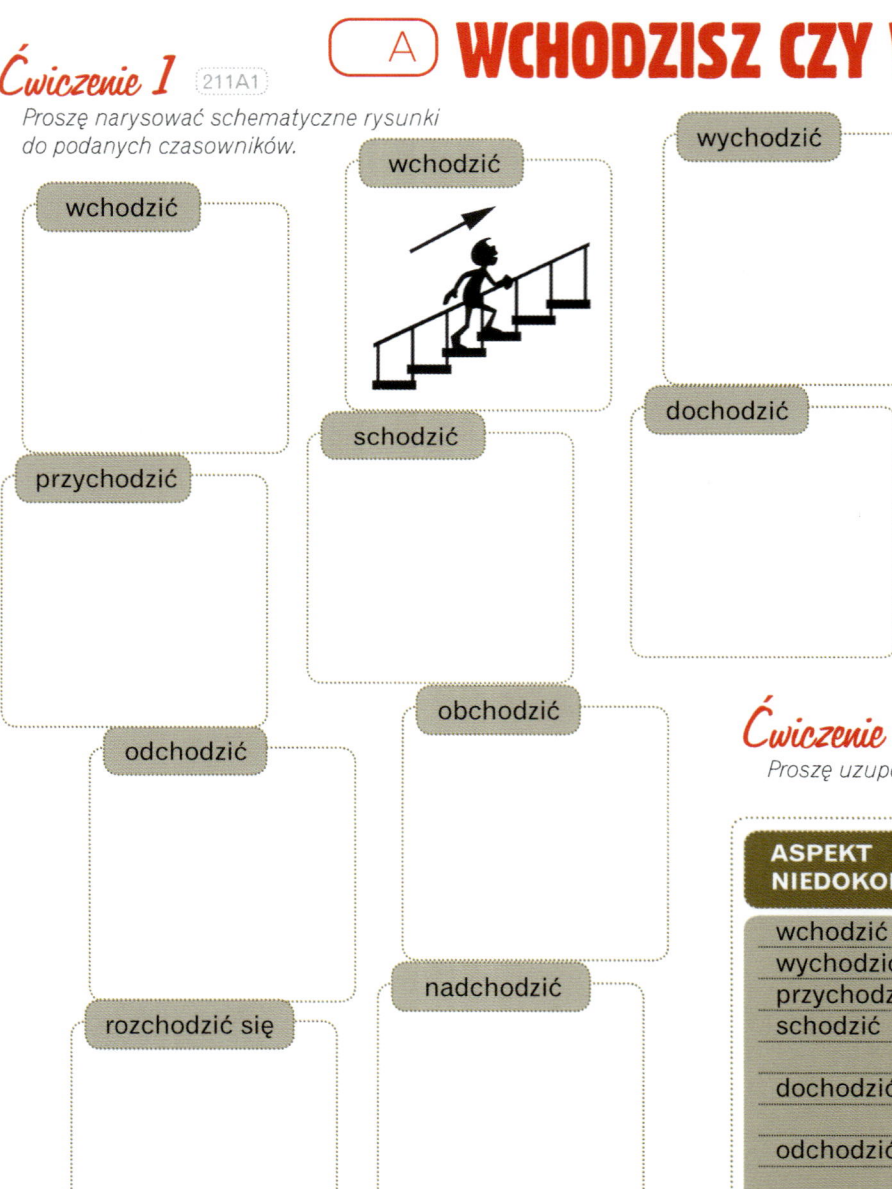

- wchodzić
- przychodzić
- odchodzić
- rozchodzić się
- wchodzić
- schodzić
- obchodzić
- nadchodzić
- wychodzić
- dochodzić
- przechodzić
- podchodzić

Ćwiczenie 2
Proszę uzupełnić tabelę.

ASPEKT NIEDOKONANY	ASPEKT DOKONANY
wchodzić	
wychodzić	wyjść
przychodzić	
schodzić	
	przejść
dochodzić	
	podejść
odchodzić	
	obejść
rozchodzić się	
	nadejść

Ćwiczenie 3 `211A3`
Proszę uzupełnić zdania.

> wchodzić, wchodzić, wychodzić, wychodzić, przechodzić, dochodzić ✓,
> schodzić, podchodzić, rozchodzić się, obchodzić, przychodzić, odchodzić

1. Turysta ....*dochodził*.... już do schroniska, kiedy zobaczył napis „zamknięte".
2. Nie .... *(ty)* teraz z domu, bo pada deszcz!
3. Małe dzieci zawsze .... do kałuży i potem mają mokre buty, a dorośli .... kałużę dookoła, więc mają suche buty.
4. Lubię, kiedy .... *(wy)* do mnie z wizytą.
5. Starsi ludzie często .... do okna i patrzą na ulicę.
6. Kiedy listonosz .... już od drzwi, ktoś zawołał, żeby zaczekał.
7. Czy ty często .... gdzieś wieczorami?
8. Nie mam siły .... po tych schodach, są za wysokie i za strome!
9. Uważaj, kiedy .... przez skrzyżowanie!
10. Kiedy Ewa .... po schodach, potknęła się i złamała nogę.
11. Na początku kursu, po zajęciach, studenci zwykle szybko .... do domów, bo nikt nikogo nie znał, ale teraz chętnie zostają, żeby porozmawiać.

Ćwiczenie 4 `211A4`
Proszę zmienić aspekt wyróżnionych czasowników.

1. Którędy pan **przechodzi**?! To niebezpieczne! Niech pan ....*przejdzie*...... tamtędy!
2. Seans się kończy i ludzie powoli **się rozchodzą**. Kiedy już wszyscy ...., obsługa zamknie drzwi.
3. Kelner **podchodzi** do wszystkich stolików. Kiedy wreszcie .... do mnie?
4. **Wychodzisz** gdzieś teraz? Czy jutro mogłabyś .... ze mną?
5. Nie mogę teraz rozmawiać, bo **wchodzę** pod stromą górę. Zadzwonię, jak już ....
6. O, widzę, że on już **dochodzi** do szkoły, zaczekajmy aż ....
7. Już do was **schodzę**, a Ela .... za pięć minut.
8. Ciągle powtarzasz, że **odchodzisz** od niej, ale myślę, że nigdy nie ....
9. Zawsze **przychodzicie** bez dzieci, czy .... kiedyś z nimi?
10. Pies **obchodzi** już trzeci raz to drzewo, pewnie myśli, że kiedy .... dziesięć razy, to znajdzie zgubioną kość.

Ćwiczenie 5 `211A5`
Co to znaczy? Gdzie można spotkać takie tablice?

Wejść czy wyjść? | Wchodzisz czy wychodzisz?

siedemdziesiąt trzy _73

B WEEKEND W GÓRACH

11

Ćwiczenie 1 [211B1]
Proszę podpisać ilustracje.

....

ognisko ....

Ćwiczenie 2 [109] [211B2]
Proszę posłuchać dialogu. Co pasuje?

1.	Jest:	☐ zmierzch	☑ noc	☐ świt
2.	Przy ognisku siedzą:	☐ dwie osoby	☐ cztery osoby	☐ dwaj chłopcy
3.	Kemping jest zamknięty z powodu:	☐ suszy	☐ awarii	☐ powodzi
4.	Żałują, że nie zarezerwowali miejsca:	☐ na kempingu	☐ w pensjonacie	☐ w schronisku
5.	Schronisko jest:	☐ na górze	☐ w lesie	☐ na dole we wsi
6.	Burza:	☐ odchodzi	☐ nadchodzi	☐ rozchodzi się
7.	Agnieszka nie chce spać w namiocie, bo:	☐ boi się burzy	☐ straszy	☐ umiera
8.	Justyna chce schować rzeczy, żeby:	☐ nie zginęły	☐ nie przetrwały	☐ nie były mokre

---

DIALOG 1 [110] [211B3]

Noc. Bieszczady. Dwaj chłopcy i dwie dziewczyny siedzą przy ognisku.

Agnieszka: Ładna historia! I co my teraz zrobimy?
Karol: Skąd mogłem wiedzieć, że kemping będzie zamknięty z powodu majowej powodzi?
Agnieszka: Trzeba było sprawdzić w Internecie!
Adam: Przesadziliśmy, że nie zarezerwowaliśmy miejsc w schronisku.
Justyna: W sumie, jak już podeszliśmy z ciężkimi plecakami pod tę stromą górę, doszliśmy na miejsce, to mogliśmy tam zostać, i spać w tej ogólnej sali.
Karol: Spać w takim tłoku, może jeszcze pod stołem, za taką kasę?!
Adam: Poza tym w schronisku powiedzieli, że jest jeszcze wcześnie i że zdążymy zejść do najbliższej wsi.
Justyna: Tylko nie przewidzieli, że nikt nie będzie chciał nas przyjąć na nocleg, bo wszędzie pełno.
Karol: Szczyt sezonu, moja droga.
Justyna: No, zdaje się, że nadchodzi burza. To nie jest dobry pomysł, żeby nocować w lesie.
Karol: Daj spokój, rozbijemy namiot tutaj na polanie, wszystko będzie dobrze.
Agnieszka: Ja nie mam zamiaru spać w namiocie w czasie burzy i umierać ze strachu!
Justyna: Nie panikuj, Aga! Pomyśl, że to przygoda. Mamy, tak modną ostatnio, szkołę przetrwania i to bez płacenia za specjalny obóz.
Adam: I co, będziemy siedzieć całą noc przy ognisku? Burza chyba przejdzie bokiem, ale robi się coraz zimniej.
Justyna: Rozbijmy namiot, schowajmy do środka wszystkie rzeczy, żeby w razie czego nie zmokły, a my, hm... posiedźmy przy ognisku i zaplanujmy jutrzejsze podchody.
Karol: Fiu, fiu! Podchody, czyli gry terenowe Justyny. Brawa dla koleżanki za inwencję!

Ćwiczenie 3 `211B4`
Proszę odpowiedzieć na pytania.

1. Dlaczego oni nie mają gdzie zanocować?
2. Czemu nie chcieli zostać w schronisku?
3. Dlaczego nie dostali noclegu na kwaterze prywatnej?
4. Dlaczego to nie jest dobry pomysł, żeby w czasie burzy nocować w lesie?
5. Jaki plan ma Justyna?

Ćwiczenie 4 `211B5`
Proszę zdefiniować słowa, a następnie ułożyć z nimi zdania.

przesadzić ✓, przygoda, stromy, tłok, za taką kasę, zdążyć, przewidzieć, szczyt sezonu, nocować, w razie czego, zmoknąć

przesadzić – to znaczy wyolbrzymić coś lub zrobić coś nieodpowiedniego

PODCHODY

Ćwiczenie 5 `211B6`
Na podstawie powyższej mapy proszę opisać drogę Karola używając odpowiednich czasowników ruchu oraz wyrażeń: potem, później, następnie, w końcu, wreszcie. Proszę użyć słów: polana, dziupla, kamień, zwalone drzewo.

Karol *wchodzi* do lasu ....
....
....
....

Ćwiczenie 6
Proszę zrelacjonować tę samą trasę w czasie przyszłym, a następnie w przeszłym.

Adam *wejdzie* do lasu...
Karol *wszedł* do lasu...
Justyna *weszła* do lasu...

11

WEJŚĆ, zejść, podejść,...

wszedłem* weszłam, weszliśmy, weszłyśmy

z / pod / ob / od / roz / nad + szedłem, szedłeś, szedł (l. poj.)

ze / pode / obe / ode / roze / nade + szłam, szłaś, szła (l. poj.) / szliśmy, szliście, szli (l. mn.) / szłyśmy, szłyście, szły (l. mn.)

r. męski liczba pojedyncza redukcja -e

Ćwiczenie 7

Proszę uzupełnić zdania podanymi czasownikami w czasie przeszłym.

1. O, Piotr, nie zauważyłam, kiedy ....**wszedłeś**.......... (wejść)!
2. Czy wiesz, że Andrzej .... (rozejść się) z żoną?
3. Po zajęciach studenci .... (wyjść) z sali i .... (rozejść się) do domów.
4. Kiedy .... (nadejść) te okropne wiadomości, wszyscy się przerazili.
5. Gdy .... (nadejść) sztorm, było już za późno na ratunek.
6. Ania .... (wejść) po coś do apteki, mamy zaczekać na nią na rogu.
7. Policjant .... (obejść) podejrzany samochód dookoła.
8. Dziewczyny .... (obejść) wszystkie sklepy w galerii, ale nie znalazły niczego ciekawego.
9. Staruszek ostrożnie .... (zejść) ze schodów i .... (wyjść) na ulicę.
10. .... (zejść – my, r.ż.) szybko ze szczytu i udało nam się dojść do schroniska przed burzą.
11. Kiedy .... (podejść – ja, r.ż.) do okienka na poczcie, okazało się, że pani nie mówi po angielsku.
12. Wczoraj na ulicy .... (podejść) do mnie jakiś obcy człowiek i poprosił o pieniądze.
13. Kiedy Alicja kłóciła się z Grześkiem, wszyscy dyskretnie .... (odejść) na bok.
14. Robert już .... (odejść) od kasy, gdy zorientował się, że nie wziął reszty.

Ćwiczenie 8

Co może nadejść? Proszę uzupełnić zdania.

noc, burza ✓, wiosna, wakacje, zima, święta, *godzina zero*, fala upałów, sztorm, huragan

1. Niebo pociemniało, słychać grzmoty, nadchodzi ....**burza**........ .
2. Dni są coraz dłuższe, śnieg topnieje – jednym słowem nadchodzi ....
3. Nadchodził ...., a statek był jeszcze daleko od brzegu.
4. Żołnierze byli gotowi do akcji, nadchodziła ....
5. Jest już koniec czerwca, nadchodzą ....!
6. Dopiero jeden kataklizm przeszedł nad tą częścią świata, a już zapowiadają kolejny, tym razem nadchodzi ....
7. .... nadeszła tak nagle, że nie zdążył przygotować latarki.
8. Chłodne poranki i coraz krótsze dni zapowiadały, że nadchodzi ....
9. Nadeszła ...., znów pojawił się komunikat, żeby nie palić ognisk w lesie.
10. Kolorowe wystawy, choinki na placach i skwerach, dźwięk kolęd przypominały, że nadchodzą ....

C SŁOWO ZA SŁOWO

Ćwiczenie 1 `211C1`
Proszę uzupełnić przy pomocy słownika.

> rozejść się, dochodzić do siebie, przejść, wejść, podejść ✓, odejść, obchodzić, przechodzić coś, schodzić się, dochodzić, wchodzić pod górę, dochodzi, dojść, obejść, wyjść, dojść

zbierać się grupą - ....

wspinać się - ....

wracać do zdrowia, do równowagi psychicznej - ....

ominąć, okrążyć - ....

zerwać związek partnerski - ....

wstąpić gdzieś - ....

przechytrzyć, oszukać kogoś - *podejść* kogoś

dotrzeć - ....

dołączać do grupy - .... do grupy

.... do wniosku

ukazać się drukiem - ....

Ta gorączka musi się wreszcie skończyć, musi wreszcie ....!

świętować (imieniny, rocznicę) - ....

chorować na coś - ....

zostawić żonę / męża - ....

Za moment będzie dwunasta = ... północ!

Ćwiczenie 2 `211C2`
Co to znaczy?

> wyjść z siebie, wyjść na swoje, wyjść za głupca, wyjść na głupca, wyjść cało

Ćwiczenie 3
Proszę ułożyć zdania z wybranymi wyrażeniami z ćwiczenia 1 i 2.

POWTÓRZENIE D

Ćwiczenie 1 `211D1`
Proszę dopisać przeciwieństwa.

1. podchodzić - *odchodzić*
2. wchodzić - ....
3. schodzić - ....
4. wejście - ....
5. wschodzić - ....

Ćwiczenie 2 `211D2`
Co to jest?

1. *przejście* dla pieszych
2. .... ewakuacyjne
3. .... tylko dla personelu
4. .... ze szlaku wzbronione
5. .... do dworca

WJAZD CZY WYJAZD?
Lekcja_12

KOMUNIKACJA
pytanie o drogę
wyrażanie niezadowolenia
zniechęcanie, odradzanie
składanie reklamacji

SŁOWNICTWO
ruch drogowy
środki transportu
stacja benzynowa

GRAMATYKA
czasowniki ruchu

odcięty od, okolica, dokonać formalności, uniknąć czegoś, ledwie, błoto, nierzetelność

nowe słowa

A JAK TAM DOJECHAĆ?

Ćwiczenie 1 _212A1_
Co to znaczy?

ZAKAZ WJAZDU · Objazd · UWAGA! BRAK POBOCZA · WJAZD ← · Obwodnica → · PRZEJAZDU NIE MA · ← Zjazd z autostrady · PRZEJAZD ZAMKNIĘTY · DOJAZD TYLKO DO HOTELU → · BRAMA WJAZDOWA NIE ZASTAWIAĆ · WYJAZD → · PRZEJAZD KOLEJOWY NIESTRZEŻONY

Ćwiczenie 2 🎧 _212A2_
Proszę posłuchać i uzupełnić.

Droga Aniu!
Przepraszam, że nie odpisałam od ………………… na Twojego maila, ale weekendowe przygody sprawiły, że byłam odcięta od Internetu. Wyobraź sobie, że postanowiliśmy ……………… z oferty biura turystycznego i wynająć mały domek w górach na kilka dni. Wszystko wyglądało idealnie: miejsce piękne, ……………… spokojna, a cena bardzo atrakcyjna. Po dokonaniu wszystkich formalności, dostaliśmy klucze od domku i mapę, która miała nas tam ……………… . Już od początku nie mieliśmy szczęścia w tej podróży. Wyjechaliśmy z domu wcześnie, żeby uniknąć ……………… , ale ze względu na remonty musieliśmy zjechać z głównej drogi i jechać bocznymi, więc na miejsce dojechaliśmy po ……………… . Z naszej mapy wynikało, że musimy przejechać przez przejazd ……………… i jechać do końca asfaltowej drogi, tam powinien stać nasz domek. Za przejazdem droga szła ostro do góry, na ……………… wzgórza. Nasz samochód ledwie tam wjechał! A potem – nie uwierzysz – skończyła się droga, a domku ani śladu. ……………… do miasteczka. Objechaliśmy całą miejscowość dookoła, nigdzie żywej duszy! Zjechaliśmy na ……………… , zaparkowaliśmy auto i postanowiliśmy poszukać domku na piechotę. Był zupełnie gdzie indziej! Szczęśliwi, że się znalazł, wreszcie podjechaliśmy pod domek. Ale natychmiast musieliśmy odjechać nieco dalej, bo Tomek bał się, że nie wyjedzie potem z tego błota. Lepiej nie wspominać, co zobaczyliśmy w ………………! To był koszmarny weekend! Wyjechaliśmy stamtąd bez żalu, w życiu tam nie pojadę drugi raz!
Iwona
PS. Ewa miała ……………… , że zniechęcała mnie do korzystania z podejrzanie tanich ofert. Ja też już będę ……………… to wszystkim. Nie powinno się korzystać z niesprawdzonych biur turystycznych! Po tych przygodach Tomasz kupił nawigację ☺.

Ćwiczenie 3

Proszę wypisać z maila wszystkie czasowniki ruchu w formie dokonanej i dopisać do nich formę niedokonaną.

1. wyjechać — wyjeżdżać
2. .... — ....
3. .... — ....
4. .... — ....
5. .... — ....
6. .... — ....
7. .... — ....
8. .... — ....

Ćwiczenie 4

Proszę uzupełnić. Uwaga na osoby.

wyjeżdżam	wyjadę
	przejedziesz
dojeżdżasz	
	objedzie
	nadjedzie
	podjedziemy
zjeżdżamy	
przyjeżdżacie	
	wjedziecie
	odjadą
rozjeżdżają się	

12

Ćwiczenie 5

Proszę uzupełnić zdania.

objechać, przejechać, wjechać, podjechać, zjechać, przejść ✓, dojechać, jeździć

1. Przepraszam, gdzie jest księgarnia? Proszę .... windą na górę, następnie ....**przejść**........ przez hall, księgarnia jest po lewej stronie.
2. Krzysiek nie umie zbyt dobrze .... na nartach, więc bał się .... czarną trasą.
3. Musi pan teraz .... przez most, a następnie .... do skrzyżowania.
4. Proszę .... rondo i skręcić w drugą ulicę w prawo.
5. Będę czekać pod hotelem. Czy możesz .... tam po mnie?

Ćwiczenie 6 🎧 212A6

Proszę posłuchać fragmentu informacji z GPS-u i na jego podstawie zaznaczyć trasę na mapie.

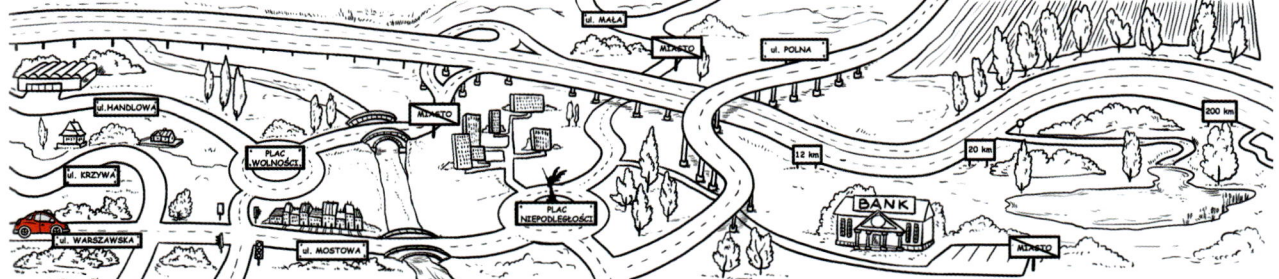

B TO SKANDALICZNE!

Ćwiczenie 1 🎧 212B1

Proszę wyjaśnić zwroty podkreślone w poniższym tekście.

Szanowni Państwo!
Chciałem <u>wyrazić swoje niezadowolenie</u> w związku z nierzetelnością Państwa usług!
W ubiegłym tygodniu skorzystałem z Państwa oferty „Domek na weekend". Niestety, niemal żaden punkt oferty nie był zgodny z rzeczywistością. <u>To niedopuszczalne</u>, żeby tak traktować klienta!
Po pierwsze: mapa dojazdowa, którą otrzymałem od Państwa była niedokładna i zawierała błędne informacje, a instrukcje były niejasne. Uważam, iż <u>to skandaliczne</u>, że nikt tego nie sprawdził!
Po drugie: domek był brudny i zaniedbany – również <u>sytuacja nie do przyjęcia</u>!
Po trzecie: kuchnia miała być w pełni wyposażona, natomiast były tam jedynie dwa talerze, stara, przypalona patelnia i zepsuty czajnik. <u>Pozostawiam to bez komentarza</u>.
Jestem oburzony Państwa postępowaniem i <u>domagam się rekompensaty</u> za mój nieudany urlop!

Z poważaniem
Tomasz Skrzypek

Ćwiczenie 2

Proszę opowiedzieć swoimi słowami, dlaczego ten wyjazd był fatalny.

Po pierwsze... Po drugie...

Ćwiczenie 3

Co pasuje?

1. To ...*niedopuszczalne*..., żeby tak traktować klientów! *(nieprzemakalne / niedopuszczalne)*
2. Ta sytuacja jest nie do ....! *(przyjęcia / wzięcia)*
3. Jestem .... faktem, że nikt jej nie pomógł. *(oburzająca / oburzona)*
4. Jej zachowanie było .... *(skandalicznie / skandaliczne)*
5. Chcieliśmy wyrazić swoje .... *(zaniedbanie / niezadowolenie)*
6. Klienci .... rekompensaty. *(prosili / domagali się)*
7. Naprawdę .... ci taką decyzję! To zbyt ryzykowne. *(doradzam / odradzam)*
8. Wszyscy .... go do tego wyjazdu, a on i tak pojechał. *(zniechęcali / odmawiali)*

Ćwiczenie 4

Proszę napisać reklamację dotyczącą jednego z poniższych punktów.

	W OFERCIE	W RZECZYWISTOŚCI
JEDZENIE W HOTELU	trzy posiłki dziennie	tylko śniadanie i obiadokolacja
DWUDNIOWA WYCIECZKA TORUŃ – MALBORK – GDAŃSK	cena miała obejmować wszystkie bilety wstępu oraz rejs na Hel	większość biletów należało kupić samemu, a do rejsu trzeba było dopłacić
WYJAZDOWY KURS JĘZYKOWY	wliczona opłata za transfer z lotniska	nikt nie odebrał uczestników z lotniska

C) CZYM JEDZIESZ NA WAKACJE?

Ćwiczenie 1

Proszę uzupełnić tabelę.

Czym można jechać?	Czym można lecieć?	Czym można płynąć?
autokarem,		

Pokój do nauki, Mami z nieszczęśliwą miną siedzi nad zeszytem.

DIALOG_1

Tom: Cześć, Mami! Z czym się tak męczysz?
Mami: Próbuję odrobić pracę domową, ale zupełnie nie rozumiem, jaka jest różnica między **pływać** a **płynąć**.
Tom: To proste, pamiętasz regułę dla **chodzić** i **iść**?
Mami: Owszem, ale...
Tom: Popatrz, czasownika **pływać** używasz tak samo jak **chodzić**, **płynąć** jak **iść**, a **popłynąć** jak **pójść**.
Mami: Czekaj, czekaj! Chyba rozumiem, czyli **lubię pływać**, **codziennie pływam**, ale **teraz płynę**, a **jutro popłynę na drugi brzeg**, tak?
Tom: Tak. Widzisz, to proste jak drut! Analogicznie zachowują się czasowniki **latać**, **lecieć** i **polecieć**.
Mami: Rzeczywiście. Wiesz, to nawet jest logiczne.
Tom: Pewnie. To teraz skończ szybko tę pracę domową, to polecimy na pierogi, bo umieram z głodu.
Mami: Polecimy? Samolotem? Helikopterem?
Tom: Mami, nie żartuj sobie ze mnie! Tak się po prostu mówi.

12

Wjazd czy wyjazd? | Czym jedziesz na wakacje?

Ćwiczenie 2

Proszę uzupełnić tabelę.

	RAZ, TERAZ, ZARAZ	ZAWSZE, ZWYKLE, CZĘSTO	JUTRO, ZA ROK
	iść idę, idziesz		

Ćwiczenie 3

Proszę uzupełnić zdania odpowiednim czasownikiem ruchu.

1. Bardzo lubię ......*jeździć*...... na rowerze.
2. Nie zgadniesz, gdzie teraz jestem! .... statkiem na Hel.
3. Popatrzcie, panna młoda .... dorożką!
4. Julia regularnie .... na basen i dlatego .... jak ryba.
5. Piotr jest pilotem i regularnie .... na trasie Frankfurt – Gdańsk.
6. Czy wiecie, w którym roku pierwszy człowiek .... rakietą na księżyc?
7. Proszę pana! Dokąd pan ....? Tu nie ma przejścia. Proszę stąd wyjść!
8. Ewa, czy ty już kiedyś .... samolotem? Ja jutro .... pierwszy raz!
9. Jest północ, o tej porze tramwaje już nie ...., musi pan .... taksówką.
10. Co to jest *żaglówka*? To taki mały jacht, chciałbyś .... ze mną na rejs w przyszłe wakacje?

Ćwiczenie 4

Proszę na podstawie poniższych pytań przeprowadzić wywiad z kolegami z grupy, a następnie porównać odpowiedzi. Uwaga, każda odpowiedź musi być uzasadniona.

1. Który środek transportu jest według ciebie najwygodniejszy na co dzień?
2. Który środek transportu jest według ciebie najwygodniejszy w czasie wakacyjnej podróży?
3. Który środek transportu jest najtańszy?
4. Który środek transportu jest najszybszy, kiedy musimy poruszać się po dużym mieście?
5. Który środek transportu jest najszybszy, kiedy musimy pokonywać duże odległości?

Ćwiczenie 5

Proszę wybrać trzy środki transportu i opisać je, nie używając ich nazwy, tak by reszta grupy odgadła, jaki to pojazd.

aspekt niedokonany

siadać
siadam, siadasz…
(aktywne zajmowanie miejsca)

siedzieć
siedzę, siedzisz…
(pasywne bycie na miejscu)

aspekt dokonany

usiąść = siąść
(u)siądę, (u)siądziesz…

Ćwiczenie 6

Proszę posłuchać i uzupełnić.

A
- Przepraszam ...*pana*..., czy ten autobus .... na dworzec?
- Tak.
- Na którym przystanku mam ....?
- Na czwartym.
- Dziękuję bardzo.

wsiąść do

B
- Czy .... tym tramwajem do Muzeum Narodowego?
- Niestety, nie. Musi pani .... na następnym przystanku i .... na tramwaj numer 18.

C
- .... do pracy autobusem?
- Nie, najpierw .... do busa, który .... do Krakowa, a potem .... na tramwaj.

D
- .... razem z tobą i pomogę ci nieść te zakupy.
- Naprawdę? .... ze mną? Dziękuję ci bardzo!

E
- Czy Cmentarz Rakowicki jest daleko stąd?
- Dość daleko. Najlepiej, jak pani .... tramwajem. Przystanek jest po drugiej stronie ulicy. .... pani do tramwaju numer 2.

D STACJA BENZYNOWA

12

Ćwiczenie 1 [212D1]

Proszę opisać zdjęcia.

Ćwiczenie 2 [212D2]

Proszę uporządkować dialog.

☐	Klient:	*Wezmę mocniejszą, dłużej pojeździ.*
☐	Klient:	*Nie, dziękuję. Czy mogę zapłacić kartą?*
☐	Pracownik:	*Gotowe. Czy chciałby pan jeszcze płyn do spryskiwaczy? Mamy teraz promocję.*
4	Pracownik:	*95 czy 97?*
☐	Klient:	*Benzyna.*
☐	Klient:	*Bardzo proszę.*
☐	Pracownik:	*Benzyna czy olej napędowy?*
☐	Klient:	*Dzień dobry, proszę do pełna.*
☐	Pracownik:	*Tak, ale tylko w środku, w kasie. Umyć w międzyczasie szyby?*

Wjazd czy wyjazd? | **Stacja...**

POWTÓRZENIE E

Proszę rozwiązać krzyżówkę. [212E1]

1. .... przez ulicę albo plac
2. Uwaga! Nie ma ...., droga zamknięta. Objazd – 5 km.
3. chodzić wokół czegoś
4. Patrol policji codziennie robi .... całej dzielnicy.
5. Niestety, tramwaj już ....
6. Przepraszam, jak .... do dworca?
7. Koniec manifestacji. Proszę się ....!
8. Czy może pan .... do naszego stolika?
9. ulica, autostrada...
10. Czy codziennie .... pan do pracy tyle kilometrów?
11. Czy on wjeżdża windą, czy .... po schodach?
12. Gdzie jest .... z parkingu?

4. O B C H Ó D

KOMU BIJE DZWON?
Lekcja_13

KOMUNIKACJA
mówienie o problemach życiowych

SŁOWNICTWO
wydarzenia losowe
relacje międzyludzkie
wolontariat

GRAMATYKA
celownik liczby pojedynczej i mnogiej

ksiądz, niepełnosprawny, niewidomy, żałoba, przemoc, wózek, tęsknić, modlić się, wstydzić się, kiermasz

nowe słowa

A ŻYCIE TO NIE BAJKA

Ćwiczenie 1
Na podstawie tekstu proszę zdecydować, jak oni mają na imię.

Stefan ma jasne włosy.
Jan rozmawia z Anną.
Żona Pawła nie ma sukni w paski.
Żona Jana też nie ma sukni w paski.
Piotr jest księdzem.
Zofia rozmawia z Marcinem.
Mężczyzna obok Piotra jest żonaty z kobietą o czarnych włosach.
Marcin stoi plecami do Stefana.
Żona Jana ma siwe włosy.
Mąż Ewy pali.

1 - to ....
2 - to ....
3 - to ....
4 - to ....
5 - to ....
6 - to ....
7 - to ....
8 - to ....

Ćwiczenie 2 (213A2)

Proszę posłuchać i wybrać sytuację, która spotkała te osoby.

tekst 1	✓ żałoba	☐ bezrobocie	☐ rozwód
tekst 2	☐ alkoholizm	☐ wypadek	☐ choroba
tekst 3	☐ rozwód	☐ ciąża	☐ wypadek
tekst 4	☐ dyskryminacja	☐ emigracja	☐ zdrada
tekst 5	☐ śmierć	☐ bezrobocie	☐ depresja
tekst 6	☐ choroba	☐ depresja	☐ samotność
tekst 7	☐ starość	☐ bezdomność	☐ bezrobocie
tekst 8	☐ alkoholizm	☐ przemoc	☐ bieda

Ćwiczenie 3 (213A3)

Proszę dopasować wypowiedzi do postaci z ćwiczenia 1 i opowiedzieć swoimi słowami, co ich spotkało.

> Minęły 4 miesiące, od kiedy nie ma mojej żony, a ja wciąż nie mogę się z tym pogodzić. Nie ma dnia, żebym o niej nie myślał. Często chodzę na cmentarz na jej grób i opowiadam jej, jak minął mi dzień, co nowego w pracy, w naszym ogrodzie, jak bardzo za nią tęsknię...

> To straszne, co zdarzyło się mojej siostrze. Pijany kierowca wjechał w nią na pasach, na zielonym świetle. Zginęła na miejscu. Codziennie modlę się za jej duszę. Ufam Bogu, że ta śmierć, choć nie miała sensu z ludzkiego punktu widzenia, jest częścią jakiegoś boskiego planu.

> Słuchaj, mamo. Wiem, że to nie jest najlepszy moment i nie wypada w taki dzień, ale muszę coś ważnego ci powiedzieć. Chcemy się rozstać. Nie pasujemy do siebie, nasze drogi i cele się rozeszły. Męczymy się oboje, ciężko tak dalej żyć. Jak dzieci zareagowały? Jeszcze im nie powiedzieliśmy.

> Jak on mógł mi to zrobić? Tak mu ufałam... Obiecał mi, że zawsze będę najważniejsza, a teraz chce odejść, bo się zakochał! I to w mojej najlepszej przyjaciółce, tej z Ameryki! Oczywiście oficjalny powód to niezgodność charakterów, tak? Co za kłamca! Boże, jak ja go nienawidzę!

> To ponad moje siły, żeby żyć dalej. Nie mogę się zmusić, żeby wstać rano z łóżka, nie mam apetytu, nic mnie nie cieszy, nawet moja ukochana praca. Wiem, że muszę wziąć się w garść, bo jestem potrzebna mojemu mężowi, ale zwyczajnie nie mam już sił. Życie jest takie szare, beznadziejne...

> To spadło na mnie jak grom z jasnego nieba... Ja, okaz zdrowia, nagle przykuty do łóżka, zależny od innych. Mimo tego nie poddałem się, po długiej rehabilitacji jeżdżę na wózku inwalidzkim, gram nawet w koszykówkę! I najważniejsze: mogę trochę pomóc żonie, która jest kompletnie wykończona... Żal mi jej...

> Zwolnili mnie, bo były redukcje etatów. Dwa lata przed emeryturą! Gdzie mnie teraz przyjmą? Zarejestrowałem się w urzędzie, czytam ogłoszenia, pytam znajomych. I cisza. Siedzę sfrustrowany w domu przed telewizorem, jem i tak mija mi dzień za dniem. Niedługo będę gruby jak beczka... A tyle mam jeszcze energii i chęci do pracy!

> A ja mam dość swoich problemów. Nigdy o tym nikomu nie mówiłam, bo się wstydziłam. No bo wszyscy widzą: wykształcony, zamożny, nie pije, dba o dom. Nikt by mi nie uwierzył, że mój własny mąż mnie bije, że czasem zmienia się w bestię. Ty też niczego nie zauważyłeś, prawda? Ostatnio jest jeszcze gorzej, zupełnie nie wiem co robić...

Komu bije dzwon? | Życie to nie bajka

Ćwiczenie 4 `213A4`

Jakie są relacje między tymi ludźmi, jeżeli wiemy jakie są małżeństwa, a:

- mężczyzna w żałobie to syn Zofii
- siostra Anny zginęła w wypadku
- bezrobotny mężczyzna to teść Ewy

Ćwiczenie 5 `213A5`

Proszę sobie wyobrazić, że ta sama grupa spotyka się za rok, ale w ich życiu wszystko zmieniło się na lepsze. Co oni myślą / mówią?

B POMÓŻ INNYM

`213B1`

DIALOG_1

Javier: *Mami, co ci jest?*

Mami: *Smutno mi. Oglądałam strasznie dołujący film: pewna rodzina spotyka się w Wigilię i opowiada sobie, co wydarzyło im się przez ten rok. Same tragedie! Śmierć bliskiej osoby, przemoc domowa, nieuleczalna choroba, zdrada, rozwód...*

Javier: *Mami, to tylko film. Owszem, w życiu każdego człowieka są trudne chwile, ale zawsze po burzy wychodzi słońce, pamiętaj o tym.*

Mami: *No i jeszcze wprowadzili się nowi sąsiedzi. Mają małego synka, który jest niepełnosprawny. Wyobrażasz sobie, ile ten mały już przecierpiał? Czuję się taka bezradna, chciałabym jakoś pomóc, ale nie wiem jak.*

Javier: *A myślałaś kiedyś o wolontariacie? Masz trochę czasu, chcesz pomagać innym, mówisz już po polsku wystarczająco dobrze. Poznałem kiedyś dziewczynę, Kasię, która pracowała w takiej fundacji. Spróbuję znaleźć do niej kontakt.*

Ćwiczenie 1 `213B2`

Proszę posłuchać i odpowiedzieć na pytania.

1. Kto założył fundację?
2. Jak się nazywa fundacja?
3. Co znaczy ta nazwa?
4. Kiedy powstała?
5. Dlaczego?
6. Czy fundacja pomaga głównie dzieciom?
7. Gdzie ma siedzibę?
8. Jak myślisz, co Mami napisała w e-mailu?

Ćwiczenie 2 `213B3`

Proszę przeczytać odpowiedź Kasi i spróbować wyjaśnić podkreślone słowa.

Mimo Wszystko
Fundacja Anny Dymnej

Od: katarzynawalaszek@mimowszystko.org
Do: mami.takada@glossa.pl
Temat: Re:zapytanie

Witaj Mami,
bardzo się cieszę, że chcesz z nami <u>działać</u> :). Dziękuję! Żeby zostać wolontariuszem Fundacji Anny Dymnej Mimo Wszystko, trzeba wejść na stronę www.biuromlodych.org i <u>nacisnąć przycisk</u> po lewej stronie, gdzie jest napisane ZOSTAŃ WOLONTARIUSZEM!
Dalej musisz <u>postępować według wskazówek</u>, a w rubryce: adres firmy / redakcji wpisać swój adres zamieszkania.
Na swojego maila dostaniesz <u>zwrotny link potwierdzający</u>. W tym mailu będzie również ankieta, którą trzeba wypełnić i przesłać do mnie. Jak dostanę <u>wypełnioną ankietę</u>, zmienię Twój profil z KANDYDATA NA WOLONTARIUSZA na WOLONTARIUSZA.
Wtedy będziesz dostawać newslettery „Biura Młodych", a logując się na stronie będziesz mogła <u>przeglądać</u> strefę wolontariusza, w której można znaleźć informacje o tym, jakiej pomocy potrzebujemy my i nasi <u>podopieczni</u> oraz zdjęcia z różnych akcji.
Jeśli masz jakieś pytania, to proszę pisz. Jak masz możliwość, to zapraszam na spotkanie, wtedy opowiem Ci wszystko <u>szczegółowo</u>.

Pozdrawiam serdecznie
Katarzyna Walaszek
Biuro Młodych
Fundacja Anny Dymnej „Mimo Wszystko"

Ćwiczenie 3 `213B4`
O co Kasia prosi Mami? (tryb rozkazujący)

1. zostać wolontariuszem - *zostań wolontariuszem*
2. wejść na stronę - ....
3. nacisnąć przycisk - ....
4. postępować według wskazówek - ....
5. wpisać adres - ....
6. wypełnić ankietę - ....
7. przesłać do mnie - ....
8. zalogować się na stronie - ....
9. znaleźć informacje - ....
10. przyjechać na spotkanie - ....

13

ANKIETA
WPISZ SWOJE DANE OSOBOWE:

Imię	Mami
Nazwisko	Takada
Adres zameldowania	?
Adres zamieszkania	ul. Spokojna 12/3 30-054 Kraków
Data urodzenia	04.04.1980
Nr PESEL	?
Nr dowodu osobistego / nr legitymacji	?

Proszę wypełnić rubryki i wstawić znak X przy preferowanym sposobie kontaktu

- [ ] Nr kom.:
- [X] e-mail: mami.takada@glossa.pl

Jak chcesz współpracować z Fundacją?
(wstaw znak X przy swoim wyborze, możesz wybrać kilka opcji)

- [?] W ramach akcji okolicznościowych
- [?] Wykonując prace biurowe
- [?] Pomagając indywidualnym osobom

Proszę o podanie swoich szczególnych umiejętności, zdolności (zawodu, kierunku studiów, ukończonych kursów, zainteresowań itp.)

Uczę się języka polskiego, znam japoński i angielski, interesuję się sztuką, zwłaszcza malarstwem, fotografią, architekturą, historią.

Ćwiczenie 4  `213B5`
Proszę posłuchać i zanotować, jak ma wypełnić ankietę obcokrajowiec i jak można współpracować z fundacją.

Ćwiczenie 5 `213B6`
Jak Mami dojechała do fundacji?

Pod szkołą Mami ...**wsiadła**... *(wsiąść)* do tramwaju nr 13 i .... *(wysiąść)* na pętli, czyli na ostatnim przystanku. Potem .... *(pójść)* na przystanek autobusowy i .... *(wsiąść)* do autobusu pospiesznego numer 501, którym .... *(przejechać)* dwa przystanki i .... *(wysiąść)*. Rozejrzała się, ... *(przejść)* przez ulicę. Po chwili .... *(dojść)* do właściwego numeru i .... *(wejść)* do środka.

C ...JAK CELOWNIK

Ćwiczenie 1
komu? czemu?

1. ...**Komu**... pomaga Kasia? ...**Pani Annie**... (pani Anna).
2. .... ufa Wojtek? .... (Ania i Kasia).
3. .... dziękuje prezydent? .... (premier).
4. .... szkodzi alkohol? .... (zdrowie).
5. .... kibicowałeś? .... (Adam Małysz).
6. .... zazdrościsz? .... (Kacper i Iza).
7. .... nie podoba się książka? .... (profesor).
8. .... nie wierzą ludzie? .... (ta gazeta).
9. .... się przyglądasz? .... (stara fotografia).
10. .... dali pieniądze? .... (żebrak).

Ćwiczenie 2
Komu pomagają wolontariusze?

Oni pomagają:
1. ...**pojedynczym osobom**... (pojedyncze osoby)
2. .... (całe rodziny)
3. .... (chore dzieci)
4. .... (ludzie starsi i samotni)
5. .... (niepełnosprawni)
6. .... (niewidomi)
7. .... (biedni)
8. .... (zwierzęta)

> **Uwaga!**
> *Słowa typu: chory, biedny, niewidomy mają funkcję rzeczownika, a odmianę przymiotnika.*

Ćwiczenie 3
Proszę opisać fotografie.

Codziennie daję → **witaminy** **mojemu dziecku**. *Co? Komu?*
Codziennie daję → **mojemu dziecku** **witaminy**. *Komu? Co?*

Ćwiczenie 4
Proszę uzupełnić (czas przeszły).

1. złodziej / ukraść / pieniądze / starsza kobieta — *Złodziej ukradł pieniądze starszej kobiecie*.
2. student / oddać / książka / bibliotekarka
3. mama / opowiedzieć / bajka / swoje dzieci
4. on / nie odmówić / pomoc / swój przyjaciel
5. bank / pożyczać / ludzie / pieniądze
6. ona / przedstawić / swój chłopak / swoi rodzice
7. pies / przynieść / gazeta / swój pan
8. szkoła / zarezerwować / kurs / pani Barska
9. córka / kupić / marynarka / swój ojciec
10. on / sprzedać / ja / nieświeża ryba
11. żona / wybaczyć / mąż / jego zdrada

Ćwiczenie 5 213C6

Proszę podać swoje przykłady zdań z przyimkami z ramki.

> przeciw / przeciwko, dzięki, wbrew, na przekór

Syrop **przeciw** kaszlowi.
Dzięki Bogu!
Zrobiła to **wbrew** woli rodziców.
Ożenił się **na przekór** mamie.

Ćwiczenie 6 213C7

Proszę uzupełnić.

1. Powiedz ..*mi*.. *(ja)*, ile masz lat?
2. Dalej .... *(on)* wierzysz?
3. Po prostu .... *(oni)* ufam.
4. Daj .... *(ona)* to.
5. Przypomnij .... *(ja)* potem.
6. Nie zazdrość .... *(one)*.
7. Życzę .... *(wy)* tego.
8. Bardzo .... *(ty)* się dziwię.
9. Podoba .... *(on)* się!
10. Nie dokuczaj .... *(my)*!
11. Dziękuję .... *(wy)*.
12. Co .... *(ty)* szkodzi?

D LUDZIE SĄ RÓŻNI

Ćwiczenie 1 213D1

Proszę uzupełnić tabelę.

					l. mn.
MIANOWNIK	pieniądze	przyjaciele	ludzie	dzieci	księża
DOPEŁNIACZ					
CELOWNIK					
BIERNIK					
NARZĘDNIK					
MIEJSCOWNIK					
WOŁACZ					

Ćwiczenie 2 213D2

Proszę uzupełnić.

Zależy mu tylko na ...... *pieniądzach* .
Potrzebuję ....
Nie myśl teraz o ....!
Czekam wciąż na ....
Nie wie co robić z ....

Kup to ....!
Idę z ....
Myśl o ....!
Słuchaj ....!
Kochaj ....!

Szukasz ....?
Dbasz o ....?
Ufasz ....?
Idziesz z ....?
.... są ważni!

Znam wielu ....
Nie zgadzam się z ....
Pomagał ....
To artykuł o ....
.... żyją w celibacie.

........................! Słyszycie mnie?
Ilu .... zginęło?
Nie dziwię się tym ....
Boi się ....
Bawi się ....

Ćwiczenie 3 `213D3`
Proszę uzupełnić.

1. Ludzie, którzy jeżdżą na wózku inwalidzkim to ....
   Rząd nie dba o ....
2. Ludzie, którzy nie słyszą to (ludzie) ...*głusi*........ .
   To specjalne „Wiadomości" dla ...*głuchych*........ .
3. Ludzie, którzy nie widzą to ....
   Alfabet Braile'a jest dla ....
4. Ludzie, którzy nie mają wielu lat to ....
   Lubię pracę z ....
5. Ludzie, którzy mają dużo pieniędzy to ....
   To dzielnica dla ....
6. Ludzie, którzy są w szpitalu to ....
   Lekarz przyjmuje .... od rana.
7. Ludzie, którzy nie mają pracy to ....
   W tym mieście jest 20% ....
8. Ludzie, którzy nie mają domu to ...."
   Piszę artykuł o ....
9. Ludzie, którzy nie mają pieniędzy to ....
   Ta fundacja pomaga ....
10. Ludzie, którzy nie chorują to ....
    Nurkowanie to sport dla ....

Ćwiczenie 4 `213D4`
Proszę posłuchać i uzupełnić.

Komu bije dzwon? | Ludzie są różni

.... dzwonią, ...
dzwonią, mnie nie dzwoni żaden
dzwon. Bo takiemu pijakowi
jakie .... taki zgon, zgon,
zgon, tarara...

.... do mnie nie wołajcie,
niech nie robi zbędnych szop.
Tylko ty mi, ...,
spirytusem głowę skrop, skrop,
skrop, tarara...

W piwnicy mnie pochowajcie,
w piwnicy mi kopcie ....
I głowę mi obracajcie
tam, gdzie jest od ....
szpunt, szpunt, szpunt, tarara...

W jedną rękę kielich ....,
w drugą rękę wina dzban,
a nade mną ....:
umarł pijak, ale pan, pan, pan,
tarara...

A po .... na mym grobie
beczka wina będzie stać.
I gdy przyjdziesz się ....
możesz kufel sobie wlać, wlać,
wlać, tarara...

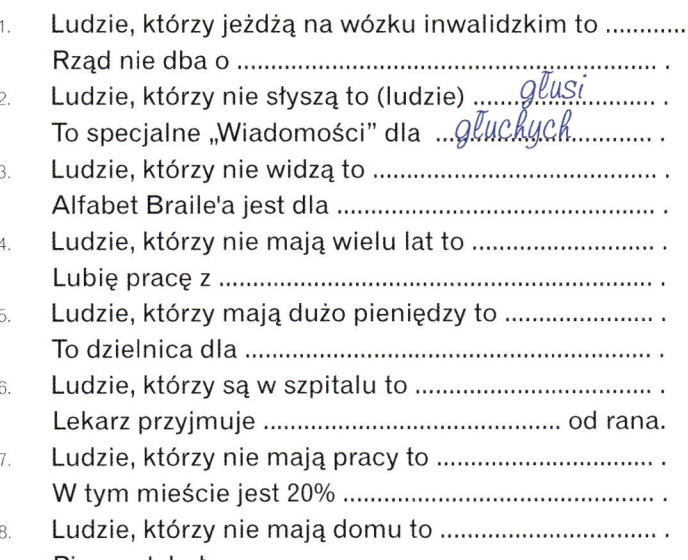

POWTÓRZENIE E

Proszę uzupełnić. `213E1`

Jak mam znaleźć tę fundację? Javier pamiętał, że założyła ją aktorka, ... Mam. „..."Fundacja Anny Dymnej. „Nie można .... komuś po coś. Pomaga się z potrzeby serca i tak naprawdę robi się to dla ....". Jakie .... słowa! Co tu jeszcze mamy... „Fundacja .... w 2003 roku, żeby ratować grupę dorosłych .... z niepełnosprawnością intelektualną, mieszkańców schroniska w podkrakowskich Radwanowicach, którzy na mocy nowej ustawy utracili prawo do korzystania z tamtejszych Warsztatów .... Zajęciowej finansowanych z budżetu państwa". Aha. Czyli po prostu ci .... nagle zostali bez swojej terapii artystycznej, a przecież wszyscy wiedzą jakie to .... „Cele statutowe to pomoc osobom ...., zwłaszcza intelektualnie, promocja i organizacja wolontariatu, ... charytatywna..." Rozumiem. „Kluczową rolę w działaniach fundacji odgrywają .... ". No właśnie! Na pewno wciąż potrzebują nowych!

Link do strony fundacji: www.mimowszystko.org

ZADUSZKI
Lekcja_14

KOMUNIKACJA
relacjonowanie zdarzeń
opowiadanie o tradycjach
i faktach historycznych

SŁOWNICTWO
polskie tradycje - Zaduszki
historia powojenna
wiedza o Polsce

GRAMATYKA
zaimek: *się, siebie*
zaimki osobowe - powtórzenie
przyimki - zebranie

zmarły ≠ żyjący, światło, pogrzeb, zasłużony, wierzący, dusza, odetchnąć (z ulgą), pogański, przewodni, cenzura, władza / władze, przełożony

nowe słowa

A ZADUSZKI

Ćwiczenie 1 (214A1)
Proszę dopasować słowa do ilustracji.

znicz / lampka, grób ✓, krzyż, cmentarz, kaplica, anioł, pomnik, wieniec, rzeźba, chryzantema, tablica pamiątkowa

 grób

Ćwiczenie 2 (214A2)
Proszę odpowiedzieć na pytania.

1. Czy wiesz, co to jest Dzień Wszystkich Świętych i co to są Zaduszki?
2. Czy wiesz, jak Polacy obchodzą te święta?
3. Jakie tradycje związane ze wspominaniem zmarłych są kultywowane w Twoim kraju?

Ćwiczenie 3 (214A3)
Prawda czy nieprawda?

	P	N
Państwo Maj planują wyjście na cmentarz.	✓	
Święto Zmarłych i Dzień Wszystkich Świętych to dwa różne święta.		
Władzom PRL-u nie podobała się religijna nazwa święta.		
Na cmentarzu jest wyjątkowa atmosfera, a kwiaty na grobach pochodzą znad morza.		
Cmentarz Rakowicki jest bardzo stary, funkcjonuje od 1830 roku.		
Na tym cmentarzu są wyłącznie groby ludzi zasłużonych dla kraju.		
Państwo Maj przynieśli na grób dziadka kwiaty i lampki.		
Mami uważa, że polskie zwyczaje są bardzo ładne.		
Jan Matejko to malarz historyczny.		
Helena Modrzejewska była słynną piosenkarką.		
Pan Maj chce pokazać Mami miejsca pamięci narodowej.		
Dużo ludzi zatrzymuje się przy grobie rodziców papieża.		

14 Zaduszki | Zaduszki

DIALOG_1

Pani Maj: *Mami, czy wybierzesz się z nami na cmentarz?*
Mami: *Na cmentarz?*
Pani Maj: *Tak, dziś Dzień Wszystkich Świętych i tradycyjnie odwiedzamy groby naszych bliskich.*
Mami: *A tak, czytaliśmy o tym tekst, ale to się nazywało Święto Zmarłych.*
Pani Maj: *Święto Zmarłych to nazwa używana przez propagandę w czasach PRL-u, bo nie wszystkim odpowiadała ta religijna.*
Pan Maj: *Tak, komuniści nie mogli zlikwidować święta, to chociaż inaczej je nazwali. Ale w sumie przyjęło się to ich nowe określenie.*
Mami: *Aha, rozumiem. Dziękuję za zaproszenie. Bardzo chętnie pojadę z państwem.*
Pani Maj: *Cieszę się, bo chciałam, żebyś poczuła niepowtarzalną atmosferę tego dnia. Zobaczysz, będzie mnóstwo kwiatów i morze światła. Tylko weź coś ciepłego, bo to trochę potrwa. Pojedziemy najpierw na Cmentarz Rakowicki, a potem jeszcze na Salwator.*

> Czytaj pe-er-e-lu
> PRL – Polska Rzeczpospolita Ludowa – oficjalna nazwa państwa polskiego w latach 1952-1989.

DIALOG_2

Mami: *To stary cmentarz, prawda?*
Karol: *Tak, pierwszy pogrzeb odbył się tu w styczniu 1803 roku.*
Mami: *Ojej, to już zabytkowe miejsce.*
Karol: *Tak. I to nie tylko ze względu na wiek. Znajdziesz tu wiele grobów znanych uczonych, artystów, ludzi zasłużonych dla kraju.*
Karolina: *Są też grobowce zwykłych mieszkańców Krakowa, które po prostu są piękne. Te stare pomniki, to małe dzieła sztuki. Uwielbiam je fotografować.*
Mami: *Faktycznie, można chodzić i oglądać rzeźby. Jak w muzeum pod gołym niebem.*
Karol: *A wiesz, że najstarsza część cmentarza jest zaprojektowana na planie bramy? Brama jako symbol przejścia od życia do śmierci.*
Mami: *To piękne.*
Pan Maj: *Chodźmy, tu jest grób mojego dziadka. Joanno, gdzie położyć te chryzantemy? Tutaj? Karol zapal lampki.*
Mami: *Co znaczy ten napis pod krzyżem?*
Karol: *„Pokój jego duszy"? Żeby odpoczywał w spokoju. Tak naprawdę, to my wszyscy kiedy przychodzimy tu, szukamy ciszy i spokoju. Jedni przychodzą się pomodlić, dla innych to moment zadumy, refleksji. Dlatego znajdziesz tu dziś wierzących i niewierzących.*
Mami: *Bardzo mi się podobają wasze tradycje.*

DIALOG_3

Pani Maj: *Przejdźmy się teraz po cmentarzu. Mami, pokażemy ci grobowiec Jana Matejki, tego od wielkich historycznych obrazów, a potem grobowiec całej rodziny malarzy – Kossaków. Tam niedaleko leży też Helena Modrzejewska, słynna aktorka teatralna. Ponoć do dziś, po premierze, krakowscy artyści przynoszą jej kwiaty i proszą o pomoc w różnych sprawach.*
Karolina: *Mami na pewno chce zobaczyć grób Marka Grechuty, byłyśmy ostatnio na koncercie jego piosenek.*
Pan Maj: *A co z pomnikiem żołnierzy Armii Krajowej i Krakowskich Orląt? Mami powinna poznawać naszą historię, a to przecież symbole narodowe.*
Pani Maj: *Nie martwcie się, zaplanowałam długi spacer, wszystko zdążycie pokazać. Nawet grób Apollona Korzeniowskiego – ojca Josepha Conrada.*
Mami: *Dziękuję bardzo, widzę, że to prawdziwa polska nekropolia. O, a co tam jest? Tam, gdzie stoi tak dużo osób?*
Karol: *To grób rodziców Karola Wojtyły.*
Mami: *Papieża Polaka?*
Karol: *Tak, prawie cały Kraków składa tu kwiaty albo zapala znicze. Chodźmy.*

Ćwiczenie 4
Proszę dokończyć zdania.

1. W Dzień Wszystkich Świętych Polacy zwykle…
2. Cmentarz Rakowicki powstał na planie bramy, ponieważ…
3. Na Cmentarzu Rakowickim warto zobaczyć…
4. Ludzie przychodzą na cmentarz, żeby…

Ćwiczenie 5

Proszę uporządkować tekst.

- [1] Oficjalnie kościół wspomina zmarłych w Zaduszki, 2 listopada, jednak upowszechnił się
- [3] Dlaczego Dzień Wszystkich Świętych jest tak ważnym
- [ ] spotkań z rodziną. Ludzie często przemierzają cały
- [ ] grobami i zapalić symboliczną lampkę. Pamięć oddana zmarłym, zbliża
- [ ] dniem w Polsce? Sądzę, że przede
- [ ] zwyczaj odwiedzania cmentarzy już 1 listopada.
- [ ] zastawionym stole, wśród ożywionych rodzinnych rozmów.
- [ ] żyjących. Pierwszy listopada to dobry moment na
- [ ] wszystkim dlatego, że motywuje nas do
- [11] chwili zadumy i wyciszenia na cmentarzu, następuje spotkanie przy
- [ ] refleksje i przemyślenia, choć w naszej tradycji często po
- [ ] kraj, żeby stanąć wraz z bliskimi nad rodzinnymi

Ćwiczenie 6

Angela spędziła Dzień Wszystkich Świętych i Zaduszki z zaprzyjaźnioną polską rodziną. Na podstawie wiadomości z dialogów 1-3, ćwiczenia 5 oraz mapy proszę ułożyć jej relację z tych dwudniowych świąt.

Ćwiczenie 7

Proszę uzupełnić.

rzeczywistością, zorganizować, koncertowej, wspólnym, toczyło się, narodził się, atmosfera, wolno, wolnością, trzeba, niezwykła, sięga ✓

Krakowskie Zaduszki Jazzowe mają już długą historię, ...*sięga*.... ona 1954 roku. Zaczynała się wtedy postalinowska odwilż. Ludzie mogli swobodniej odetchnąć. Artystyczne życie Krakowa .... pełną parą. Nic dziwnego, że muzycy zafascynowani faktem, że nagle .... im publicznie grać jazz - wcześniej zakazany, bo wrogi ideologicznie - postanowili .... sobie jazzową imprezę. Imprezę, która pozwoliłaby się spotkać na .... muzykowaniu pasjonatom jazzu z całej Polski. Trudno ten pierwszy zjazd nazwać festiwalem. Muzycy spotkali się nie w sali .... tylko gimnastycznej, w jednej ze szkół podstawowych na krakowskim Salwatorze. Za to .... była fantastyczna. We wspomnieniach pojawiają się słowa: niepowtarzalna, ..., niesamowita. Warto pamiętać, że prócz muzyki było w tym spotkaniu coś jeszcze – tęsknota za swobodą, ... przez duże „W". Była też próba walki z dość ponurą .... komunizmu. I tam właśnie, w zatłoczonej sali, wśród szkolnych ławek .... jeden z najstarszych festiwali jazzowych świata. .... jeszcze tylko dodać, że organizowane od tamtej pory Zaduszki Jazzowe wyszły poza Kraków, teraz już prawie każde miasto w Polsce ma swoje muzyczne Zaduszki.

Ćwiczenie 8

Proszę przeczytać tekst o Zaduszkach Jazzowych i zaznaczyć, jaki sens mają następujące zdania.

1. Zaczynała się wtedy odwilż.
   - [ ] kończyła się zima i topniał śnieg
   - [✓] polityka władz była mniej restrykcyjna
   - [ ] zmienił się klimat w Polsce

2. Ludzie mogli swobodniej odetchnąć.
   - [ ] powietrze było lepsze
   - [ ] mieli więcej wolności
   - [ ] mieli więcej miejsca

3. Artystyczne życie Krakowa toczyło się pełną parą.
   - [ ] artyści krakowscy jeździli koleją parową
   - [ ] artyści spotykali się parami
   - [ ] życie artystyczne było bardzo dynamiczne

4. Jazz był zakazany.
   - [ ] był nakaz grania jazzu
   - [ ] władze kazały grać jazz publicznie
   - [ ] nie wolno było publicznie grać jazzu

5. Tęsknota za swobodą.
   - [ ] ludzie chcieli mówić to, co myślą i robić to, co chcą
   - [ ] ludzie potrzebowali więcej miejsca
   - [ ] ludzie potrzebowali ruchu na świeżym powietrzu

B TROCHĘ HISTORII

14

DIALOG 1

Karol: Do zobaczenia wszystkim! Lecę na próbę.
Mami: Na jaką próbę?
Karol: Nasze kółko teatralne przygotowuje cykl „Wieczory listopadowe". Teraz mamy na tapecie inscenizację fragmentu „Dziadów" Mickiewicza, to taki romantyczny utwór. Opowiada o pogańskim kulcie zmarłych i rytuałach, które odbywały się nocą na cmentarzu.
Mami: „Dziady", hm… coś mi to mówi, już gdzieś słyszałam ten tytuł.
Karolina: No pewnie. Pamiętasz „Różyczkę"? Ten film, na który wybrałaś się ze mną. Tam była taka scena w teatrze, spektakl wyreżyserowany przez Kazimierza Dejmka, a potem…
Mami: Tak, pamiętam! Demonstracje! Studenci protestujący na ulicach, milicja z gazem i pałkami. Brutalne sceny! To było straszne.
Karol: Ale prawdziwe! Rok 68, marzec. Ważna data w naszej historii.
Karolina: Tak, wyszli na ulicę, krzyczeli „Niepodległość bez cenzury!". To była ich niezgoda na życie w systemie komunistycznym, na politykę partii, na wszechobecne zakłamanie.
Karol: A Mickiewicz, nasz Wieszcz, znów zagrzewał do walki o wolność.
Mami: Mickiewicz? Nie rozumiem.
Karol: Kiedyś ci opowiemy o Powstaniu Listopadowym, ale to już inna historia.
Karolina: Wracając do Marca i jego przewodniego hasła „Chcemy kultury bez cenzury!", zastanawiam się, czy w dzisiejszych czasach wolności słowa, ktoś zrozumie tamtą walkę?

Ćwiczenie 1

Prawda, nieprawda czy brak informacji?

	P	N	B
Karol bierze udział w przygotowaniach kółka teatralnego.	✓		
Karol gra główną rolę w inscenizacji „Dziadów".			
Mickiewicz jest autorem „Wieczorów Listopadowych".			
„Dziady" opowiadają o chrześcijańskich tradycjach.			
„Różyczka" to tytuł spektaklu teatralnego.			
Spektakl wyreżyserowany przez Dejmka był grany w Teatrze Narodowym.			
Mami oglądała „Różyczkę" razem z Karoliną.			
Studenci protestowali wewnątrz gmachu teatru.			
Milicja interweniowała bez użycia siły.			
Opisywane wydarzenia miały miejsce jesienią.			
W hasłach protestujących studentów powtarzało się słowo „cenzura".			

Ćwiczenie 2

Proszę wyszukać w dialogu 1 synonimy do podanych poniżej wyrazów.

protest - ...niezgoda......
manifestacja - ....
przedstawienie - ....
okropny - ....

hipokryzja - ....
powszechny - ....
główny - ....

Ćwiczenie 3

Proszę wyjaśnić wyrażenia.

- mieć coś na tapecie
- coś mi to mówi
- wyjść na ulicę
- zagrzewać do walki
- wolność słowa

Ćwiczenie 4

Co pasuje?

protest	na
niezgoda	przez
wyreżyserowany	do
brać udział	wobec
zagrzewać	w

Ćwiczenie 5

Proszę zamienić zakreślone w tekście wyrażenia na zwroty z ramki w odpowiedniej formie gramatycznej.

witany, hasła, mieć miejsce, widz, z zapałem, wyreżyserowany przez ✓, władze, wystraszony, odwołać kolejne przedstawienia, zademonstrować, spontaniczny, być przepełnionym

Inscenizacja „Dziadów" Mickiewicza w reżyserii / *wyreżyserowanych przez* .... Kazimierza Dejmka, to jedno z najważniejszych wydarzeń w historii polskiego teatru. Premiera spektaklu odbyła się / .... 25 listopada 1967 roku w Teatrze Narodowym w Warszawie. Przedstawienie szybko zyskało wymiar polityczny – antyradzieckie akcenty były entuzjastycznie / .... przyjmowane / .... przez publiczność / .... Kolejne spektakle stały się manifestacją uczuć narodowych Polaków. Nic dziwnego, że już 30 stycznia 68 roku władze komunistyczne zaniepokojone / .... odbiorem społecznym spektaklu, nakazały zdjęcie „Dziadów" z afisza / .... Tego dnia zagrano ostatnie publiczne przedstawienie, sala pękała w szwach / .... – był nadkomplet, dominowali młodzi ludzie. Żywiołowe / .... oklaski widzów wciąż przerywały przedstawienie. W tej gorącej atmosferze, zaraz po zakończeniu spektaklu, grupa studentów ruszyła pod pomnik Mickiewicza, by wyrazić / .... swój protest wobec decyzji rządu / .... Inscenizacja Dejmka, stała się pretekstem do głośnego wypowiedzenia słów / ....: „Żądamy Prawdy!", „Pałkami Prawdy nie da się zabić!". Taki był początek „wypadków marcowych", które wkrótce objęły cały kraj.

Ćwiczenie 6

Proszę odpowiedzieć na pytania.

1. Jak rozumiesz słowa Karoliny: „(…) czy w dzisiejszych czasach totalnej wolności słowa, ktoś zrozumie tamtą walkę?"
2. Czy znasz inne, podobne do marcowych, wydarzenia w historii Polski?
3. Czy w historii Twojego kraju miały miejsce protesty społeczne, które obejmowały cały kraj? Jeżeli tak, to czego dotyczyły?
4. Wobec czego społeczeństwo najczęściej wyraża swój protest?

C NIE RÓB NICZEGO WBREW SOBIE!

Ćwiczenie 1

Proszę wpisać przyimki w odpowiednie miejsce tabeli. Uwaga, niektóre przyimki łączą się z dwoma przypadkami.

przed, wobec ✓, z / ze, z / ze, nad, o, na, o, według, bez, w, w, na, wbrew, za, pod jako, przez, do, przed, dla, koło, przy, między, u, nad, przeciw, po, po, od, za, pod

MIANOWNIK	
DOPEŁNIACZ	wobec
CELOWNIK	
BIERNIK	
NARZĘDNIK	
MIEJSCOWNIK	

Ćwiczenie 2 `214C2`
Proszę uzupełnić tabelę.

MIANOWNIK	ja	ty	on	ona	ono	my	wy	oni	one
DOPEŁNIACZ	mnie	cię	go	....	go	nas	....	ich	....
*			niego	....	niego			nich	....
**			jego		jego				
CELOWNIK	mi	....	mu	....	mu	nam	....	im	....
*	mnie		niemu	....	niemu			nim	....
**			jemu		jemu				
BIERNIK	mnie	....	go	....	je	nas	....	ich	....
*			niego	....	nie			nich	....
**			jego						
NARZĘDNIK	mną	....	nim	....	nim	nami	....	nimi	....
MIEJSCOWNIK	mnie	....	nim	....	nim	nas	....	nich	....

Lubię go. / Dziękuję ci. / Dlaczego interesujesz się nimi?
* *Idę do niego. / Prezent dla ciebie. / Czekam na nią. (przyimek)*
** *Jemu nie dam nic. / Kocham tylko jego. / On lubi tylko ciebie. (emfaza)*

Ćwiczenie 3 `214C3`
Co pasuje?

1. Dlaczego on zawsze ma pretensje do *ją / niej / jej*?
2. Oni są bardzo niesympatyczni i często śmieją się ze *mną / mnie / mi*.
3. Czy długo czekacie na *niego / go / nim*?
4. Dlaczego jesteś tak uprzejmy wobec *nich / nimi / ich*, a nigdy wobec *nas / nam / nami*?
5. To wszystko przez *tobą / ci / ciebie*!
6. Matka bez przerwy myśli o *niej / ją / nią* i martwi się o *niej / ją / nią*.
7. Nigdzie nie pójdę bez *wami / was / wam*.
8. Nie krzycz na *nie / je / nimi*! To nie ich wina!
9. Ktoś dzwonił i pytał o *tobą / tobie / ciebie*.
10. Niech to zostanie między *nam / nas / nami*!

> *To wszystko przez ciebie!*

Ćwiczenie 4 `214C4`
Proszę uzupełnić.

1. Nie warto litować się nad .... (on).
2. Nie będę sprzątać po .... (ty)!
3. Czy możesz iść po .... (one) do szkoły?
4. Według .... (ona) powinieneś iść do lekarza.
5. Naprawdę przedstawiłeś się jako .... (ja)?
6. Jeszcze całe życie przed .... (wy)!
7. Zakochała się w .... (on) po same uszy!
8. Dlaczego zrobiłeś to wbrew .... (my)?
9. Usiadłam koło .... (ono).
10. Nie mam nic przeciw .... (oni), ale wolę być tylko z .... (ty).

> *Nie krzycz na mnie. To nie moja wina!*

14

Tom, zawsze byliśmy szczerzy wobec SIEBIE! Wydaje mi się, że coś jest z tobą nie tak. Martwię się o ciebie! Nie możesz tak dalej. Musisz pomyśleć o SOBIE! Dobrze, że robisz coś dla innych, ale zrób też coś dla SIEBIE!

1. Kto wobec kogo był szczery?
2. O kim musi pomyśleć Tom?
3. Dla kogo Tom powinien coś zrobić?

Zaimek się, siebie zastępuje wszystkie zaimki osobowe w odmianie (mnie, tobie, jemu itd.), jeżeli odnoszą się one do podmiotu zdania.

Adam i Piotr to bracia.
Adam myśli o nim (o Piotrze).
Adam myśli tylko o sobie (o Adamie)!

Zaimek siebie nie występuje w mianowniku.

forma krótka

SIĘ, SIEBIE	l. poj. = l. mn.
MIANOWNIK	--------
DOPEŁNIACZ	siebie / się
CELOWNIK	sobie
BIERNIK	siebie / się
NARZĘDNIK	sobą
MIEJSCOWNIK	sobie

Ćwiczenie 5

Proszę skorygować zdania.

1. Rozmawiali często o ~~siebie~~. *o sobie*
2. Zrób to dla samego ciebie! ....
3. Lubimy rozmawiać ze sobie. ....
4. Zajmował się sam siebie. ....
5. Byli szczerzy wobec sobą. ....
6. Zakochani są wpatrzeni w sobie. ....
7. On zrobił to wbrew siebie. ....

Ćwiczenie 6

Proszę uzupełnić tekst, a następnie posłuchać i skorygować.

"Różyczka", film Kidawy-Błońskiego przenosi nas w koniec lat 60-tych, akcja rozgrywa się na tle historycznych zdarzeń. Główni bohaterowie to jednostki, które padają ofiarą machiny komunistycznego systemu. Różyczka to kryptonim dziewczyny, agentki UB, która ma za zadanie inwigilować znanego pisarza. Dziwna jest jej droga życiowa. Początkowo bierze na .... (siebie) to zadanie, ze względu na swojego narzeczonego - ubeka. Ufa .... (on) i nie zastanawia się nad tym, co dla .....*niego*..... (on) robi. Zna pisarza, szuka więc kontaktu z .... (on), zbliża się do .... (on) i wreszcie pozyskuje jego sympatię. Im dłużej obserwuje .... (on), tym bardziej imponuje .... (ona) jego osoba. Zmienia się świat Różyczki, okazuje się, że wytrawne wino smakuje .... (ona) bardziej niż wódka, książki pisarza są trudne, ale fascynujące, a cenione przez .... (on) wartości bliższe .... (ona) samej niż sądziła. Boli .... (ona) fakt, że .... (on) oszukuje. Chciałaby, żeby mogli być szczerzy wobec .... (siebie). Co teraz? Czy będzie .... (on) śledzić dalej wbrew .... (siebie)? Przecież szanuje .... (on), wierzy w .... (on) i jego twórczość.
A co z narzeczonym? Chciałaby, żeby mogli porozmawiać o .... (siebie). Ma jednak wrażenie, że jej chłopak – ubek interesuje się wyłącznie .... (siebie) i swoją karierą, i tak naprawdę zaczyna rozumieć, że ani on, ani ona nigdy nie byli nawet zafascynowani .... (siebie). Natomiast powoli dochodzi do .... (ona) fakt, że ona sama i pisarz są w .... (siebie) zakochani, wpatrzeni w .... (siebie). To właśnie przy .... (on) Różyczka czuje się bezpieczna i doceniona.
A narzeczony? Z jednej strony wydaje się, że skoncentrowany na .... (siebie) i swojej karierze, nie ma żadnych uczuć dla dziewczyny. Traktuje .... (ona) jak źródło informacji i chce wyciągnąć z .... (ona) jak najwięcej. Ale nie! I on jest targany emocjami. Chwilami wychodzi z .... (siebie), zazdrość nie daje .... (on) spokoju, ale cóż, ma przełożonych i strach przed .... (oni) jest silniejszy od chęci posiadania Różyczki wyłącznie dla .... (siebie). Nie myśli więc o .... (ona), tylko o .... (siebie). Czas pokaże, że niekiedy trudno .... (on) będzie poradzić .... (siebie) ze .... (siebie) samym!

UB = Urząd Bezpieczeńst

Ćwiczenie 7 `214C8`

Proszę uzupełnić teksty, a następnie spróbować ułożyć historyjki: wyjaśnić, co się stało wcześniej i dopisać zakończenie, używając zwrotów z ramki.

> robić coś dla kogoś, martwić się o, być uzależnionym od kogoś,
> bać się siebie, wziąć coś na siebie, wierzyć w kogoś, mieć pretensje do

14

Marcin

„Nie powiedziałem .... (oni) wszystkiego, bo nie chciałem się przed .... (oni) tłumaczyć. Ale przed .... (ty) nie chcę niczego ukrywać. Zrobiłem coś wbrew .... (siebie). Niech to zostanie między .... (my)! Wiesz, ja..."

Gośka

Ewelina

„Co mam robić? Wiem, że on ma przewagę nade .... (ja), nie spodziewałam się tego po .... (on). Nie mogę oglądać się za .... (siebie) ani litować się nad .... (siebie)! Muszę..."

„Ty pytasz, o co .... (ja) chodzi?! Jak możesz .... (ja) tak traktować? Co ty .... (siebie) wyobrażasz? Ile razy mam .... (ty) tłumaczyć, że kłamstwo ma krótkie nogi! Powinieneś się zastanowić nad .... (siebie)! Nie masz .... (ja) nic do powiedzenia? Śmiejesz się ze .... (ja) w takiej sytuacji?! Mam .... (ty) powyżej uszu! Nie widzę już przed .... (my) przyszłości. Zdecydowałam, że..."

Asia

„Przepraszam, że zrobiłam .... (wy) przykrość. Chciałam .... (wy) przeprosić i pogodzić się z .... (wy). Wiem, że..."

Zaduszki | **Nie rób niczego wbrew sobie!**

POWTÓRZENIE D

Proszę rozwiązać krzyżówkę. `214D1`

1. inscenizacja, przedstawienie
2. Lampka, którą zapalamy na grobach.
3. niezgoda na coś
4. Tradycyjnie chodzimy tam pierwszego listopada.
5. duży grób rodzinny
6. entuzjazm
7. obłuda, hipokryzja
8. zwyczaj

dziewięćdziesiąt dziewięć | 99

WESOŁYCH ŚWIĄT!
Lekcja_15

KOMUNIKACJA
opowiadanie o tradycjach świątecznych i historii

SŁOWNICTWO
polskie tradycje świąteczne

GRAMATYKA
powtórzenie dat i trybu rozkazującego, formy bezosobowe

nowe słowa: ruchomy, zmartwychwstanie, modlić się, świętować, niewola, niepodległość, przepis, śledź

A WOLNE OD PRACY

Ćwiczenie 1
W Polsce aktualnie mamy 13 dni ustawowo wolnych od pracy, czyli takich, w które wszystko, łącznie z galeriami handlowymi, jest zamknięte. To święta głównie religijne. Czy wiecie, kiedy one wypadają?

- Nowy Rok
- Trzech Króli

święto ruchome
- Niedziela Wielkanocna
- Poniedziałek Wielkanocny
- Święto Pracy
- Święto Konstytucji Trzeciego Maja
- Zielone Świątki
- Boże Ciało
- Wniebowzięcie Najświętszej Maryi Panny
- Wszystkich Świętych
- Narodowe Święto Niepodległości
- Boże Narodzenie

Ćwiczenie 2
Proszę posłuchać i uzupełnić daty z ćwiczenia 1.

Ćwiczenie 3
Proszę posłuchać jeszcze raz i odpowiedzieć na pytania.

1. Jaka powinna być zabawa sylwestrowa?
2. Kim byli Trzej Królowie?
3. Kiedy obchodzi się Wielkanoc?
4. W jaki sposób świętuje się Boże Ciało?
5. Co robi się w Zielone Świątki w Polsce?
6. Co organizowano w PRL-u z okazji 1 V?
7. W którym roku podpisano Konstytucję 3 V?
8. Co to jest Jasna Góra?
9. Co Polacy robią 1 XI?
10. Ile lat Polska była w niewoli?
11. Który dzień Bożego Narodzenia obchodzi się w Polsce w sposób szczególny?

B BOŻE NARODZENIE

Ćwiczenie 1
Czy wiecie, co to znaczy?

> Wigilia, choinka, prezenty, Dzieciątko, Gwiazda, bombki, kolędy, opłatek, karp, Anioł, Święty Mikołaj, Trzech Króli stajenka, żłóbek, pastuszek / pasterz, pasterka ✓, postny

Pasterka to msza, która...

Ćwiczenie 2
Proszę uzupełnić tekst słowami z ćwiczenia 1 we właściwej formie gramatycznej.

.....Wigilia..... zaczyna się wraz z pierwszą gwiazdką na niebie. Jest to symboliczne nawiązanie do .... Betlejemskiej, która zaprowadziła .... do .... Kolacja tradycyjnie jest ...., choć niejedzenie mięsa nie jest już obowiązkowe, a tylko zalecane. Rozpoczyna się od łamania się .... i składania sobie życzeń.
Na stole przykrytym białym obrusem, z siankiem pod spodem, ustawia się jedno nakrycie więcej – dla niespodziewanego gościa. Potraw powinno być dwanaście. W zależności od regionu są to: ryby (przede wszystkim ....), barszcz z uszkami, zupa grzybowa, pierogi z kapustą i grzybami, kapusta z grochem, gołąbki, kutia, kompot z suszonych owoców, kluski z makiem i inne.
Najpopularniejszym atrybutem bożonarodzeniowym jest .... ubrana w kolorowe ...., lampki, ręcznie wykonane ozdoby, cukierki, włosy anielskie, jabłka, pierniki... Pod drzewkiem znajdują się .... przyniesione w zależności od regionu przez ...., Gwiazdora, ... Potem zwykle śpiewa się ...., a o północy idzie się do kościoła na ...., specjalną uroczystą mszę na cześć ...., którzy jako pierwsi powitali .... w ....
W ten dzień nie zapominamy o zwierzętach domowych – podobno mówią ludzkim głosem...

Ćwiczenie 3

Co nie pasuje?

1. W czasie postu jemy *ryby / mięso / suszone owoce*.
2. Tradycyjne zupy wigilijne to *barszcz / grochowa / grzybowa*.
3. Do barszczu potrzebujemy *buraków / warzyw / pomidorów*.
4. W Wigilię *dzielimy się opłatkiem / pieczemy opłatek / łamiemy się opłatkiem*.
5. Choinka może być *prawdziwa / naturalistyczna / sztuczna*.
6. Na choince wieszamy *pisanki / bombki / ozdoby*.
7. Prezenty przynosi *Pasterz / Aniołek / Gwiazdor*.
8. Pasterka jest o *północy / w nocy / z pierwszą gwiazdą*.

Ćwiczenie 4 `215B4`

Ktoś pyta, jak zrobić zupę grzybową.
Proszę użyć trybu rozkazującego.

Kup 5 dag suszonych grzybów…

Wigilijna zupa grzybowa

składniki:
- 5 dag suszonych grzybów
- 1 pęczek włoszczyzny
- 1.5 litra wody
- 1 cebula
- 1 łyżka masła
- sól i pieprz

Grzyby dokładnie **umyć** i **namoczyć**. **Zagotować** wodę, **dodać** grzyby razem z wodą, w której się moczyły i dalej **gotować**. **Pokroić** drobno włoszczyznę, cebulę **przepołowić** i **zrumienić** bez tłuszczu. **Dodać** je do zupy, gdy grzyby są już prawie miękkie i **gotować** jeszcze ok. 25 minut. Zupę **przecedzić**. Grzyby **pokroić** i **dodać** do zupy lub **użyć** do pierogów czy uszek. **Dodać** masło. **Doprawić** do smaku solą i pieprzem. **Podawać** z kostką z kaszy lub łazankami.

Ćwiczenie 5 `215B5`

Typowym daniem poświątecznym jest bigos. Proszę przygotować przepis.

Bigos

75 dag kapusty kiszonej

składniki:
- 75 dag / kapusta kiszona
- 75 dag / kapusta biała
- 75 dag / mięso
- 4 dag / suszone grzyby
- 25 dag / tłusta kiełbasa
- 4 / ziarno / jałowiec
- 2 / listek laurowy
- 3 / ziarenko / ziele angielskie
- 0.5 / litr / woda
- 1 szklanka / czerwone wino
- kilka / suszone śliwki
- sól i pieprz

> namoczyć, pokroić, zrumienić, dodać, gotować, doprawić, podawać

C BEZOSOBOWO

Formy bezosobowe
III osoba l. poj. + SIĘ

DAWNIEJ	OBECNIE	ZA PARĘ LAT
robiło się	robi się	będzie robić się / robiło się

Ćwiczenie 1

Jak za tysiąc lat będzie się mówiło o naszej cywilizacji? Proszę uzupełnić tekst formami nieosobowymi w czasie przeszłym.

odpoczywać ✓**, obchodzić, pielgrzymować, odwiedzać, kultywować, palić, pisać, organizować, pracować, świętować, obchodzić**

15

Nowy Rok na prawie całym świecie zaczynał się 1.01. odliczaniem: „trzy, dwa, jeden, północ!" i otwarciem butelki szampana. W ten dzień zwykle ...*odpoczywało się*... po hucznej zabawie sylwestrowej. Od 2011 roku szósty stycznia był znowu w Polsce wolnym dniem. To bardzo stare święto, związane z Bożym Narodzeniem. Obchodziło się je na pamiątkę mędrców ze Wschodu, którzy za Gwiazdą przyszli do Betlejem i złożyli dary Jezusowi. Popularnie nazywani byli: Kacper, Melchior i Baltazar. Na drzwiach wejściowych .... kredą ich inicjały oraz aktualny rok.
Wielkanoc to najważniejsze święto chrześcijańskie upamiętniające zmartwychwstanie Jezusa Chrystusa. To święto ruchome, ... je w pierwszą niedzielę po pierwszej wiosennej pełni księżyca. Najwcześniej 22.03., a najpóźniej 25.04. Z datą tych świąt związane były też terminy innych.
Boże Ciało, czyli święto Ciała i Krwi Pańskiej wypadało zawsze w czwartek 60 dni po Wielkanocy. Tradycyjnie .... wtedy procesje po ulicach miasta zatrzymujące się na modlitwę kolejno przy czterech ołtarzach. Z kolei Zielone Świątki (czyli zesłanie Ducha Świętego) były 7 tygodni po Wielkanocy. Tych świąt w XXI wieku nie .... w jakiś szczególny sposób.
Na początku maja był tzw. długi weekend. Pierwszego maja nie .... z okazji Międzynarodowego Dnia Solidarności Ludzi Pracy. W PRL-u było to święto propagandowe, a uczestnictwo w pochodach było obowiązkowe. Natomiast trzeciego maja było wolne na cześć ustawy z 1791 roku - pierwszej w Europie, a drugiej na świecie nowoczesnej spisanej konstytucji.
Wniebowzięcie Najświętszej Maryi Panny zwane też Matki Boskiej Zielnej .... 15.08. To w ten dzień .... - z całej Polski i nie tylko - do Częstochowy do sanktuarium na Jasnej Górze.
W dzień Wszystkich Świętych, 1.11., ... na cmentarzach groby bliskich i .... znicze, aby w ten sposób wyrazić swoją pamięć o tych, którzy odeszli.
11.11.1918 r. to oficjalny koniec pierwszej wojny światowej i arbitralna data odzyskania przez naród polski niepodległości po 123 latach nieistnienia na mapie Europy.
Boże Narodzenie było 25 i 26 grudnia, ale w Polsce w sposób szczególny .... Wigilię, 24 grudnia.

Wesołych Świąt! | Bezosobowo

Ćwiczenie 2

Proszę uzupełnić tekst formami nieosobowymi w czasie teraźniejszym.

Mami:	A jak ...*obchodzi się*... (obchodzić) Wielkanoc w waszej rodzinie?
Pani Maj:	Wielki Piątek to dzień zadumy. Jest post, a więc nie .... (jeść) mięsa.
Mami:	Tylko ryby, tak?
Pani Maj:	Tak, na przykład śledzie. .... (gotować) też ziemniaki w mundurkach.
Mami:	To niewiele. A co potem?
Pani Maj:	W Wielką Sobotę .... (szykować) święconkę.
Mami:	A co to takiego?
Pani Maj:	Do koszyka .... (wkładać) symboliczne pokarmy: jaja, chleb, wędlinę, sól, chrzan, ciasto, baranka, czasami czekoladowe zajączki albo kurczaczki. Koszyczek .... (dekorować) bukszpanem.
Mami:	Baranek, zajączek, kurczaczek, koszyczek... Tak mówią dzieci!
Pani Maj:	W święta wszyscy jesteśmy dziećmi! U nas nie ma małych dzieci, a co roku wspólnie .... (malować) pisanki, piecze się mazurki i baby.
Mami:	To ciasta? Czy ciasteczka?
Pani Maj:	Ciasta. Wiem, po polsku często .... (zdrabniać), to pewnie śmieszne dla ciebie? No, w niedzielę .... (robić) śniadanie wielkanocne. To oczywiście jajka, szynka, pasztety, chrzan, żurek z białą kiełbasą. Stół .... (ubierać) na zielono, bo to już wiosna. A potem lany poniedziałek albo śmigus-dyngus. Poszukaj sama w Internecie, jak .... (obchodzić) ten dzień, dobrze?

sto trzy _ 103

D KIERMASZ

Ćwiczenie 1 `215D1`
Co mówi Angela?

Angela: *Mami, to ty? Halo, halo!*
Mami: Tak, to ja. Strasznie tu głośno, słabo słyszę.
Angela: ....
Mami: Strasz-nie głoś-no! Poczekaj, **odejdę na bok**. Co tam?
Angela: ....
Mami: Dzisiaj? Nie mogę, mam spotkanie wolontariatu. Będziemy robić **ozdoby**, no wiesz, dekoracje świąteczne.
Angela: ....
Mami: Różnie: z masy solnej, z ciasta, z papieru. Ja **pokażę,** jak robi się origami!
Angela: ....
Mami: Potem będziemy sprzedawać je na **charytatywnych kiermaszach świątecznych** na uczelniach i w szkołach. **Dochód** przeznacza się na konkretny cel, np. zakup **wózka inwalidzkiego**, sprzętu do rehabilitacji czy opłacenie studiów któregoś z **podopiecznych** fundacji.
Angela: ....
Mami: W połowie grudnia. Ja będę pomagać na **stoisku** w szkole Karola. i Karoliny, niezły **zbieg okoliczności**, co?
Angela: ....
Mami: Tak, wzięłam. Zobaczysz zdjęcia na pewno, u mnie albo na stronie!

Ćwiczenie 2 `215D2`
Proszę wyjaśnić sens zaznaczonych w dialogu wyrażeń.

Ćwiczenie 3 `215D3`
Proszę uzupełnić tabelę.

WZIĄĆ

👨	wzi**ą**łem	👩	wzi**ę**łam
	wzi**ę**liśmy		wzi**ę**łyśmy

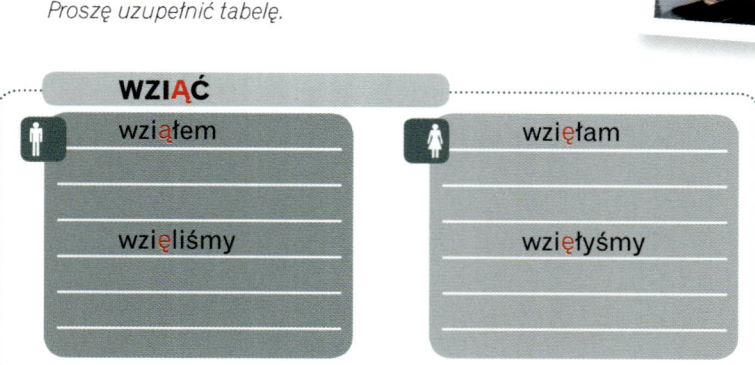

Ćwiczenie 4 `215D4`
Proszę uzupełnić.

Mami ..**wyjęła**.. *(wyjąć)* z torby kartkę papieru, nożyczki, spinacze i nitkę. .... *(zamknąć)* torbę i .... *(zacząć)* pracę. Najpierw .... *(wziąć)* papier. .... *(wyciąć)* kwadrat, ... *(zgiąć)* go na pół i jeszcze raz na pół. Potem precyzyjnie .... *(giąć)* papier na różne sposoby, a wszyscy uważnie ją obserwowali. Wyszedł piękny ptaszek! Na koniec Mami .... *(uciąć)* kawałek nitki i .... *(przypiąć)* do ptaszka. Resztki papieru .... *(zmiąć)* i wyrzuciła do kosza.

Marek i Piotr też chcieli spróbować. .... *(wyjąć)* z toreb kartki papieru, nożyczki, spinacze i nitki. .... *(zamknąć)* torby i .... *(zacząć)* pracę. Najpierw .... *(wziąć)* papier. .... *(wyciąć)* kwadrat, ... *(zgiąć)* go na pół i jeszcze raz na pół. Potem precyzyjnie .... *(giąć)* papier na różne sposoby. Wyszły ptaszki, jak na pierwszy raz całkiem nieźle. Na koniec chłopcy .... *(uciąć)* po kawałku nitki i .... *(przypiąć)* do ptaszków. Reszki papieru .... *(zmiąć)* i wyrzucili do kosza.

A teraz TY!

Najpierw wyjąłem / wyjęłam...

POWTÓRZENIE E

Ćwiczenie 1  `215E1`
Proszę posłuchać i uzupełnić.

.... noc, ... noc,
.... niesie .... wszem.
A u .... Matka Święta
Czuwa .... uśmiechnięta
Nad .... snem,
Nad .... snem.

.... noc, ... noc,
.... od swych trzód
.... wielce zadziwieni
Za .... głosem pieni
Gdzie się spełni ....,
Gdzie się spełni ....

.... noc, ... noc,
.... Boży Syn,
Pan .... majestatu
Niesie już całemu ....
.... win,
.... win.

.... noc, ... noc,
Jakiż w .... dzisiaj ....
W .... dziecina święta,
Wznosi w .... swe rączęta
Błogosławi ....,
Błogosławi ....

To jedna z najbardziej znanych kolęd na świecie. Pierwszy raz wykonano ją podczas pasterki w 1818 r. w Austrii. Tekst przetłumaczono na około 300 różnych języków i dialektów, a tekst polski napisano w latach 30-tych XX w.

Ćwiczenie 2 `215E2`
Świąteczne dylematy Polaków... Jak myślisz, o co chodzi?

Święta z rodziną czy na nartach?
Tylko rodzina czy też znajomi?
Gotować czy zamówić?
Post czy mięso?
Łosoś czy karp?
Karp w wannie czy sprawiony?
Barszcz z uszkami czy grzybowa?
Choinka sztuczna czy prawdziwa?
Prezenty spontaniczne czy na życzenie?
Prezenty drogie czy symboliczne?
Życzenia pocztą czy SMS-em?

Ćwiczenie 3
Jakie dni w Waszych krajach są wolne od pracy i jak się je obchodzi?

PRZYGODY, PRZEŻYCIA, WSPOMNIENIA
Lekcja_16

KOMUNIKACJA
opis sytuacji
wyrażanie relacji czasowych

SŁOWNICTWO
perypetie, przygody
określenia czasu

GRAMATYKA
spójniki - zebranie

zachwalać, zmagania, dziki, szkwał, gęsia skórka, utonąć, dźwigać, przestrzeń, przemierzać, skaleczony, znachorka, zioła

nowe słowa

A WSZYSTKO DOBRE, CO SIĘ DOBRZE KOŃCZY

Ćwiczenie 1 🎧 216A1
Proszę posłuchać tekstów, a następnie uzupełnić tabelę.

	KIEDY to się działo?	GDZIE to się zdarzyło?	CO się stało?
tekst 1			*Pogoda zmieniła się nagle,*
tekst 2			
tekst 3			

16

Ćwiczenie 2
Prawda czy nieprawda?

tekst 1
	P	N
Rodzina Marty i jej znajomi wynajęli wspólnie żaglówkę.	✓	
Na Mazurach nie można już podziwiać dzikiej przyrody.		
Pogoda zmieniała się stopniowo.		
Marta i jej bliscy walczyli o życie.		

tekst 2
- Studenci chcieli wykorzystać ładną pogodę i wybrać się w Tatry.
- Choć ranek był słoneczny, Javier zabrał kurtki przeciwdeszczowe.
- Uwe i Mami wzięli duży zapas żywności.
- Angela poślizgnęła się i upadła.

tekst 3
- Łucja rozchorowała się w górach.
- Lekarz w wiosce nie wiedział, co robić.
- Leki przeciwgorączkowe były nieskuteczne.

Ćwiczenie 3
Proszę dokończyć zdania.

1. Marta z rodziną i znajomymi wybrała się na Mazury, żeby ....
2. Nauczycielki mówiły studentom ....
   Ale studenci ....
3. Sytuacja w wiosce nad oceanem była groźna, ponieważ ....

Ćwiczenie 4
Proszę dopisać synonimy.

- wydarzyć się - *zdarzyć się*
- wyruszyć w podróż - ....
- postanowić - ....
- gwałtowny - ....
- dotrzeć - ....
- ratunek - ....
- niesamowity - ....

Ćwiczenie 5
Co pasuje?

1. ze strachu
2. drogę
3. wysokości
4. skórka
5. w podróż
6. w panikę
7. pogody ✓

- lęk __
- gęsia __
- wyruszyć __
- trząść się __
- wpaść __
- załamanie _7_
- przemierzać __

Ćwiczenie 6
Które z utworzonych wyrażeń pasują do zdjęć?

Przygody, przeżycia, wspomnienia | Wszystko dobre, co...

Ćwiczenie 7 [216A7]

Proszę przeczytać tekst, a następnie powiedzieć, jakie błędy popełnili studenci idąc w góry.

To było w październiku, jesień była wyjątkowo piękna tego roku, więc postanowiliśmy wybrać się na dwa dni w Tatry. Nauczycielki mówiły nam, żebyśmy uważali i że choć Tatry wydają się małe w porównaniu z Alpami, to jednak są to prawdziwe góry, gdzie o wypadek nietrudno. Trochę nam się nie chciało w to wierzyć. Przecież polskie Tatry nie są ani bardzo wysokie, ani zbyt rozległe. W piątek po południu pojechaliśmy do Zakopanego. Następnego dnia nie wstaliśmy zbyt wcześnie, ponieważ wieczorem trochę zasiedzieliśmy się w knajpie na Krupówkach. Polskie jedzenie jest rewelacyjne! Ranek był słoneczny i bardzo ciepły. Angela stwierdziła, że górskie buty, które właśnie kupiła, nie są wygodne, i że skoro jest taka ładna pogoda, to może iść w sandałach. Ja z kolei pomyślałem, że kurtki przeciwdeszczowe też nie będą nam potrzebne i wyjąłem je z mojego plecaka. Po co dźwigać tyle rzeczy? Mami i Uwe przygotowali jakiś prowiant na wycieczkę i wreszcie wyszliśmy. Przy wejściu do Parku Narodowego była tablica z różnymi informacjami, ale stało tam trochę ludzi, więc nie chciało nam się czekać. Początkowo szliśmy przez las, potem droga prowadziła przez otwartą przestrzeń. Widoki były niesamowite. Podchodziliśmy do góry powoli, robiliśmy zdjęcia, odpoczywaliśmy też często, bo ścieżka była bardzo stroma. Zrobiło się już popołudnie, byliśmy strasznie głodni, bo okazało się, że Mami i Uwe wzięli tylko po małej kanapce dla każdego i jedną tabliczkę czekolady. Dopytywaliśmy się schodzących turystów, czy do schroniska daleko i wszyscy nam mówili, że jeszcze trochę. Kiedy weszliśmy już całkiem wysoko, zrobiło się zimno, nie wiadomo skąd nadeszły czarne chmury i lunął lodowaty deszcz. Nie spodziewaliśmy się tak gwałtownej zmiany pogody. Bardzo chcieliśmy jak najszybciej dotrzeć do schroniska, wydawało nam się, że widzimy je niedaleko. Postanowiliśmy iść na skróty i zeszliśmy ze szlaku. Kamienie i skały były bardzo śliskie, Angela potykała się co krok, a w końcu upadła i powiedziała, że chyba złamała nogę. Telefony nie działały, nie było zasięgu. Uwe zdecydował, że spróbuje dojść sam do schroniska i sprowadzić pomoc. Zostaliśmy w trójkę. Angela zaciskała zęby z bólu, była bardzo blada. Mami wpadła w panikę, płakała, że ma lęk wysokości i że chce do domu. Natomiast ja trząsłem się z zimna, z głodu, pewnie ze strachu też, i zupełnie nie wiedziałem, co robić. Uwe nie wracał. To były straszne chwile. Na szczęście wszystko skończyło się dobrze, ale to już opowiem innym razem.

Ćwiczenie 8 [216A8]

Proszę dopisać brakującą część przygody studentów w górach. Kto i jak ich uratował?

Ćwiczenie 9 [216A9]

Proszę uzupełnić tabelę.

	JECHAĆ *dokąd?*	BYĆ *gdzie?*	WRACAĆ *skąd?*
	nad +	nad + *narzędnik*	znad +
jezioro		*jeziorem*	
morze			
rzeka			
ocean			
	+	w +	+
góry			
Tatry			
podróż			
	+ biernik	+	z / ze +
wieś			
szczyt			
wyspa			
plaża			
pustynia			
urlop			
	do +	+	+
miasto			
kraj			
Afryka			
Stany Zjednoczone			

Ćwiczenie 10 216A10
Proszę skorygować zdania.

Pojechaliśmy do ~~Afrykę.~~ Afryki.
Wróciłem znad morzem. ....
Schronisko stało na jeziorem. ....
Mami była w szczycie. ....
Wybrali się w górach. ....
Byłeś już w urlopie? ....

16

B PRZED CZY PO?

Ćwiczenie 1 216B1
Proszę uporządkować wyrażenia.

po tym jak, przed ✓, zanim, w międzyczasie, najpierw, po chwili, jednocześnie, przed wielu laty, później, podczas, wcześniej, następnie, tymczasem, w końcu, równocześnie, po latach, przez ten czas, po, dawno temu, po czym

PRZEDTEM	W TYM SAMYM CZASIE	POTEM
przed,		

Ćwiczenie 2 216B2
Co pasuje?

niedawno — gdy
nagle — niebawem
w końcu — ostatnio
kiedy — wtedy
wówczas — wtem
w tym momencie — wkrótce
wkrótce — właśnie
niedługo — wreszcie

Ćwiczenie 3 216B3
Proszę uzupełnić tekst.

właśnie, tego dnia ✓, chwilę, w końcu, przed, najpierw, wkrótce, zanim, za moment, ciągle, jednocześnie, po, potem, niedługo, kiedy, w tym czasie, później, niebawem, ostatnio, w międzyczasie, wcześniej, kiedyś

Tego dnia Angela miała mnóstwo spraw na głowie. .... planowała zapłacić rachunki, ale .... poszła na pocztę, wstąpiła do Mami oddać jej zeszyt. Pożyczyła go .... i .... zapominała przynieść go do szkoły, a przecież .... miał być test. U Mami napiła się herbaty i pogadała .... z Karoliną, a Mami .... wyszykowała się do wyjścia i dalej poszły już razem. .... Angela regulowała płatności, Mami wysyłała listy do Japonii. .... gdy kupowała znaczki, zadzwonił Javier, więc próbowała .... płacić i rozmawiać, ale .... przeprosiła go, że zadzwoni .... dziewczyny chciały jechać do galerii, ale .... Angela musiała odebrać żakiet z pralni. Mami zaś przypomniała sobie, że .... będzie koncert Turnaua i pobiegła .... po bilety. Spotkały się na przystanku. Na tramwaj czekała też Manuela, którą poznały .... na kursie. .... miała wrócić do Hiszpanii, więc umówiły się jeszcze na pożegnalną kawę. .... Angela musiała się bardzo spieszyć, żeby zdążyć oddać żelazko do naprawy i kupić buty. Mami, natomiast, szukała dla siebie kurtki. .... zakupach dziewczyny poszły na pizzę i wróciły do domu dopiero .... wieczorem.

Ćwiczenie 4 `216B4`
Proszę ułożyć historyjki do poniższych obrazków.

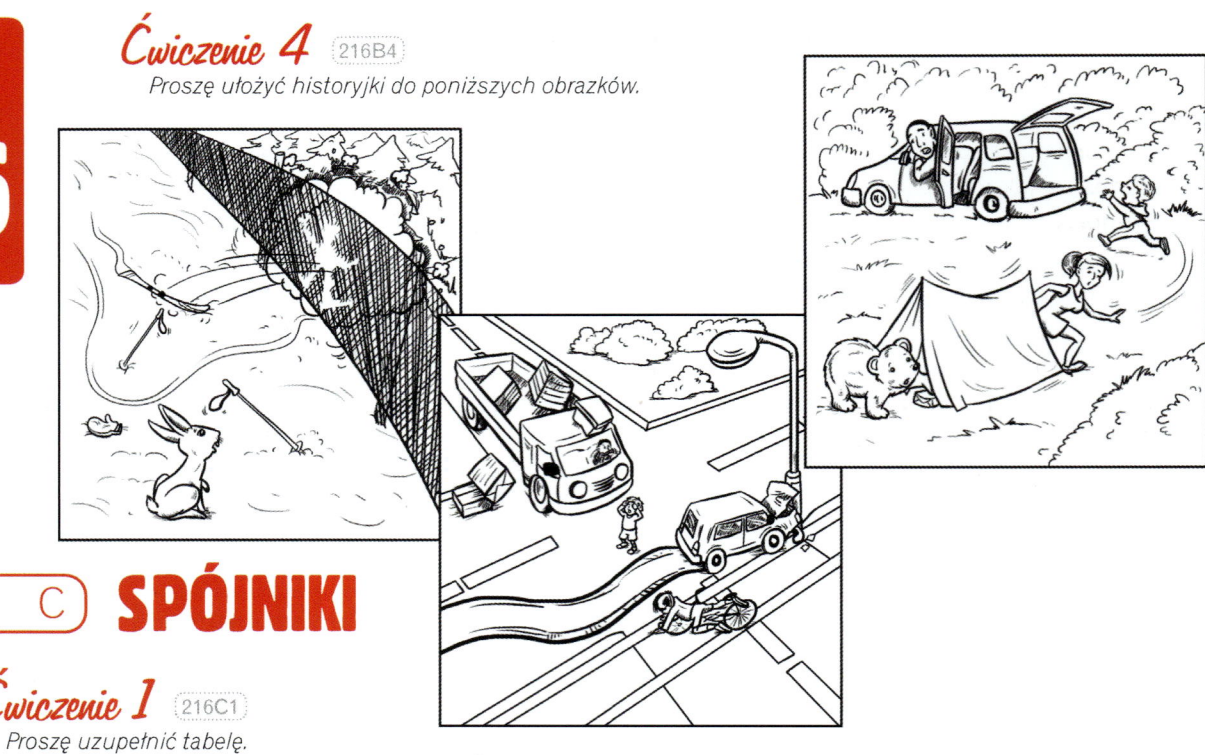

C SPÓJNIKI

Ćwiczenie 1 `216C1`
Proszę uzupełnić tabelę.

SPÓJNIKI	a, albo, ale, ani, bądź, czy, czyli, dlatego, i, jednak, lecz, lub, mianowicie, natomiast ✓, ni, niż, oraz, więc, zaś, zatem
łączenie	
alternatywa	
przeczenie	
przeciwstawienie	*natomiast*
porównanie	
wyjaśnienie	
wynik	

Ćwiczenie 2 `216C2`
Proszę uzupełnić zdania.

oraz, albo, a ✓, ani, natomiast, bądź, jednak, mianowicie, czy, czyli, niż, więc, aż

1. Aneta pojechała nad jezioro, ...*a*...... Sylwia w Bieszczady.
2. Masz ochotę na kawę .... na herbatę?
3. Możemy jechać do Gdańska .... do Torunia. Co wybieracie?
4. Wybiorę tę .... tę ofertę, jeszcze nie wiem którą.
5. Ewa została w domu, ... Zbyszek pojechał w Tatry.
6. Zachorował, ... nie mógł wyruszyć w podróż.
7. Niestety, jest sprytniejszy .... ja.
8. Będziesz robić tak długo, ... skończysz!
9. Nie mam na to czasu .... pieniędzy!
10. Nie dostałeś urlopu? .... z wyjazdu do Włoch nici... ← wyszły nici = nic nie wyszło
11. Ma dom i samochód, ... brakuje jej jednego, ... szczęścia.
12. W górach potrzebne są dobre buty, ciepły sweter .... dobry humor.

„Co to jest? Nie wiem, ni to, ni owo..."

Ćwiczenie 3 [216C3]
Proszę uzupełnić tekst.

aby, bo, choć, czy, gdyby, jeżeli, czy, ponieważ, zanim, jednak, żeby ✓, że, im, tym ✓, że, chociaż, że

Uwe przyjechał do Krakowa, ...*żeby*... / .... uczyć się polskiego. Chciał posługiwać się płynnie polskim, ... / .... pracował w Warszawie i często prowadził biznesowe rozmowy z Polakami. .... wybrał się na kurs, znał polski tylko ze słuchu. Najpierw nie był pewien, ... to dobra decyzja, ... warto inwestować tak dużo czasu w naukę. Wiedział ...., że w wielu sytuacjach polski jest niezbędny. .... znał polski wcześniej, to teraz miałby podpisany kontrakt z dużą firmą. .... dłużej o tym myślał, ...*tym*......... bardziej był przekonany, ... trzeba się zacząć uczyć. .... / .... wszyscy znajomi mówili mu, ... polski jest strasznie trudny, to okazało się, ... nie jest tak źle. „................ będę się uczył tak intensywnie, to naprawdę szybko się rozgadam…" – stwierdził Uwe.

Szybko się rozgadam…

Ćwiczenie 4 [216C4]
Proszę dopasować zdania.

☐	Sebastian musiał nagle wyjechać,	1. zatem mamy więcej czasu dla rodziny.
3	Wreszcie zrobiła się piękna pogoda,	2. gdyby wiedział, że Ewa jest chora.
☐	Nie zdała tego egzaminu,	3. więc możemy się wybrać za miasto. ✓
☐	Nadeszły święta,	4. jak i drudzy byli przeciwni tej decyzji.
☐	Nie wyjechałby na wakacje,	5. ponieważ dowiedział się o śmierci ojca.
☐	Wyemigrował na Zachód,	6. jednak potem żałowała tej decyzji.
☐	Przygotuję jakieś świąteczne potrawy,	7. lecz nie był tam zbyt szczęśliwy.
☐	Zgodziła się iść z nim na kawę,	8. i dlatego musi powtarzać rok.
☐	Nie zgodziła się,	9. lecz także atmosfera.
☐	Zarówno jedni,	10. jeżeli bardzo chcesz.
☐	W święta nie tylko jedzenie jest ważne,	11. mimo że go nie znała.

Ćwiczenie 5 [216C5]
Proszę tekst SMS-a zamienić na oficjalnego maila. Zaznaczone przyimki proszę zamienić na formalne odpowiedniki. Proszę wstawić polskie znaki oraz przecinki.

> Nie przyjade na spotkanie **bo** jestem chory. Umowe przeczytalem **ale** jeszcze nie podpisalem. Mam juz paszport, wize **i** bilety. Prosze **zeby** Pani Pani Ewo potwierdzila hotel. Robert

Przygody, przeżycia, wspomnienia | Spójniki

POWTÓRZENIE D

Ćwiczenie 1 [216D1]
Proszę skorygować zdania.

Chciała iść do kina, **lub** nie miała pieniędzy.   ...*ale*...
Pójdziemy do kina albo na spacer?   ....
Sądzę, mimo że powinniśmy to zrobić.   ....
Bolał ją ząb i dlaczego musiała iść do dentysty.   ....
Wybierzemy się w Tatry lecz w Pieniny. Zobaczymy.   ....
Nie przyszła, jeżeli wiedziała, że mu na tym zależy.   ....
Im więcej czytał, im więcej wiedział.   ....
Zrób to, zatem będzie za późno.   ....

Ćwiczenie 2 [216D2]
Proszę ułożyć historyjkę do wybranego zdjęcia.

TROCHĘ HISTORII
Lekcja_17

KOMUNIKACJA
opowiadanie o przeszłości
relacjonowanie zdarzeń

SŁOWNICTWO
wiedza o Polsce
polityka i społeczeństwo

GRAMATYKA
aspekt - powtórzenie
aspekt w trybie rozkazującym

działacz, przepustka, oddział wojska / policji, uzbrojony, ukrywać się, represje, obywatel, rząd, łom, tryb doraźny, przywilej

nowe słowa

A STAN WOJENNY

Ćwiczenie 1 217A1
Tom pisze referat na temat wprowadzenia stanu wojennego w Polsce. Proszę przeczytać jego notatki i wyjaśnić zawarte w nich hasła.

- uzbrojone oddziały wojskowe wkraczają do centrali telefonicznych na terenie całego kraju
- aresztowania / nakaz aresztowania
- godzina milicyjna
- wstrzymanie wydawania prasy
- zakaz zmiany miejsca pobytu bez uprzedniego zawiadomienia władz administracyjnych
- działacz opozycyjny
- cenzura
- wojsko obsadza wszystkie obiekty radia i telewizji

obsadza = zajmuje

przepustka zezwalająca na poruszanie się w godzinach od 22 do 6 rano z miejsca zamieszkania do miejsca pracy

funkcjonariusze ZOMO

czołgi na ulicach miast

kartki na żywność

Ćwiczenie 2
Proszę odpowiedzieć na pytania.

1. Czy wiesz, co to jest stan wojenny?
2. Czy wiesz, kiedy w Polsce wprowadzono stan wojenny?
3. Jak myślisz, jakie ograniczenia wolności pociąga za sobą stan wojenny?

17

Stan wojenny

13 grudnia 1981 roku to **pamiętna** dla Polaków **data**. O 6.00 rano generał Jaruzelski, szef rządu, w radiowo-telewizyjnym przemówieniu poinformował obywateli o wprowadzeniu stanu wojennego. Ale już przedtem, o godzinie 0:00 oddziały ZOMO rozpoczęły ogólnokrajową akcję aresztowań działaczy opozycyjnych. Nie potrzebowali już nakazów, nikt nie miał prawa do obrony, drzwi wyważano łomami.

Nieco wcześniej, tuż przed północą, uzbrojone oddziały wojska i milicji wkroczyły do central telefonicznych na terenie całego kraju. **Telefony** cywilne **zamilkły** wszędzie, nawet w ambasadach i konsulatach. W tym samym czasie żołnierze obsadzili wszystkie stacje radiowe i telewizyjne. Na ulicach większych miast pojawiły się czołgi i wozy pancerne. Władza **działała z zaskoczenia**, żeby zdezorientować społeczeństwo, żeby nikt nie zdążył się zbuntować przeciw **ograniczeniu wolności**.

„Ojczyzna nasza **znalazła się nad przepaścią**" – mówił w swoim przemówieniu generał, tłumacząc tak drastyczne ograniczenia swobód obywatelskich jak wprowadzenie godziny milicyjnej, zakazu zmiany miejsca pobytu bez zgody władz, zakazu zgromadzeń publicznych, a nawet organizowania imprez artystycznych czy sportowych **bez zezwolenia**. **Do odwołania** zamknięto szkoły. Jedyny wyjątek od zakazu gromadzenia się miały stanowić nabożeństwa w kościołach i obrządki religijne. Generał poinformował także o wstrzymaniu wydawania prasy, wszelkich publikacji, biuletynów informacyjnych i o konieczności jawnej cenzury prywatnej korespondencji. **Nakazem chwili** Jaruzelski tłumaczył zawieszenie działalności wielu dotychczas legalnych organizacji robotniczych, studenckich, literackich, artystycznych czy dziennikarskich. Polacy dowiedzieli się również, że w czasie stanu wojennego sąd może w trybie doraźnym skazać oskarżonego na karę śmierci.

(przymus, potrzeba)

Nic dziwnego, że reakcją na wprowadzenie stanu wojennego początkowo były strajki i demonstracje. Do najgłośniejszych należą te w Stoczni Gdańskiej, w Hucie im. Lenina w Krakowie oraz w kopalni „Wujek", gdzie podczas pacyfikacji zastrzelono dziewięciu górników. Przez Polskę przeszła fala represji. Po brutalnych akcjach ZOMO ludzie próbowali innych form oporu, by zademonstrować niezgodę na nową rzeczywistość.

Wprowadzenie stanu wojennego to jedno z najbardziej dramatycznych, a zarazem kontrowersyjnych wydarzeń we współczesnej historii Polski. Wciąż powraca kwestia, czy podjęta przez generała Jaruzelskiego decyzja uratowała Polskę przed sowiecką interwencją, czy też jej faktycznym celem było sterroryzowanie społeczeństwa, zniszczenie „Solidarności" i **utrzymanie władzy** przez komunistów.

Ćwiczenie 3
Prawda czy nieprawda?

	P	N
13 grudnia 1981r. to ważna data w historii Polski.	✓	__
O stanie wojennym poinformował Polaków szef rządu.	__	__
ZOMO zaczęło akcję aresztowań o północy.	__	__
Telefony cywilne działały tylko w ambasadach i konsulatach.	__	__
Stacje radiowe i telewizyjne były nadal w rękach cywilnych.	__	__
Zakaz zgromadzeń publicznych nie dotyczył kościołów.	__	__
Imprezy sportowe mogły być organizowane tylko za zezwoleniem władz.	__	__
Wiele organizacji nie mogło kontynuować swej działalności.	__	__
Po ogłoszeniu stanu wojennego nikt już nie strajkował.	__	__

Ćwiczenie 4
Proszę połączyć synonimy.

ceremonia — zezwolenie
wstrzymanie czegoś — do tego momentu
zgoda — obrządek
pamiętny — unieważnienie czegoś
odwołanie czegoś → wolność
dotychczas — zawieszenie czegoś
bunt — niezapomniany
swoboda — protest

Ćwiczenie 5
Proszę połączyć antonimy.

wojskowy — za zezwoleniem
oczywisty — niewola
wolność — uruchomić
wstrzymać → kontrowersyjny
bez zezwolenia — reguła
wyjątek — cywilny

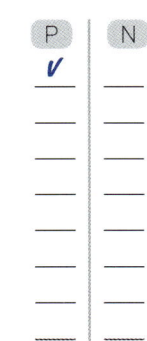

Ćwiczenie 6 `217A6`
Co to znaczy?

pamiętna data
telefony zamilkły
działać z zaskoczenia
ograniczenie wolności
znaleźć się nad przepaścią
bez zezwolenia
do odwołania
nakaz chwili
utrzymać władzę

Ćwiczenie 7 `217A7`
Proszę odpowiedzieć na pytania.

1. Kto, kiedy i jak ogłosił stan wojenny w Polsce?
2. Jakie trzy akcje wojsko i milicja przeprowadziły w nocy z 12 na 13 grudnia?
3. Dlaczego władze PRL-u działały z zaskoczenia?
4. Jakie ograniczenia wolności obywatelskiej wprowadził stan wojenny?
5. Czy Polacy poddali się nowym prawom bez oporu?
6. Jaka kwestia powraca wciąż w dyskusjach o stanie wojennym?

Ćwiczenie 8 🎧 `217A8`
Proszę posłuchać rozmów, które Tom przeprowadził z różnymi ludźmi, przygotowując się do napisania referatu o stanie wojennym i zdecydować, która odpowiedź jest poprawna.

tekst 1

1. Gdy telefony nie działały, Edward czuł się:
   - [✓] odcięty od świata
   - [ ] kompletnie głuchy
   - [ ] światowym człowiekiem

2. Edward miał wiele kontaktów zagranicznych ze względu na:
   - [ ] rodzinne podróże
   - [ ] swoją profesję
   - [ ] zawód miłosny

3. O beznadziejnej rzeczywistości przypominał:
   - [ ] pracownik telekomunikacji
   - [ ] głos żony
   - [ ] automatyczny komunikat w telefonie

tekst 2

4. Mąż Ireny został aresztowany za roznoszenie:
   - [ ] plotek
   - [ ] reklam
   - [ ] nielegalnych pism

5. Dzieci Ireny pomagały jej:
   - [ ] przetrwać trudne chwile
   - [ ] nakrywać do stołu
   - [ ] przygotowywać prezenty

tekst 3

6. Marek został milicjantem, bo:
   - [ ] lubił strzelać
   - [ ] nie chciał być górnikiem
   - [ ] dzięki temu miał dodatkowe kartki na żywność i inne przywileje

7. Marek siedział w więzieniu, ponieważ:
   - [ ] strzelał do Michała
   - [ ] nie chciał brać udziału w pacyfikacji strajku
   - [ ] załatwiał coś nielegalnie

tekst 4

8. Tadeusz wspomina, że kościół był ważnym miejscem, bo:
   - [ ] tam ukrywano ludzi
   - [ ] tam robiono demonstracje
   - [ ] to był punkt kontaktowy

tekst 5

9. W fabryce Anny mówiło się:
   - [ ] pracuj jak wąż
   - [ ] pracuj jak lis
   - [ ] pracuj jak żółw

tekst 6

10. Piotrek malował na murach:
    - [ ] oporniki
    - [ ] nielegalne napisy
    - [ ] artystyczne graffiti

tekst 7

11. Andrzej opowiada, że na zdjęciu:
    - [ ] był znajomy z grupą żołnierzy
    - [ ] była grupa żołnierzy w Moskwie
    - [ ] był czołg i symboliczny napis

Stan wojenny | Trochę historii

Ćwiczenie 9
Proszę posłuchać i uzupełnić.

Edward
Dla mnie najgorsza była głucha cisza w telefonie – kompletne odcięcie od świata. Część mojej rodziny mieszkała za .... Ja, jako muzyk, miałem wiele kontaktów zawodowych poza .... Wszystko się nagle urwało. A potem, gdy telekomunikacja znów ...., irytujący bezbarwny głos kobiecy powtarzający .... informację: „rozmowa kontrolowana, rozmowa kontrolowana…" wciąż przypominał nam o otaczającej nas beznadziei.

Irena
Mojego męża .... za kolportaż ulotek i podziemnej prasy zaraz na początku stanu wojennego – to się nazywało, że jest .... Zostałam sama z dziećmi. To dziwne, ale właśnie one pomogły mi przetrwać ten najtrudniejszy .... Były dumne, że ojciec siedzi za .... i PRAWDĘ! Choć bardzo za nim tęskniły zachowywały się tak, jakby był z nami.
Na stole, przy ...., zawsze stało nakrycie dla taty, nikt nie mógł usiąść na jego krześle.
A pod .... leżał prezent dla „Najukochańszego Tatusia".

Marek
Siedziałem za ...., bo nie strzelałem do Michała. Chodziliśmy do jednej ...., potem on poszedł jak jego ojciec i dziadek na ...., a ja do milicji. Wiadomo, ... było, dodatkowe kartki były i specjalne sklepy. Wszystko można było .... Ale kiedy nas posłali do pacyfikacji strajku w .... „Wujek", opamiętałem się! Tam był Michał, tam byli inni znajomi, ... Nigdy nie żałowałem tej decyzji, przynajmniej teraz mogę spokojnie ludziom .... w oczy.

Tadeusz
W pierwszych dniach stanu wojennego .... się tylko informacje: kogo internowano, kogo pobito, kto się ...., kto planuje demonstrację... Telefony nie działały, godzina milicyjna i .... zgromadzeń utrudniały kontakty. O dziwo, istniało jedno ...., gdzie ludzie mogli się nadal licznie zbierać – .... Tam właśnie często był punkt kontaktowy, tam zrozpaczone matki, żony, ... zostawiały wieści o zabranych nocą bliskich. Tam wszyscy szukali ...., nadziei... Tam wciąż mogli być solidarni!

Anna
Za noszenie .... Solidarności groziły poważne konsekwencje, więc ludzie zaczęli nosić na .... oporniki, wie pan, rezystory, i choć tak chcieli zamanifestować swój .... wobec polityki władz. A w naszej fabryce mówiło się: pracuj .... żółw albo jak ślimak i to też był nowy sposób na ....

Piotrek
Ja miałem .... zaledwie 14 lat, ale biegałem z kolegami i ...., gdzie się dało - na murach, na płotach .... znak oporu V – czyli Victoria. Czasem się udało wypisać wielkimi literami ....: „Zima wasza - wiosna nasza". Dobrze, że mama nie wiedziała nic o tej mojej patriotyczno-artystycznej ....

Andrzej
Znajomy pokazał mi zdjęcie. Na pierwszym planie .... i grupa żołnierzy, w tle Kino Moskwa, a na nim .... napis CZAS APOKALIPSY - nic dodać, nic ująć.

Ćwiczenie 10
Proszę opisać jakieś ważne wydarzenie z historii własnego kraju.

B ASPEKT

Ćwiczenie 1 [217B1]
Proszę uzupełnić tekst.

Pamiętam pierwszy dzień stanu wojennego, miałam wtedy 10 lat. To była niedziela. Zwykle w niedzielę ...*jeździliśmy*... samochodem do babci i u niej .... rodziny obiad, ale tego dnia nie .... nigdzie, a obiad .... sami w domu. Nie .... też na spacer, choć na spacery .... codziennie. Wieczorami w weekendy rodzice często .... ze znajomymi, tego dnia nie .... z nikim. Nikt nie .... do nas ani też nie ...., bo telefony nie działały. Po trzynastym grudnia przez dwa czy trzy tygodnie nie .... *(my)* do szkoły, ale jakoś nikt się nie cieszył. Rodzice nie pozwalali nam chodzić na sanki ani biegać zbyt daleko od domu. Wszyscy byli ponurzy i zatroskani.

ASPEKT CZASOWNIKA [217B2]

ASPEKT NIEDOKONANY	ASPEKT DOKONANY
ZASADY UŻYCIA	
• proces zachodzący w czasie ...., ...	• ....
• *czynność powtarzająca się*	• ....
• czynność	• ....
•	• rezultat
• akcje	• akcje ....
OKREŚLENIA CZASU	
codziennie......................, co tydzień ...., raz na miesiąc, ... przez godzinę, ..., ... cały dzień, ..., ..., ..., dwa dni, tydzień ...., od poniedziałku do soboty, ..., do wtorku zawsze, ..., ... czasem, ... *dawniej* ...., krótko równocześnie, ...	nareszcie, ..., ..., ... w pewnym momencie, ..., pewnego dnia ...., potem

Ćwiczenie 2 [217B3]
Proszę uzupełnić powyższą tabelę zasadami użycia i określeniami czasu.

rutyna, moment, czynność jednorazowa, czynność powtarzająca się ✓, brak rezultatu, chronologiczne, niezakończona, równoczesne, czynność zakończona, trwanie

najpierw, codziennie ✓, raz dziennie, nagle, całą noc, natychmiast, zwykle, wreszcie, często, pewnego razu, rzadko, w końcu, od… do…, cały miesiąc, przez tydzień, trzy godziny, minutę, długo, do dziś, jednocześnie, dawniej ✓, raz na rok, co godzinę, w pewnej chwili, przez rok

Ćwiczenie 3 `217B4`

Proszę uzupełnić zdania w czasie przeszłym.

1. Piotr zazwyczaj ......*odwiedzał*...... (odwiedzać / odwiedzić) rodziców w niedzielę.
2. Dawniej ludzie .... (pisać / napisać) listy, a teraz już tylko maile.
3. Kiedy Tadeusz .... (słyszeć / usłyszeć) wieści o stanie wojennym, ... (rozumieć / zrozumieć), że państwo wypowiedziało wojnę swoim obywatelom.
4. Irena .... (zarabiać / zarobić) na życie pracą w fabryce, a jednocześnie .... (uczyć się / nauczyć się) w liceum wieczorowym.
5. Monika zawsze .... (gubić / zgubić) rękawiczki, nic dziwnego, że wczoraj też .... (gubić / zgubić).
6. Dlaczego pan jeszcze tego nie .... (kończyć / skończyć)?
7. Proszę natychmiast to .... (robić / zrobić)!
8. (on) .... (liczyć / policzyć) i .... (rysować / narysować) cały wieczór, ale projekt nie był jeszcze gotowy.
9. Co miesiąc wszyscy .... (dostawać / dostać) kartki na żywność.
10. Tomku, nareszcie .... (wracać / wrócić)! Dlaczego nie .... (dzwonić / zadzwonić) tak długo?!

Ćwiczenie 4 `217B5`

Proszę uzupełnić tabelę.

Uwaga! *W trybie rozkazującym po przeczeniu używamy zwykle aspektu niedokonanego. Nie mów źle o smokach!*

CZASOWNIKI NIEDOKONANE	CZASOWNIKI DOKONANE
mówić	*powiedzieć*
	opowiedzieć
odpowiadać	
brać	
kłaść	położyć
widzieć	
	obejrzeć
znajdować	

Ćwiczenie 5 `217B6`

Proszę uzupełnić dialogi czasownikami z ćwiczenia 4 w odpowiedniej formie oraz innymi pasującymi do tekstu.

Pani Maj: *Karolu, nie ...kładź... tego tutaj! ...Połóż... to tam!*

Karol: *Mamo, nie .... tak głośno, tata śpi.*

Pani Maj: *Naprawdę? Śpi? Nawet nie zauważyłam, kiedy .... z pracy.*

Karol: *Godzinę temu. ...., że jest bardzo zmęczony, ... prysznic i .... spać.*

Karolina: *Karol, nie .... mojego laptopa bez pytania!*

Karol: *Ojej, przepraszam. Nie było cię w domu, a ja chciałem przygotować prezentację na jutro. Mogę?*

Karolina: *No, dobrze. .... go sobie teraz, tylko odłóż potem na miejsce!*

Karol: *Mamo, nie .... dziś naleśników, ... pierogi!*

Pani Maj: *Zgoda, ale ty .... mi, co było w szkole.*

Karol: *Nic ciekawego. Aha, ... z historii i dostałem piątkę.*

Mami: *Właśnie skończyłam malować ten pejzaż. Chcesz ....?*

Karolina: *Pewnie, że chcę! Pokaż! Ojej, Mami, jesteś prawdziwą artystką!*

Pani Maj: *Nigdzie nie mogę .... moich rękawiczek. Może ty je gdzieś ....?*

Karolina: *Nie, nie .... ich. Pewnie znowu zgubiłaś.*

C ASPEKT INACZEJ

DIALOG_1

Mami: *Wychodzisz?*
Karolina: ***Mówiłam*** *ci przecież wczoraj, że…*
Mami: *Dlaczego „mówiłam", a nie „powiedziałam" – przecież tylko raz?*
Karolina: *Hm, nie wiem, ale tak jest.*

DIALOG_2

Ania: *Kto to **pisał**!? Same bzdury!*
Aneta: *Faktycznie!*

DIALOG_3

Iwona: *Tom, **oglądałeś** już ten film?*
Tom: *Nie, nie oglądałem.*

DIALOG_4

Kelner: *Państwo już **zamawiali**?*
Klient: *Tak, **zamawialiśmy** już u pana kolegi.*

DIALOG_5

Sekretarka: *Mam chyba nieaktualny adres Angeli Brown, przesyłka do niej nie doszła.*
Sylwia: *Możliwe. Angela **się przeprowadzała**, bo nie mogła wytrzymać z sąsiadami.*

Uwaga!
W niektórych sytuacjach typowych dla aspektu dokonanego, pojawia się aspekt niedokonany, zwłaszcza w czasownikach związanych z mówieniem, referowaniem itd., np.: mówiłam ci o tym wczoraj, pisałam wam o tym w zeszłym tygodniu, rozmawialiśmy już na ten temat

Zwykle aspektu niedokonanego używamy, gdy pytamy o ogólne doświadczenia, np.: czytałeś kiedyś, oglądałeś już, widziałeś kiedykolwiek…

W języku potocznym możemy się czasem spotkać z zastępowaniem formy dokonanej niedokonaną (dialog 4 i 5).

Ćwiczenie 1

Co pasuje? Proszę uwzględnić normę potoczną.

1. Kto *projektował / zaprojektował* ten dom!? Wygląda strasznie!
2. Nie *czytałam / przeczytałam* żadnej książki Kapuścińskiego. Możesz mi coś pożyczyć?
3. *Czytałeś / przeczytałeś* już tę książkę? Muszę ją jutro oddać do biblioteki.
4. *Zwiedzałeś / zwiedziłeś* kiedyś Paryż?
5. *Próbował / spróbował* pan kiedyś korzystać z naszej internetowej platformy do samodzielnej nauki?
6. *Oglądałeś / obejrzałeś* najnowszy spektakl w Teatrze Stu?
7. Wreszcie *jadłam / zjadłam* bigos. Nie jest zły, choć spodziewałam się innego smaku.
8. Jeśli *oglądałeś / obejrzałeś* już ten film, oddaj go proszę Sylwii.
9. Źle się czuję! Chyba *jadłam / zjadłam* coś nieświeżego.
10. *Widziałeś / zobaczyłeś* wczoraj w wiadomościach naszego dyrektora?

D ŚWIAT POLITYKI

„Nie polityka powinna rządzić ludźmi, lecz ludzie polityką."
Napoleon Bonaparte

Ćwiczenie 1

Co to znaczy?

partia polityczna, wybory, elektorat, świadomy wyborca, kampania wyborcza, cisza wyborcza, kandydat, sondaż, prawica, lewica, „kiełbasa wyborcza", obietnice wyborcze, kadencja

Ćwiczenie 2 `217D2`
Proszę uzupełnić tekst programu wyborczego pani Anny Wojciechowskiej.

> bezpieczna, rozwoju ✓, istotne, kandydaturę, wiele, segregację, kadencji, fundusze, Wyborcy, przed, ścieżek

Anna Wojciechowska
Poseł na Sejm RP

Szanowni Państwo, Drodzy ....!
  Przez cztery lata pracowałam jako poseł na rzecz naszego miasta i ...rozwoju........ naszego regionu. W poprzedniej .... udało się zrealizować .... projektów. Rząd zapewnił nam środki finansowe na system ochrony .... powodzią. Sejm przekazał nam dodatkowe .... na budowę obwodnicy wokół naszego miasta i kilku innych miejscowości. Jednak do zrobienia wciąż jest dużo.
Po pierwsze: musimy zadbać, by szkoła naszych dzieci była .... Sama jestem matką, więc wiem, jak .... jest to zadanie.
Po drugie: musimy zabiegać o dofinansowanie modernizacji infrastruktury drogowej i kolejowej naszego regionu. W czasie mojej kadencji chciałabym też postarać się o zwiększenie wydatków na budowę nowych .... rowerowych w naszym mieście.
Po trzecie: powinniśmy zatroszczyć się o środowisko. Wciąż brakuje pojemników do sortowania odpadów. Należy umożliwić .... śmieci mieszkańcom wszystkich miejscowości w naszym regionie.
Dziś proszę o Państwa głos na moją .... i gwarantuję, że jeśli ponownie zostanę posłem, będę walczyć o cele, które sobie postawiłam. Obiecuję także godnie i w sposób odpowiedzialny reprezentować Państwa w Sejmie.

Z wyrazami szacunku
Anna Wojciechowska
Kandydat do Sejmu RP

Ćwiczenie 3 `217D3`
Proszę połączyć synonimy.

wybory	fundusze
wyborcy	obietnica
zobowiązanie	unowocześnienie
modernizacja	głosowanie
sortowanie	→ zatroszczyć się
finanse	elektorat
zadbać ←	segregacja

Ćwiczenie 4
Korzystając z wiadomości z Internetu proszę opisać główne siły polityczne w Polsce.

POWTÓRZENIE E

Proszę uzupełnić tekst. `217E1`

Chciałby pan usłyszeć, jak wyglądało nasze codzienne życie w czasie komunizmu? No, cóż. Nie było łatwo. .... o piątej rano, bo o szóstej ...zaczynałam........ pracę w fabryce. Kiedy .... z domu, dzieci jeszcze spały. Nawet .... specjalną przepustkę, żeby dojść do pracy, bo do 6:00 była jeszcze godzina milicyjna. Do domu .... przed trzecią, niby wcześnie, ale co z tego, kiedy trzeba było godzinami .... w kolejkach w sklepie, żeby .... cokolwiek. Oj, ciężko było wtedy .... jakiś obiad. Wie pan, ludzie wymyślali nawet różne przepisy kulinarne „Jak .... coś z niczego?". Raz sąsiadka .... mi przepis na ciasto bez masła, bez jajek i bez mąki! To była szarlotka, czyli jabłka zapiekane na chlebie. Ale nie tylko z jedzeniem było tak marnie. Cały dzień człowiek .... za czymś po mieście, a to chciałam .... buty na specjalny talon, a to papier toaletowy też na talony. Ale cóż, talony były, tylko towarów brakowało. Wieczorem to już nie .... ochoty na nic! Nawet telewizji nie .... Zresztą, po co? I tak był tylko jeden program, a w nim komunistyczna propaganda.

KRÓLESTWO ZWIERZĄT
Lekcja_18

KOMUNIKACJA
mówienie o przyszłości
opis

SŁOWNICTWO
nazwy zwierząt
idiomy

GRAMATYKA
odmiana rzeczowników typu „zwierzę"
rekcja liczebników, daty - powtórzenie

hodować, źródło, bajka, morał, gałąź, pióro, dziób, chwalić, cięcia budżetowe

nowe słowa

A DOMOWE

Ćwiczenie 1
Jakie znasz nazwy zwierząt?

Ćwiczenie 2
Jakie to zwierzę?

Ćwiczenie 3
W jakim celu ludzie hodują te zwierzęta?

.....krowa, ...osioł, ...świnia, *15*.kurczę/kurczak, ...byk, ...baran, ...królik, ...gęś, ...koza, ...indyk, ...kura, ...koń, ...owca, ...kogut, ...kaczka

ZWIERZĘTA HODOWLANE

Ćwiczenie 4 218A2
Co pasuje?

1. Królik doświadczalny to ktoś:
   - ☑ na kim robi się doświadczenia
   - ☐ doświadczony
   - ☐ świadomy

2. Kogut mówimy o mężczyźnie, który:
   - ☐ wcześnie wstaje
   - ☐ pięknie śpiewa
   - ☐ jest kobieciarzem

3. - O kurczę! Mówi ktoś, kto jest:
   - ☐ zdenerwowany
   - ☐ szczęśliwy
   - ☐ smutny

4. Kura domowa to osoba, która:
   - ☐ zajmuje się tylko domem
   - ☐ buduje domy
   - ☐ handluje domami

5. Gęsiego to znaczy iść:
   - ☐ chaotyczną grupą
   - ☐ jeden za drugim
   - ☐ wolno

6. Świński blondyn ma włosy:
   - ☐ farbowane
   - ☐ bardzo jasne
   - ☐ bardzo twarde

7. Święta krowa to ktoś, kto uważa się za:
   - ☐ honorowego
   - ☐ cierpliwego
   - ☐ wyjątkowego

8. Barania głowa to ktoś:
   - ☐ głupi
   - ☐ mądry
   - ☐ odpowiedzialny

B DZIKIE

18

Królestwo zwierząt | Dzikie

Ćwiczenie 1 [218B1]
Proszę podpisać zdjęcia.

1. motyl, 2. jeż, 3. mysz, 4. szczur, 5. rak, 6. komar, 7. kruk, 8. ślimak, 9. niedźwiedź, 10. żaba, 11. dzik, 12. mrówka, 13. wilk, 14. zając, 15. mucha, 16. lis, 17. sowa, 18. kret ✓, 19. jeleń, 20. wiewiórka

Ćwiczenie 2 [218B2]
Gdzie żyją te zwierzęta? Proszę używać liczby mnogiej.

Motyle żyją przede wszystkim na łące.

Ćwiczenie 3
Czy znasz jakieś bajki, baśnie czy filmy, których bohaterami są zwierzęta?

Ćwiczenie 4 [218B3]
Proszę uporządkować bajkę o kruku i lisie.

1	Lis był bardzo głodny, bo cały dzień nic nie jadł.
☐	„Bywa często zwiedzionym,
☐	-„Jakie masz piękne oczy, jakie błyszczące pióra!"
☐	W końcu lis zapytał, czy kruk ma równie piękny głos.
☐	Na gałęzi siedział kruk z kawałkiem sera w dziobie.
☐	Jaki morał z tej bajki?
☐	Kruk był bardzo zadowolony z pochwał.
☐	kto lubi być chwalonym".
☐	Lis zaczął chwalić kruka.
☐	Ser wypadł mu z dzioba, a lis go porwał i uciekł.
2	Podniósł głowę do góry i spojrzał na drzewo.
☐	Kruk otworzył dziób, żeby zaśpiewać.

Ćwiczenie 5 [218B4]
Co pasuje? Co to znaczy?

baran ✓, ryba, mysz, koń, osioł, mrówka, wilk, paw, żółw, kura, zając, ptaszek, lis

- dumny jak ....
- wolno jak ....
- jeść jak ....
- głodny jak ....
- spać jak ....
- pisać jak .... pazurem
- biedny jak .... kościelna
- iść jak stado *baranów*
- chytry jak ....
- zdrów jak ....
- pracowity jak ....
- silny jak ....
- uparty jak ....

Iść jak stado baranów: biernie, bezmyślnie lub bezładnie. Np. Turyści szli w góry jak stado baranów, nie patrząc na szlak.

sto dwadzieścia jeden _121

C EGZOTYCZNE

Ćwiczenie 1 `218C1`
Proszę podpisać fotografie.

lew, tygrys, skorpion, papuga, wąż, żyrafa, słoń, wielbłąd ✓, foka, małpa, krokodyl, nosorożec

....

....

....

....

....

....

....

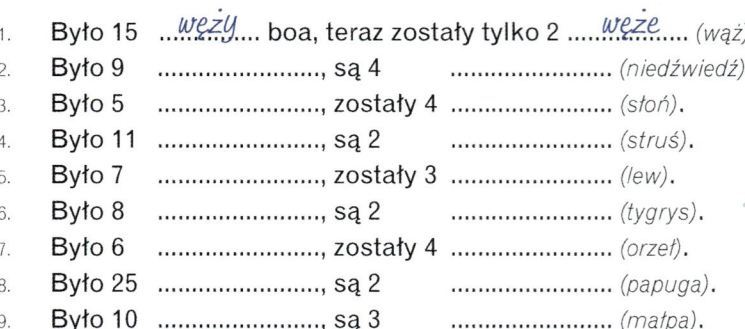
....

wielbłąd

....

....

Ćwiczenie 2 `218C2`
Proszę uzupełnić.

W pewnym mieście był piękny ogród zoologiczny. Niestety, z powodu cięć budżetowych, dyrektor musiał sprzedać część zwierząt. I tak wcześniej:

1. Było 15 ...*węży*... boa, teraz zostały tylko 2 ...*węże*... (wąż).
2. Było 9 ...., są 4 .... (niedźwiedź).
3. Było 5 ...., zostały 4 .... (słoń).
4. Było 11 ...., są 2 .... (struś).
5. Było 7 ...., zostały 3 .... (lew).
6. Było 8 ...., są 2 .... (tygrys).
7. Było 6 ...., zostały 4 .... (orzeł).
8. Było 25 ...., są 2 .... (papuga).
9. Było 10 ...., są 3 .... (małpa).
10. Było 12 ...., są 4 .... (żyrafa).

Ćwiczenie 3 `218C3`
Proszę opisać kilka zwierząt, tak aby inni zgadli, o jakie zwierzęta chodzi.

Mogą być domowe lub dzikie. Mają cztery łapy, pazury, ogon, wąsy. Są jednobarwne, pręgowane lub łaciate. Lubią spać, leniuchować i mruczeć. W książkach jedzą myszy i piją mleko, w rzeczywistości dajemy im gotowe jedzenie z puszki albo suchą karmę. Zwykle chodzą własnymi drogami, a w bajkach czasem w butach...

Ćwiczenie 4 `218C4`
Co pasuje?

BARAN SIĘ ROZINDYCZYŁ, A INDYK ZBARANIAŁ.

uświnić się	szukać
jeżyć się	zdziwić się, zgłupieć
myszkować	odpoczywać, leniuchować
chomikować	ciągnąć się bardzo wolno
psioczyć	rządzić się samowolnie
byczyć się	narzekać, złorzeczyć
papugować	być nieufnym i nieprzystępnym
małpować	być brudnym
zbaranieć	naśladować, robić to samo
szarogęsić się	magazynować
ślimaczyć się	powtarzać

D KOCIĘTA W DOBRE RĘCE

18

Ćwiczenie 1 (218D1)
Na podstawie tekstów proszę uzupełnić tabelę.

Chciałem mieć jakieś zwierzę, ale boję się, że moi rodzice nie zaakceptują zwierzęcia w domu. Jasne, musiałbym dawać jeść temu zwierzęciu itp., a ze zwierzęciem typu pies trzeba codziennie wychodzić. Ale to nieważne, ja tak bardzo marzę o własnym zwierzęciu!

W domu mamy zwierzęta, ale ja nienawidzę zwierząt. Nie zajmuję się zwierzętami, bo po prostu nie ufam zwierzętom. Mój brat mówi o naszych zwierzętach cały czas – nie rozumiem go.

	l. pojedyncza	l. mnoga
MIANOWNIK	zwierzę	zwierzęta
DOPEŁNIACZ		
CELOWNIK		
BIERNIK		
NARZĘDNIK		
MIEJSCOWNIK		
WOŁACZ		

Ćwiczenie 2 (218D2)
Proszę uzupełnić (tylko l. mn.).

1. Psy, koty, chomiki to ...**zwierzęta**... domowe (*zwierzę*).
2. Dzień dobry .... (*dziewczę*).
3. Czytam o dawnych .... (*książę*).
4. Kura spaceruje z .... (*kurczę*).
5. Moja kotka ma teraz .... (*kocię*).
6. Daj jeść .... (*szczenię*).
7. Nie ma .... w tym gnieździe (*pisklę*).
8. Opiekujemy się .... (*cielę*).
9. Mamy młode .... (*jagnię*).
10. Pomagamy tym .... (*źrebię*).

Ćwiczenie 3 (218D3)
Proszę uzupełnić, a następnie odpowiedzieć na pytania.

nic, nikt, wszystko, wszyscy ✓, wszystkie, każdy, każda, każde, cały, cała, żaden, żadna

Jak myślisz, czy...?

1. ...**Wszyscy**... ludzie kochają zwierzęta?
2. .... starsza pani ma kota albo psa?
3. .... kobiety boją się myszy?
4. .... pies nie powinien być na łańcuchu?
5. .... nie rozumie mowy zwierząt?
6. .... jedno, jaki będzie świat za 100 lat?
7. Ryba .... nie rozumie?
8. Dla emerytów ich zwierzęta to .... świat?
9. .... dziecko powinno odwiedzić ZOO?
10. .... kobieta nie może nosić futra?
11. .... Polska czyta dzieciom?
12. .... ptaszek swój ogonek chwali?

E HOROSKOPY

DIALOG_1

Angela: Co czytasz?
Mami: „Metro". Tyle się dzieje codziennie!
Angela: Ale w większości to złe albo tragiczne informacje. „Zła wiadomość to dobra wiadomość", tak? Przeczytaj mi horoskop, jest na końcu.
Mami: A spod jakiego znaku jesteś?
Angela: Urodziłam się 8.03., więc jestem spod znaku Ryb.
Mami: „Dzień nie zapowiada się radośnie. Konflikty nie ominą cię w życiu prywatnym i zawodowym. Uważaj na siebie!" Angela, to też nie jest wesołe. Ciekawe, jaki jest mój horoskop. Urodziłam się 4.04., więc jestem spod znaku Barana. „Nie spodziewaj się zmian na lepsze. Licz się z problemami natury finansowej. Romans może prowadzić do trudnych sytuacji..." Nie wierzę w to!
Angela: Przeczytajmy horoskopy innych znajomych, może też mają takie czarne jak nasze.
Mami: No wiesz!

Ćwiczenie 1

Proszę dopasować znaki zodiaku do dat, a następnie posłuchać i skontrolować.

Koziorożec ✓, Wodnik, Rak, Bliźnięta, Strzelec, Ryby, Panna, Baran, Skorpion, Byk, Lew, Waga

22.12. - 19.01.   *Koziorożec*
20.01. - 19.02.   ....
20.02. - 20.03.   ....
21.03. - 20.04.   ....
21.04. - 21.05.   ....
22.05. - 21.06.   ....

22.06. - 23.07.   ....
24.07. - 23.08.   ....
24.08. - 23.09.   ....
24.09. - 23.10.   ....
24.10. - 22.11.   ....
23.11. - 21.12.   ....

Ćwiczenie 2

Spod jakich znaków oni są?

1. Mami ur. 4.04. jest spod (znaku) *Barana* .
2. Karolina ur. 29.11. jest spod ....
3. Uwe ur. 25.06. jest spod ....
4. Tom ur. 15.08. jest spod ....
5. Javier ur. 14.02. jest spod ....
6. Grzegorz ur. 1.01. jest spod ....
7. Joanna ur. 29.02. jest spod ....
8. Iwona ur. 30.07. jest spod ....
9. Ania ur. 06.05. jest spod ....
10. Sylwia ur. 03.11. jest spod ....

Ćwiczenie 3

Jaki jest czas przyszły? (aspekt dokonany)

1. odwiedzić - *odwiedzisz*
2. zadzwonić - ....
3. usłyszeć - ....
4. zrozumieć - ....
5. zarobić - ....
6. wrócić - ....
7. zobaczyć - ....
8. napisać - ....
9. obejrzeć - ....
10. dostać - ....
11. powiedzieć - ....
12. znaleźć - ....
13. wziąć - ....
14. wynająć - ....
15. pójść - ....
16. pojechać - ....

Ćwiczenie 4

Proszę napisać krótkie horoskopy dla Javiera, Toma, Uwe'go i Karoliny używając czasowników w czasie przyszłym z ćw. 3.

Ćwiczenie 5

Dlaczego ludzie tak często wierzą w horoskopy, wróżby, przesądy?

Ćwiczenie 6

Mami nie znała zodiaku europejskiego, a jej koledzy nie znają zodiaku chińskiego. Nauczycielka poprosiła ją, żeby przygotowała krótką prezentację.

Zodiak chiński składa się również z 12 (dwunastu) znaków. W tym horoskopie naszymi patronami są, w zależności od roku urodzenia, zwierzęta i stworzenia ważne w kulturze Wschodu. Według legendy Budda, zanim opuścił Ziemię, zwołał do siebie wszystkie zwierzęta. Jednak tylko 12 pojawiło się, żeby go pożegnać. Aby im to wynagrodzić nazwał nimi lata w kolejności, w jakiej przyszły. Zwierzę panujące nad rokiem, w którym przyszliśmy na świat, ma wpływ na nasze życie, a my mamy jego cechy. Stara wschodnia mądrość mówi: „To jest zwierzę, które kryje się w twoim sercu". Ja urodziłam się w 1980 r. i moim rokiem opiekuje się Małpa. To znaczy, że moje zalety to innowacyjność i ciekawość, a wady - zazdrość i podejrzliwość. Te zwierzęta zmieniają się co 12 lat, ale w każdym roku nabierają cech jednego z pięciu chińskich żywiołów, którymi są: metal, drewno, woda, ogień, ziemia. Początek roku chińskiego jest ruchomy. Najczęściej wypada w lutym.

bawół

Ćwiczenie 7

Proszę dopasować cechy charakteru do zwierząt chińskiego zodiaku.

> **pogodny, wyrozumiały, spokojny, cierpliwy, słowny, honorowy, przywódczy, energiczny, wesoły, próżny, pomysłowy, spostrzegawczy, niezależny, szczery, wygodny, namiętny, bystry, kontaktowy, wolny, sprytny, uprzejmy, aktywny, chaotyczny, oryginalny, nerwowy, uparty, niecierpliwy, towarzyski, uczciwy, wrażliwy, odpowiedzialny, samodzielny, ostrożny, przewidujący, odważny, zapominalski, prawdomówny, kapryśny, marudny, wierny, ambitny, zmienny, zamknięty, inteligentny, precyzyjny, wyrachowany, okrutny, rozrzutny, krytyczny**

Według mnie zając jest ostrożny,...

Królestwo zwierząt | Horoskopy

POWTÓRZENIE F

Proszę dopasować wypowiedź do tytułu. Tytułów jest więcej niż opinii, proszę skomentować pozostałe.

- OGRÓD ZOOLOGICZNY
- Pies przewodnik
- CYRK
- Doświadczenia na zwierzętach
- Walki byków
- NIE TESTOWANE NA ZWIERZĘTACH
- KONIE NA RZEŹ
- WEGETARIANIZM
- Kurze fermy
- SCHRONISKA DLA ZWIERZĄT
- MALTRETOWANIE ZWIERZĄT
- FUTRA naturalne
- Greenpeace

ZIELONO MI!

Lekcja_19

KOMUNIKACJA
wyrażanie oburzenia, hipotez
przypuszczeń

SŁOWNICTWO
agroturystyka, ekologia
ochrona środowiska

GRAMATYKA
jeżeli..., to...
tryb warunkowy, zdania warunkowe

gospodarstwo, spadek, odziedziczyć, nawyk, oddalać się, karmić, odśnieżać

nowe słowa

A AGRO-

Ćwiczenie 1
O czym czyta Mami? Proszę wybrać 3 tytuły i skomentować je.

- Wielokrotnie przekroczone normy zanieczyszczenia powietrza
- GLOBALNE OCIEPLENIE
- Wycinanie lasów tropikalnych
- Odnawialne źródła energii
- Redukcja emisji CO_2
- ODPADY RADIOAKTYWNE
- "ELEKTROŚMIECI"
- DEFICYT wody pitnej
- "Podaj dalej"
- SEGREGACJA ODPADÓW
- Nielegalny handel zagrożonymi gatunkami zwierząt
- BIODEGRADACJA
- Samochody o napędzie elektrycznym

Ćwiczenie 2

Gdy Mami dowiedziała się o smogu wiszącym nad Krakowem, postanowiła poszukać na weekend spokojnego, ekologicznego miejsca poza miastem. Proszę posłuchać i uzupełnić informacje na stronie internetowej, którą znalazła Mami.

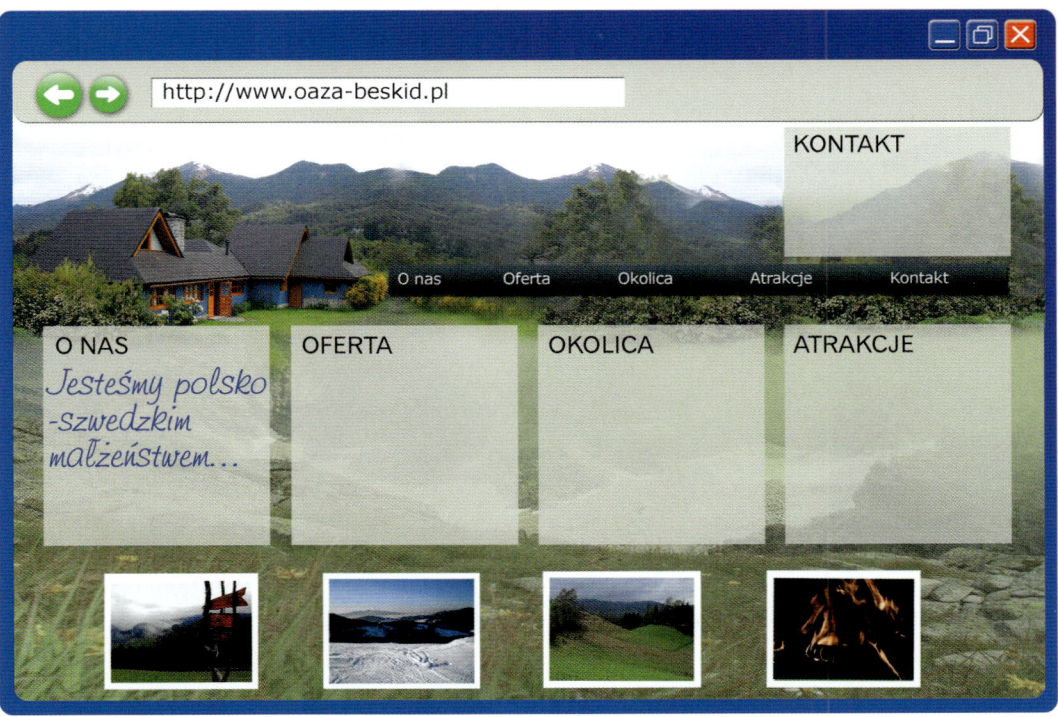

Ćwiczenie 3

Proszę posłuchać i uzupełnić.

Odziedziczyłam pensjonat w Beskidzie Sądeckim - piękny drewniany dom wraz z budynkami gospodarczymi, ... i ogrodem. To był znak, żeby coś zmienić w naszym życiu: rzuciliśmy pracę w międzynarodowej korporacji i postanowiliśmy spróbować sił w agrobiznesie. Nasze .... agroturystyczne nazwaliśmy „Oaza", ponieważ ta nazwa kojarzyła nam się z czymś wyjątkowym, pięknym, relaksującym. Oferujemy 8 dwuosobowych pokoi z łazienkami. Wszystkie .... są w prostym rustykalnym stylu, bardziej skandynawskim niż góralskim. Do .... gości jest także nowocześnie .... aneks kuchenny, salon z kominkiem, sala telewizyjna, sauna. Na terenie całego obiektu działa .... internet.
Jest to świetna baza .... - w pobliżu liczne szlaki turystyczne: piesze, rowerowe, konne. W okolicy oczywiście góry (zimą .... narciarski z ....) oraz szlak architektury drewnianej, ... zamków, malownicze .... Dla zainteresowanych organizujemy połowy ...., w sezonie .... z ogniskiem, pieczenie barana, grzybobrania, a z bardziej ekstremalnych atrakcji .... pontonowe górską rzeką czy jazdę terenową na quadach. Oferujemy całodzienne .... na bazie ekologicznych produktów od lokalnych producentów. Jest możliwość zamówienia dań kuchni wegetariańskiej lub wegańskiej, poza sezonem organizujemy też wczasy ....

Ćwiczenie 4

Co pasuje?

Zielono mi! | **Agro-**

sto dwadzieścia siedem _127

Ćwiczenie 5 — 219A5

Proszę posłuchać i uzupełnić tabelę jak największą ilością informacji dotyczących życia Łucji i Karla.

PRACA W KORPORACJI W MIEŚCIE	WŁASNY BIZNES NA WSI
ciężka,	

Ćwiczenie 6 — 219A6

Proszę uzupełnić.

to ✓, tak, takie, ale, więc, czy, co, coraz, żeby, że, się, jakby, za, w, dla, na, do, z

....*To*.... był znak, ... coś zmienić w naszym życiu. Nie było to .... łatwe! Oczywiście, ... praca .... korporacji jest ciężka. Ja byłam odpowiedzialna .... cały dział sprzedaży, ... często zostawałam .... późna w firmie. Weekendy też zdarzało .... spędzać na szkoleniach .... wyjazdach integracyjnych, ... za to świetnie zarabiałam, miałam dobre ubezpieczenie i .... zwane perspektywy .... dalszy rozwój zawodowy. Bywałam na ważnych przyjęciach, mieszkałam w stolicy i korzystałam .... tego, ... oferuje duże miasto. Ale życie prywatne... Nie mieliśmy w ogóle czasu .... siebie, oddaliliśmy się .... bardziej. Ten pensjonat naprawdę .... spadł nam z nieba!

B) EKO-

Ćwiczenie 1 — 219B1

Łucja stworzyła listę proekologicznych zasad, które można stosować w każdym gospodarstwie domowym. Proszę uzupełnić „dekalog Łucji" i dopisać swoje propozycje (tryb rozkazujący).

planować ✓, zaproponować, kupować, oddawać, myć, obniżyć, segregować, zainwestować, unikać, korzystać

1. *Planuj* dokładnie zakupy.
2. .... śmieci.
3. .... żywność lokalną, sezonową.
4. .... artykułów jednorazowych.
5. .... temperaturę w domu o minimum 1 stopień.
6. .... w np. kolektory słoneczne.
7. .... „elektrośmieci" do wyznaczonych punktów.
8. Nie .... naczyń pod bieżącą wodą.
9. .... z transportu publicznego.
10. .... sąsiadowi wspólny dojazd do pracy.
11. ....
12. ....

Ćwiczenie 2

Co może zmienić przestrzeganie tych zasad?

Jeżeli dokładnie planujesz zakupy, to nie marnujesz produktów spożywczych.

Ćwiczenie 3 219B2

Piątka znajomych Karola wybrała się na piknik. Proszę posłuchać i uzupełnić.

Uznaliśmy, że każdy .... swoim samochodem, w końcu ....
jest najważniejsza. .... miał zrobić zakupy na piknik, w efekcie mieliśmy kilka
.... napojów i mnóstwo .... mięsa na grilla. Na szczęście w supermarkecie dają jednorazowe .... w dużej ilości, bo inaczej ciężko byłoby to spakować.
Najpierw zatrzymaliśmy się po drodze w .... Cudowna okolica – pewnie
dlatego zrobili tam park .... Adam pamiętał, w którym miejscu jest droga na
piękną .... Bez trudu ominęliśmy bokiem stary drewniany .... i zardzewiały znak
.... wjazdu. Piotr miał pecha, bo parkując wjechał w wielkie .... Ale żeśmy się
z niego śmiali! Rozpaliliśmy grilla między drzewami. Dziewczyny na kocu rozłożyły plastikowe talerzyki
i ...., a ja nałożyłem kiełbasę, karkówkę, kaszankę i pieczywo tostowe. Użyłem chyba za dużo
.... i ogień był tak mocny, że wszystko się trochę ...., ale co tam! Na świeżym
.... wszystko smakuje lepiej.
Popiliśmy to zimnym piwkiem, a .... i resztę opakowań dorzuciliśmy do ....
w krzakach. Było świetnie: muzyka z samochodu na pełen ...., śpiewy i nawet tańce.
Na pamiątkę tego cudownego popołudnia Paweł .... scyzorykiem napis na jakimś starym
drzewie: tu byliśmy i datę. Zdjęcie zamieściłem od razu na portalu i wtedy się zaczęło...

19

Zielono mi! | **Eko-**

Ćwiczenie 5 219B4

Proszę zdecydować, jaki to przypadek, a następnie wstawić właściwą formę rzeczowników.

1. Dbajmy o — **BIERNIK**
- *przyrodę* (przyroda)
- .... (nasza ziemia)
- .... (czystość trawników)

2. Ekolodzy protestują przeciw
- .... (budowa autostrad)
- .... (testy na zwierzętach)
- .... (elektrownia atomowa)

3. Jesteśmy zaniepokojeni
- .... (globalne ocieplenie)
- .... (wzrost emisji CO_2)
- .... (dziura ozonowa)

4. Dzieci powinny uczyć się
- .... (segregacja śmieci)
- .... (ochrona środowiska)
- .... (szacunek dla zwierząt)

5. Dużo mówi się o
- .... (oszczędzanie wody)
- .... (energia odnawialna)
- .... (modyfikacje genetyczne)

6. To jest skutek
- .... (zanieczyszczenie powietrza)
- .... (konsumpcyjna postawa)
- .... (brak edukacji)

moje fotografie

komentarze

- *gość:* Banda idiotów! Barany!
- *~max:* To skandal! Co za osły!
- *oburzony:* To karygodne!
- *xy:* Powinno się to zgłosić straży miejskiej!
- *gość:* Czego ich uczą w tej szkole!
- *gość:* To oburzające!

Ćwiczenie 4 219B3

Jakie błędy popełnili młodzi ludzie?

Powinni byli / trzeba było jechać jednym samochodem.

Ćwiczenie 6 `219B5`

Jak segregować śmieci? Proszę wykreślić rzeczy nienadające się do recyklingu, a „czyste śmieci" przyporządkować do odpowiednich kolorowych pojemników.

butelki plastikowe, tektura, tetrapaki, lekarstwa, puszki po farbach, puszki aluminiowe po napojach, puszki stalowe po żywności, małe AGD, garnki, porcelana, szkło okienne, słoiki, pokrywki od słoików, narzędzia metalowe, trawa, karton, zabawki, pojemniki po olejach przemysłowych, pojemniki po chemii gospodarczej, pojemniki po kosmetykach, tapety, gazety, książki, liście, kryształy, aerozole, prospekty, resztki organiczne, ulotki, papierowe torby, pampersy, ceramika, szkło białe i kolorowe po napojach i żywności, lustra, żarówki, folia aluminiowa, kapsle, baterie, styropian, zakrętki, reklamówki, gałęzie

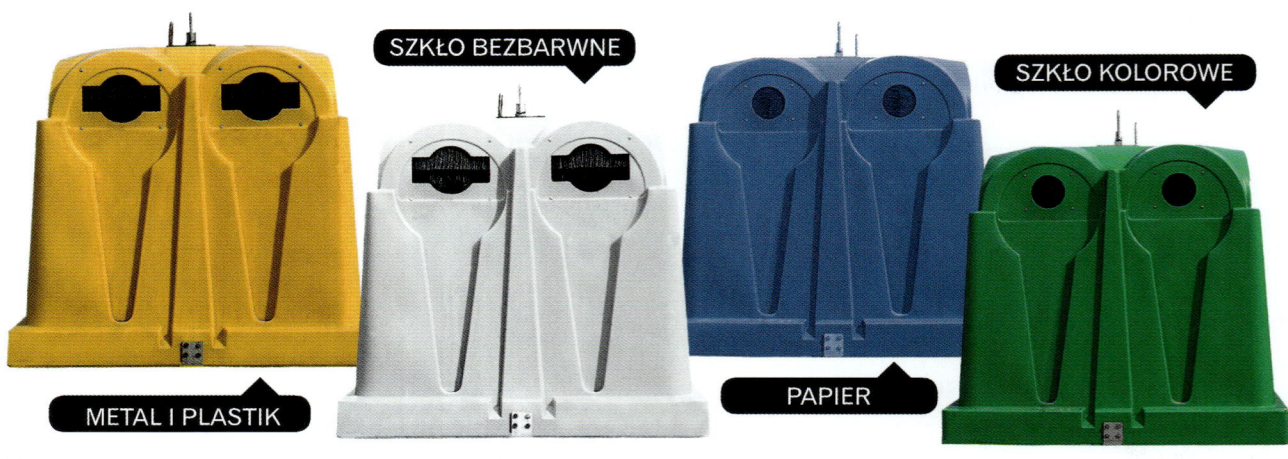

METAL I PLASTIK — SZKŁO BEZBARWNE — PAPIER — SZKŁO KOLOROWE

C) GDYBYM...

TRYB WARUNKOWY

był / była / było	bym
	byś
	by
byli / były	byśmy
	byście
	by

Funkcje:
1. ŻYCZENIE — Chcia**łabym** dwa bilety.
2. PROŚBA — Czy mógł**byś** mi pomóc?
3. HIPOTEZA — Zrobił**by** to lepiej niż ty.
4. ROZKAZ (złagodzony) — Skończyła**byś** to wreszcie!
5. ZDANIA WARUNKOWE — Gdy**bym** wygrał w Lotto, kupił**bym** dom.

Ćwiczenie 1 `219C2`

Proszę uzupełnić.

1. **Kupiłbym** .... (ja / r.m. / kupić) to, ale jest za drogie.
2. Moja babcia .... (mieć) w tym roku 85 lat.
3. .... (ja / r.ż. / zrobić) to, ale nie mam czasu.
4. .... (ja / r.m. / móc) jechać, ale mi się nie chce.
5. .... (oni / posprzątać) w końcu po swoim psie!
6. .... (my / r.m. / woleć) tego nie próbować.
7. .... (wy / r.ż. / pożyczyć) nam samochód?
8. .... (ty / r.ż. / musieć) najpierw zadzwonić.
9. .... (ty / r.m. / przyjść) na moją imprezę?
10. .... (wy / r.ż. / zjeść) coś dobrego?

> by-ły-byś-my
> ku-pi-li-byś-cie itp.
> akcentujemy na czwartej
> sylabie od końca!

Ćwiczenie 2

Proszę uzupełnić.

1. Poszłam spać po północy. Zaspałam do pracy.
   Gdybym nie poszła spać po północy, nie zaspałabym do pracy.
2. Nie mam pieniędzy. Nie pojadę nad morze.
   ....
3. Zawsze jeździsz windą. Nie masz dobrej kondycji, Piotrze.
   ....
4. Segregujemy śmieci. Chronimy środowisko.
   ....
5. Sprzątacie po swoich psach. Macie czyste trawniki.
   ....
6. Ludzie palą węglem. Nad miastem jest smog.
   ....
7. To region przemysłowy. Zanieczyszczenie jest bardzo duże.
   ....

19

Zielono mi! | **Gdybym…**

Ćwiczenie 3

Proszę opowiedzieć, co zdarzyło się w życiu Łucji?

Ćwiczenie 4

Proszę opisać życie Łucji jeszcze raz używając trybu warunkowego.

Gdyby w Polsce była stabilna sytuacja polityczna, nie zacząłby się stan wojenny. Gdyby nie zaczął się stan wojenny, …

Ćwiczenie 5

Co by było gdyby?

1. Unia Europejska rozpadła się?
2. Wybuchła III wojna światowa pomiędzy najpotężniejszymi krajami świata?
3. Liczba emerytów w Europie zwiększyła się dwukrotnie?
4. Ludzie mieli mikrochipy – kompendium wiedzy o nich?
5. Koncerny farmaceutyczne wynalazły lek na raka?
6. Nadeszła kolejna epoka lodowcowa?
7. Państwa afrykańskie ogłosiły bankructwo?
8. Loty w kosmos były w ofercie biur podróży?
9. Internet był całkowicie kontrolowany przez rząd?
10. Zdalnie sterowane roboty domowe były powszechnie dostępne?

POWTÓRZENIE D

Ćwiczenie 1

Co pasuje?

CO₂	przemysłowy
przyroda	sortowanie
odpady	śmieci
reklamówka	wzrost
globalne ocieplenie	plastikowa torba
uzdrowisko	środowisko
industrialny	kurort
zwiększenie	dwutlenek węgla
segregacja	efekt cieplarniany

Ćwiczenie 2

Jakie znasz organizacje zajmujące się ochroną środowiska? Czym się dokładnie zajmują i jakie akcje prowadzą?

Ćwiczenie 3

Jakie są największe problemy ekologiczne w Twoim kraju?

RYSOPIS POLAKA KONSUMENTA
Lekcja_20

KOMUNIKACJA
zakupy, reklamacje
porównywanie
pytanie o opinię i wyrażanie opinii

SŁOWNICTWO
sprzęty i urządzenia domowe
sklepy

GRAMATYKA
zdania podrzędnie złożone
partykuła: byle

nowe słowa
obejść się bez czegoś, troszczyć się, unikać, oszustwo, kusić, tracić, pułapka, wpaść w coś, znikać

A ZAKUPY, ZAKUPY

Ćwiczenie 1

Proszę odpowiedzieć na pytania.

1. Gdzie zwykle robisz zakupy?
2. Czy lubisz supermarkety? Dlaczego?
3. Jakiego typu produkty kupujesz najczęściej?
4. Czy często kupujesz coś przez Internet?
5. Jak myślisz, jakie sprzęty i urządzenia domowe najczęściej kupują Polacy?

RAPORT
POLAK KONSUMENT
Początek XXI wieku

Lubi robić zakupy. Codziennie z przyjemnością zagląda do osiedlowego sklepu, a jeśli potrzebuje czegoś szczególnego wybiera się do sklepu specjalistycznego, ale też raczej małego. Bo zależy mu na tym, żeby ktoś się o niego zatroszczył: wypytał o potrzeby i pomógł wybrać najlepszą rzecz, taką w sam raz dla niego. Co jakiś czas jeździ do supermarketów, ale czuje się w nich obco i gdyby nie wielki wybór towarów i niskie ceny, w ogóle by tam nie zaglądał. Stara się unikać sprzedaży wysyłkowej, a jak ognia boi się Internetu i akwizytorów (zwykle podejrzewa ich o oszustwo i podstęp, więc woli nie ryzykować).

W najważniejsze sprzęty swoje mieszkanie prawie wyposażył. Najpierw kupił lodówkę, bo bez niej życie jest udręką, podobnie jak bez kolorowego telewizora. Nie mógł nabyć wszystkiego od razu, więc wolał zrezygnować z pralki niż z telewizora. Pralkę kupi nieco później, może na kredyt? Pralko-suszarkę uznaje za zbyteczny luksus, tak samo zmywarkę. Coraz częściej myśli o komputerze (na razie ma go co piąty Polak).

Kupując jedzenie szuka wyrobów krajowych. Mrożonki odrzuca mimo ich dużych wartości odżywczych. Pragnąłby, żeby na stole leżały wyłącznie świeże produkty ekologiczne, a w żadnym razie żywność genetycznie modyfikowana! (Wprawdzie nie wie dokładnie co to takiego, ale na wszelki wypadek woli nie jeść).

O comiesięcznym odkładaniu pieniędzy nie ma mowy. Czasem się uda, ale albo są to niewielkie sumy, albo szybko się rozchodzą. Bogatsi wydają oszczędności na wycieczki, domy, samochody. Biedniejsi myślą o tym, żeby zainwestować w dzieci, wnuki lub odłożyć na czarną godzinę.

W wolnej chwili siada nad krzyżówkami i ćwiczy umysł. Deklaruje, że lubi też poczytać. Gotuje nie z obowiązku, ale dla przyjemności. Chętnie chodzi na spacery i pracuje na działce. Czasem oddaje się grom losowym lub bierze udział w loteriach. Zdaje sobie sprawę, że ma wady. Ale tylko dwie: alkohol i papierosy.

(Gazeta Wyborcza, Magda Kłodecka, marzec 2002)

Ćwiczenie 2
Prawda czy nieprawda?

	P	N
Typowy Polak chętnie robi zakupy w sklepie osiedlowym.	✓	
W sklepie specjalistycznym zwykle nie potrzebuje fachowej porady.		
W supermarkecie czuje się jak ryba w wodzie.		
Chętnie korzysta ze sprzedaży wysyłkowej.		
Akwizytorów zwykle podejrzewa o podstęp.		
Polak w pierwszej kolejności kupuje pralkę.		
Polak nie może obejść się bez lodówki.		
Zmywarka to niezbędny sprzęt w polskim domu.		
Polak chętnie kupuje mrożonki.		
Polacy systematycznie oszczędzają.		
Polacy preferują niezbyt kosztowne rozrywki.		

20

Rysopis Polaka konsumenta | **Zakupy, zakupy**

Ćwiczenie 3
Proszę uzupełnić tabelę.

TYPOWY POLAK

musi mieć w domu:	nie potrzebuje w domu:	oszczędza na:	kiedy ma wolny czas:
		(bogaty): *wycieczki* (biedny):	

Ćwiczenie 4
Co to znaczy?

zależy komuś na czymś - ....
towar - ....
czuć się obco - ....
bać się jak ognia - ....
mrożonki - ....
odrzucać coś - ....
odkładać pieniądze - ....
na czarną godzinę - ....

Ćwiczenie 5
Co pasuje?

zbyteczny __
wada __
starać się __
unikać __
oszustwo _2_
udręka __
wyposażyć __
wyroby __
troszczyć się __
odżywczy __

1. produkty
2. podstęp, fortel, trik ✓
3. cecha negatywna, defekt
4. męka, tortura
5. ma dużo witamin, minerałów itp.; dobrze zaspokaja głód
6. niepotrzebny
7. opiekować się, zajmować się
8. nie robić czegoś, omijać coś
9. urządzić
10. próbować

sto trzydzieści trzy _133

Ćwiczenie 6

Proszę zastąpić wyróżnione słowa innymi wyrazami tak, żeby nie zmienić sensu zdania.

Polak często zagląda / ......chodzi...... do osiedlowego sklepu.
Często wybiera się / .... do sklepu specjalistycznego.
Pralko-suszarkę uznaje za / .... zbyteczny luksus.
Chce jeść wyłącznie / .... świeże produkty.
Nabył / .... już kolorowy telewizor.
Odłożone pieniądze wydaje się / .... szybko.
Zdaję sobie sprawę / ...., że mam wady.

Ćwiczenie 7

Proszę porównać opisaną w tekście o Polaku konsumencie sytuację z sytuacją we własnym kraju. Następnie na bazie swoich obserwacji proszę powiedzieć, co się zmieniło w Polsce od 2002 roku. Proszę użyć poniższych wyrażeń.

tak samo jak, identycznie jak, podobnie jak, inaczej niż, w przeciwieństwie do, w odróżnieniu od

Ćwiczenie 8

Proszę uzupełnić, a następnie posłuchać nagrania i skontrolować.

Polak konsument - dziś

Czas ......małych sklepików...... (małe sklepiki) przeminął bezpowrotnie. Wielkie supermarkety i centra handlowe rosną wszędzie jak grzyby po .... (deszcz). I co ciekawe, w każdym z nich tłumy kupujących. Skąd aż takie zapotrzebowanie na wszelkiego rodzaju towary? – zapytacie. To nie potrzeba, lecz moda. Dla .... (wiele + osoba) zakupy stały się .... (sposób) na spędzanie czasu. Kupują, choć nie muszą. Kusi ich promocja, niskie ceny, łatwo dają się przekonać reklamom, że coś jest im niezbędne. Ludzie coraz częściej wpadają w „........................" (zakupowa pułapka). Wchodząc do galerii często tracą poczucie czasu, na .... (miejsce) mają bary, cukiernie, pijalnie czekolady - mogą się szybko posilić i ruszyć w dalszy kurs po .... (stoiska) i .... (sklepy).

Zjawisko nadmiernej konsumpcji powoli staje się .... (fakt) także w Polsce. Nic dziwnego, że ustanowiony w USA *Światowy Dzień Bez Zakupów* zawitał także tutaj. Kiedy na początku lat 90-tych ogłoszono taki dzień jako znak protestu przeciwko .... (zbędne sprawunki) i stylowi życia podporządkowanemu konsumpcji, w Polsce taki problem nie istniał. Dziś i Polakom warto przypomnieć, że zamiast .... (zakupy) można wybrać kino, koncert lub inne wydarzenie kulturalne. A zamiast w sklepach warto aktywnie spędzić czas z rodziną czy znajomymi i to najlepiej na .... (świeże powietrze).

Ćwiczenie 9

Proszę przyjrzeć się fotografiom i przedyskutować w grupie: do kogo skierowana jest ta akcja, co ma na celu i jakie ma szanse powodzenia.

Polska Zielona Sieć © Zuzanna Zajczenko, Marcin Wójcik

B SKLEPY, SKLEPIKI, STRAGANY

20

Ćwiczenie 1

Pani Helena mieszka w małym miasteczku, w którym czas się zatrzymał. Tu nie ma supermarketów. Proszę popatrzeć na sklepy, do których wchodzi pani Helenka i napisać, co ona może tam kupić.

sklep spożywczy	piekarnia	cukiernia

sklep mięsny	apteka	warzywniak

zegarmistrz	galanteria skórzana	jubiler

drogeria	księgarnia	kwiaciarnia

sklep papierniczy	sklep obuwniczy	sklep odzieżowy

Rysopis Polaka konsumenta | **Sklepy, sklepiki, stragany**

Ćwiczenie 2

Nasz reporter przeprowadził sondę na temat zakupów. Proszę dopasować pytania do wypowiedzi ankietowanych osób, a następnie posłuchać nagrań i uzupełnić teksty.

Dlaczego według pana znikają tradycyjne nazwy sklepów?
Co pana zdaniem zachęca ludzi do kupowania w wielkich marketach? ✓
Czy mógłby pan podzielić się z nami opinią na temat wpływu reklam na nasze życie?
Jak pani sądzi, czy warto kupować owoce i warzywa w supermarketach?
Czy według ciebie zakupy w weekend to dobry pomysł?
„Im więcej kupujesz, tym mniej żyjesz". Proszę mi powiedzieć, co pan sądzi o tym haśle.
Mam do was pytanie. Na co zwykle wydajecie swoje kieszonkowe?

R: Co pana zdaniem zachęca ludzi do kupowania w wielkich marketach?
A: Wydaje mi się, że przede wszystkim .... niskie ceny i to, że wszystko jest w jednym miejscu. Nie trzeba ganiać z jednego .... miasta na drugi.

R: ....
B: Trudno mi jednoznacznie .... na to pytanie. Duże sklepy na ogół oferują nam tańsze produkty i niekoniecznie jest prawdą często powtarzana opinia, że są one .... Jednak muszę przyznać, że sama wolę kupować jarzyny i .... na targu. Te ze .... smakują mi lepiej.

R: ....
C: Język się zmienia, tak jak świat wokół nas. Już nikt nie mówi sklep ...., teraz się kupuje buty w Zebrze, u Ryłki itd. Czasem jeszcze gdzieś na .... można spotkać masarnię czy sklep ...., ale te nazwy powoli odchodzą do lamusa.

R: ....
D, E: Najczęściej na słodycze. Lubimy chodzić do tej małej .... koło szkoły. Czasem kupujemy gazetki dla ...., ale nie wydajemy na nie aż tak dużo pieniędzy, jak nasze koleżanki. Ja często .... pieniądze w sklepie .... na kredki, farby, zeszyty i kolorowe naklejki.

R: ....
F: To trudny temat do .... w dwóch słowach. Najpierw należy zadać sobie kilka pytań. .... jest reklama? .... ją wymyślono? Dlaczego ma taką siłę oddziaływania?

R: ....
G: Według mnie – fatalny. Choć muszę ...., że moi rówieśnicy uwielbiają takie „wyprawy" na zakupy. Na .... moi rodzice nie należą do tych, którzy spędzają całe dnie w galeriach .... My raczej wolimy wycieczki w góry, jazdę konną albo po prostu długi spacer.

R: ....
H: Cóż, to chyba prawda. Kiedy byłem mały, sklepy świeciły .... Nasze mamy musiały biegać po całym mieście, żeby kupić .... produkty. Mimo to było więcej czasu na życie rodzinne, ... zabawę. Może na stole było mniej, chodziliśmy gorzej ...., ale żyliśmy pełniej. A teraz wszystkiego jest pod dostatkiem, tylko ludzie często nie mają czasu .... z tego, czego nakupili.

Ćwiczenie 3
Co pasuje?

Jaka jest	że droższe zawsze znaczy lepsze.
Jakie jest	poleciłby pan swoim klientom?
Czy uważa pan, że	pańska opinia na ten temat?
Który sklep ze sprzętem RTV	z panem co do tego.
Nie twierdzę,	pani zdanie na temat wyprzedaży?
Nie jestem przekonana,	mi jedno, gdzie kupuję jedzenie.
Zdecydowanie wolę	rację, że sprzęt AGD lepiej kupować w dużych sklepach.
Zgadzam się	czy warto tyle zapłacić.
Właściwie wszystko	warto kupować sprzęt RTV na giełdzie?
Ma pani	świeże niż mrożone.

Ćwiczenie 4
Proszę przeprowadzić sondę na dowolny temat używając wyrażeń z ćwiczenia 2 i 3.

Ćwiczenie 5
Proszę uzupełnić.

dlaczego, kto, co, gdzie, skąd, ile ✓, jak często, jak długi, jak długo, jaki

1. Czy może mi pani powiedzieć, ...*ile*...... miesięcznie wydaje pani na zakupy?
2. Czy mógłby mi pan doradzić, ... najlepiej kupić części do samochodu?
3. Powiedz mi, ... ty bierzesz pieniądze na to wszystko.
4. Nie rozumiem, ... kupiłeś nową pralkę, przecież stara była zupełnie dobra.
5. Czy pani wie, ... będzie trwać ta promocja?
6. Czy może mnie pani poinformować, ... był powód reklamacji?
7. Chciałbym się dowiedzieć, ... jest termin gwarancji.
8. Chcę wiedzieć, ... jest odpowiedzialny za tę decyzję!
9. Nie mam pojęcia, ... mu kupić w prezencie.
10. .... chodzicie na zakupy?

C URZĄDZAMY DOM

Ćwiczenie 1
Ela chce się usamodzielnić. Wyprowadza się z domu rodziców do wynajętego mieszkania. Są tam podstawowe meble, ale nie ma żadnych sprzętów. Proszę przedyskutować, co Ela powinna kupić najpierw, co może odłożyć na potem, a czego nie potrzebuje.

NIEZBĘDNE SPRZĘTY:

DO KUPIENIA W DRUGIEJ KOLEJNOŚCI:

CHWILOWO NIEPOTRZEBNE:

20 — Urządzamy dom | Rysopis Polaka konsumenta

DIALOG 1

Sprzedawca: *Dzień dobry. Czym mogę służyć?*
Ela: *Dzień dobry panu. Wczoraj kupiłam u państwa suszarkę do włosów, niestety, dziś okazało się, że nie działa.*
Sprzedawca: *Czy sprawdzała pani towar przed kupieniem?*
Ela: *Nie, po prostu wzięłam z półki.*
Sprzedawca: *Rozumiem. Proszę uzupełnić ten druk, a następnie iść do tamtego stanowiska i złożyć reklamację. Aha, reklamować towar może pani tylko, jeśli posiada pani paragon.*
Ela: *To oczywiste. Czy dostanę zwrot pieniędzy, czy nową suszarkę?*
Sprzedawca: *Decyzja należy do pani.*
Ela: *W takim razie wezmę inną, jednak tym razem sprawdzę, czy nie jest uszkodzona.*

Ćwiczenie 2

Proszę reklamować dowolny produkt, który nie działa. W dialogu proszę wykorzystać następujące słowa:

gwarancja, paragon, mechanicznie uszkodzony, naprawić, zwrócić pieniądze, wymienić

Ćwiczenie 3

Proszę uzupełnić.

chodzić, popsuć się ✓, zepsuty, reklamować, wyłączyć, włączyć, nie działać, naprawiony, naprawić

1. Chciałem .... ten odkurzacz. *Popsuł się* .... przy pierwszej próbie użycia.
2. Moja elektryczna maszynka do golenia ....! Nie mogę się ogolić.
3. Faktycznie, maszynka nie .... A włożyłeś baterie?
4. Kiedy ty wreszcie .... ten głośnik? Nic nie słychać!
5. Czy wiesz, że żelazko jest ....? Nie mam jak uprasować ci koszul!
6. Karolina, nie .... komputera i chodził przez całą noc.
7. Żono, zmywarka ....! Cieszysz się?
8. Nie mogę .... czajnika. Coś go blokuje. Pewnie bezpiecznik się przegrzał.

DIALOG 2

Sąsiadka: *Dzień dobry panu, panie Górecki! Co tam słychać?*
Sąsiad: *Dzień dobry pani! Wracam właśnie z centrum handlowego.*
Sąsiadka: *I co? Kupił pan coś ciekawego?*
Sąsiad: *Eee tam, pojechałem tylko oddać odkurzacz. Dopiero co kupiłem, a już nie działa. Co za czasy! Wszystko tanie, ale byle jakie!*
Sąsiadka: *Ano właśnie, wszędzie panuje bylejakość!*

> **bylejakość** – niska wartość i słaba jakość czegoś

Ćwiczenie 4

Proszę wyjaśnić wyrażenia, a następnie wpisać je w odpowiednie miejsce tabeli.

- byle do wiosny
- zrobić coś byle jak
- Kto ma to zrobić? Byle kto.
- Nie byle jak!
- zjeść byle co
- byle jako
- byle mieć dach nad głową
- To nie byle co!
- spotkać się byle gdzie
- byle co
- Wszystko jedno, daj byle jaki.
- Nie spotykaj się z byle kim!
- To nie byle okazja!
- Byle był szczęśliwy! ✓

20

BYLE wyraża:

życzenie lub cel	dowolność	cechę negatywną	cechę pozytywną
byle był szczęśliwy			

Rysopis Polaka...

Ćwiczenie 5
Czy to prawda, że żyjemy w czasach bylejakości?

POWTÓRZENIE D

Ćwiczenie 1 (220D1)
Proszę dopisać synonimy.

urządzenie - ....
oszczędzać - ....
defekt - ....
podstęp - ....
sprawunki - ....
przemijać - ....
posilić się - ....

Ćwiczenie 2 (220D2)
Proszę uzupełnić tekst wpisując w każdą lukę odpowiedni wyraz.

Polak codziennie (1) ....*zagląda*.... do osiedlowego sklepu, natomiast do specjalistycznego (2) .... tylko, kiedy potrzebuje (3) .... szczególnego. Lodówka to (4) .... sprzęt w każdej kuchni, trudno bez niej się obejść.
Krzyżówki ćwiczą (5) ....
Czy lubisz (6) .... udział w loteriach?

1. przegląda / zagląda ✓ / wygląda
2. przebiera się / ubiera się / wybiera się
3. coś / czymś / czegoś
4. zbyteczny / niezbędny / zbędny
5. pomysł / umysł / myśl
6. brać / używać / korzystać

Ćwiczenie 3 (220D3)
Jak oni robią zakupy?

ZAKUPY
Z kim?
Gdzie?
Co?
Jak często?

SZTUKA A PIRACTWO
Lekcja_21

KOMUNIKACJA
rozmowy o filmie i teatrze
wyrażanie emocji
dyskusja

SŁOWNICTWO
film, teatr
emocje
piractwo internetowe

GRAMATYKA
imiesłów przymiotnikowy bierny
strona bierna

ściągnąć coś z Internetu, złamać prawo, odbywać się, nadużycie, przestępstwo, niewinny, loża

nowe słowa

A STRONA BIERNA

Ćwiczenie 1
Jakie słowa związane z filmem pamiętasz?

FILM →

Ćwiczenie 2
Proszę posłuchać dialogu i zaznaczyć, co pasuje.

1. Karol mówi, że Angela jest zawsze:
   - [ ] przyjemna
   - [x] mile widziana
   - [ ] fajna

2. Nasi bohaterowie oglądali film:
   - [ ] kupiony na płycie
   - [ ] ściągnięty z Internetu
   - [ ] pożyczony

3. Karolina stwierdza, że chodzi się do kina:
   - [ ] coraz rzadziej
   - [ ] coraz częściej
   - [ ] prawie regularnie

4. Tytuł filmu to:
   - [ ] „Dla Ciebie i Dnia"
   - [ ] „Dla Siebie i Ognia"
   - [ ] „Dla Ciebie i Ognia"

5. Film był zrobiony przez filmowców:
   - [ ] niezależnych
   - [ ] nieżyciowych
   - [ ] niezaradnych

6. Na różnych festiwalach film był:
   - [ ] zdradzany
   - [ ] realizowany
   - [ ] nagradzany

7. Głos aktora wydaje się Mamie:
   - [ ] nieznany
   - [ ] znajomy
   - [ ] zapomniany

21

Sztuka a piractwo | Strona bierna

DIALOG_1

Angela: Dzięki Karolu, że mnie zaprosiłeś na to oglądanie.
Karol: Cała przyjemność po mojej stronie. Wpadaj do nas częściej, zawsze mogę ściągnąć coś fajnego.
Karolina: A mnie to irytuje, że już się prawie nie chodzi do kina, tylko ciągle oglądamy piraty. Kino ma swoją magię…
Karol: Bądź realistką, siostro!
Angela: Nie kłóćcie się! Jaki był tytuł tego filmu?
Karol: „Dla Ciebie i Ognia", choć łacińskie „Tibi et Igni" można by też przetłumaczyć „Tobie i Ogniowi". Dla mnie to by brzmiało lepiej.
Mami: Mhm, tu dopełniacz, a tu celownik, tak? A przez kogo był **zrobiony** ten film?
Karol: Został **wyreżyserowany** przez dwóch młodych **niezależnych** filmowców, scenariusz też był **napisany** przez nich.
Angela: Jednym słowem: kino **niezależne**. Fajnie był **zagrany**, muzyka też mi się podobała.
Karolina: A wiecie, że film był **nagradzany** na różnych festiwalach? Ciekawe, czemu nie wszedł do kin?
Karol: Mami, a ty, dlaczego jesteś taka **zamyślona**?
Mami: Bo głos tego aktora kogoś mi przypomina. Ja go dobrze znam, tylko nie wiem skąd. Zaraz, zaraz – wiem! Nasz podręcznik do polskiego, przecież to głos Toma…

Ćwiczenie 3
Co pasuje?

Ćwiczenie 4
Proszę uzupełnić.

zagrany	*zagrać*
wyreżyserowany	
	zrealizować
widziany	widzieć
zależny	
zrobiony	
kupiony	
	zamyślić się
pożyczony	
	wziąć
ściągnięty	
	zamknąć

IMIESŁÓW PRZYMIOTNIKOWY BIERNY

- ny	- ony	- ty
przeczyt**ać**	zrob**ić**	wyp**ić** ← *gdy w odmianie jest –j: piję, myję*
napis**ać**	kup**ić**	um**yć**
kupow**ać**	pożycz**yć**	ukr**yć**
widzi**eć** → **e ▷ a**	tańcz**yć**	wzi**ąć** → **ą ▷ ę**
chci**eć** → **e ▷ a**	nie**ść** → **ś ▷ si**	ściągn**ąć** → **ą ▷ (i)ę**

imiesłów odmienia się jak przymiotnik

STRONA BIERNA

BYĆ / ZOSTAĆ + *imiesłów przymiotnikowy bierny*

BYĆ + aspekt niedokonany lub dokonany	**ZOSTAĆ** + aspekt dokonany
Ta płyta **była nagradzana** kilkakrotnie.	Film **został skrytykowany** przez recenzentów.
Ten film **jest zrobiony** znakomicie.	Aktor **zostanie ukarany** za złamanie prawa.
Ta sztuka **będzie wystawiana** w Teatrze Narodowym.	

Ćwiczenie 5

Proszę uzupełnić.

Uwaga! Imiesłów przymiotnikowy bierny tworzymy tylko od czasowników tranzytywnych.

1. Ten artysta był ......*związany*...... (związać) z teatrem.
2. Czy pokój jest .... (posprzątać)?
3. Ta strona internetowa jest często .... (odwiedzać).
4. Czy oba samochody są już .... (umyć)?
5. Mami, jesteś dziś bardzo ładnie .... (uczesać).
6. Karol jest zwykle .... (uśmiechnąć się).
7. To zdanie ma .... (ukryć) sens.
8. Towary .... (reklamować) są .... (kupować) częściej.
9. Mam nadzieję, że po świętach będziemy .... (r.ż. – wypocząć).

Ćwiczenie 6

Proszę uzupełnić. Uwaga na czas!

1. Ewa ......*jest zaproszona*...... (być + zaprosić) do udziału w programie radiowym.
2. Wyniki egzaminu .... (być + ogłosić) jutro.
3. Ten obraz .... (zostać + namalować) przez Leonarda da Vinci.
4. Za dwa tygodnie zdjęcia do filmu .... (być + sfinalizować).
5. Te pamiątki .... (zostać + przywieźć) aż z Japonii.
6. Przepraszam, ale to miejsce już .... (zostać + zająć).
7. Recenzja .... (zostać + napisać) tendencyjnie.
8. Wystawa .... (być + otwierać) za tydzień.
9. Na wczorajszej premierze artyści .... (zostać + nagrodzić) brawami.

Ćwiczenie 7

Proszę uzupełnić, a następnie zadać pytania według wzoru.

Przechodzień został pobi__t_y__. Kto mógł go pobić?

Cenn__ obrazy został__ ukradzion__.

Powiedzieli, że zosta__ __ zaprosz__n__.

Tort został zjedzon__.

Joanna został__ oszukan__.

Szampan i wino zosta__ __ wypit__.

B. FILM CZY TEATR?

Michał Chołka

IS: Michale, **użyczyłeś głosu** jednemu z bohaterów naszego podręcznika, ale na co dzień zajmujesz się czymś innym. Wiem, że jesteś związany zarówno z teatrem, jak i filmem. Opowiesz nam coś o swojej pracy?

MC: Jestem jeszcze młodym aktorem, ale czasem wydaje mi się, że dzięki graniu jestem starszy. Aktor ma **możliwość popróbowania** przeróżnych charakterów, przeżycia tysiąca emocji.

IS: Jednym słowem jesteś **bogatszy o wiele doświadczeń**. Czy to nie **odbija się na Twoim życiu**? Nie boisz się, że staniesz się cyniczny i bezwzględny jak na przykład bohater „Dla Ciebie i Ognia"?

MC: Nie, nigdy **nie przenosimy ról na własne życie**. To byłoby straszne i mogłoby się źle skończyć. Co prawda, kiedy przygotowujemy się do odegrania jakiejś postaci, często „wychodzimy z rolą na miasto", to znaczy próbujemy na ulicy, w sklepie, tramwaju zaistnieć jako ta filmowa czy teatralna kreacja. Ale to **wczuwanie się**, to coś zupełnie innego.

IS: A`propos „Ciebie i Ognia". Nasi studenci **rozpoznali Cię** w roli głównej i mieli ochotę się z Tobą spotkać, ale wstyd im było, że obejrzeli film ściągnięty z Internetu…

MC: Cóż, takie czasy, więc nie mogę się oburzać. A poza tym cieszy mnie, że ten **film gdzieś krąży**, że ktoś chce go oglądać, że potem czasem komentuje w sieci

Ćwiczenie 1
Proszę z pomocą słownika wyjaśnić sens zaznaczonych w tekście wyrażeń.

Ćwiczenie 2
Proszę wypisać z tekstu słowa związane z teatrem.

aktor,

Ćwiczenie 3
Proszę odpowiedzieć na pytania.

1. Dlaczego aktor zwykle wie więcej o życiu i ludziach niż przeciętny człowiek?
2. Co mogłoby się stać, gdyby aktor przenosił odgrywane role na prywatne życie?
3. Jaki jest stosunek Michała do pirackich kopii filmów?
4. Czym różni się gra przed kamerą od gry na scenie teatralnej?
5. Jak wygląda przygotowywanie spektaklu?
6. Jakie emocje odczuwa aktor na scenie?

Ćwiczenie 4
Proszę uporządkować wywiad studentek z Michałem.

[1]	A:	Czy trudno dostać się do szkoły teatralnej? Co trzeba zrobić, żeby zostać przyjętym?
[ ]	A:	I to już koniec?
[ ]	M:	Dlaczego? Spróbujcie wyobrazić sobie egzamin. Pierwszy etap - kandydaci stają przed komisją w grupach dziesięcioosobowych w samych spodenkach! To dość krępująca sytuacja. Człowiek nie może niczego ukryć. Zwłaszcza dziewczyny się stresują, bo nie mogą schować żadnych defektów pod dobrze dobranym ciuchem. A tu trzeba się zaprezentować jakby nigdy nic, opowiedzieć coś o sobie, coś wyrecytować.
[ ]	M:	No, być spokojnym, opanowanym, nie dać się wytrącić z równowagi.
[ ]	M:	Trzeba mieć sporo szczęścia, stalowe nerwy i odrobinę talentu.
[5]	A:	Dlaczego to takie ważne?
[ ]	A:	Eee, odrobina chyba nie wystarczy. A co to znaczy mieć: „stalowe nerwy"?
[7]	A:	Czym jest motywowana taka forma egzaminu?
[ ]	A:	Czyli na start jest dużo emocji. A co potem, jak wygląda kolejny etap?
[ ]	M:	Aktor musi się umieć znaleźć w każdym położeniu. Zagrać każdą rolę. Pewnie lepiej sprawdzić od razu, jak reaguje w nietypowych okolicznościach, czy nie paraliżuje go wstyd albo strach.
[ ]	M:	Drugi etap jest czysto teoretyczny – sprawdzanie wiedzy ogólnej o teatrze itd.
[ ]	M:	Nie, jeszcze ostatnia część egzaminu, ta najważniejsza, sprawdzenie zdolności aktorskich. Ci kandydaci, którzy przeszli przez dwa pierwsze etapy, muszą odegrać zadaną scenkę, coś zaimprowizować. Zwykle z rzeszy kandydatów zostaje dwudziestu…

---

albo poleci znajomym.

IS: *Wróćmy do Twojej pracy. Jaka jest różnica dla aktora między teatrem a filmem?*
MC: *Olbrzymia. Film to przede wszystkim „zbliżenie na twarz", kamera wychwytuje wszystkie emocje, nawet te, które chcemy ukryć. Teatr to **gra całym sobą**, twarz jest tylko cząstką. Poza tym film jest zamknięty, skończony, wraz z ostatnim klapsem na planie filmowym zostawiamy naszą rolę na zawsze, a w teatrze „wspólna podróż" nie kończy się w dniu premiery, tylko ciągle trwa. Gramy za każdym razem od nowa i zawsze możemy coś poprawić, zmienić.*
IS: *Czyli wolisz teatr?*
MC: *Tak, granie w teatrze **sprawia** ogromną **radość**.*
IS: *Jak długo trzeba przygotowywać spektakl?*
MC: *Przynajmniej dwa miesiące. Pierwsze próby to tylko czytanie i analizowanie tekstu. Nie można uczyć się go wcześniej, żeby się nie „zauczyć". Mówimy, że to podczas prób powstaje prawdziwy teatr. Wtedy, pod okiem reżysera odkrywamy rolę i uczymy się jak ją przeżywać, utożsamiamy się z nią i **przekraczamy siebie**…*
IS: *Kiedy już stoisz przed publicznością, co czujesz?*
M.C.: *Czasem pustkę w głowie i **tremę**, ale potem scenografia, kostiumy, atmosfera przywołują pamięć przestrzenną i zaczyna się przedstawienie. Wtedy publiczność przestaje istnieć, jest tylko tak zwana czwarta ściana, trzeba **pokonać siebie** i **wejść w rolę**. Wystarczy moment, żeby poczuć radość grania.*
IS: *Gdybyś miał jednym zdaniem podsumować swoją profesję, co byś nam powiedział?*
MC: *Magia aktorstwa uzależnia i każe czekać – na swoje wejście podczas spektaklu, na kolejną rolę, na sukces i… na wypłatę.*
IS: *Dziękuję Ci bardzo za rozmowę.*

Ćwiczenie 5 `221B4`
Proszę uzupełnić tabelę.

odczuwać strach = bać się
radować się* = cieszyć się

*forma rzadko używana

EMOCJE

Co?	Człowiek jest...	Temat jest...	Co robić?
strach	wystraszony		odczuwać strach
			stresować się
zdenerwowanie		denerwujący	
	zawstydzony	wstydliwy	
skrępowanie			
oburzenie		oburzający	
	radosny	radosny	

Ćwiczenie 6 `221B5`
W jakich okolicznościach odczuwasz poszczególne emocje?

Ćwiczenie 7 `221B6`
Proszę posłuchać i uzupełnić, a następnie zredagować notatkę.

- tytuł spektaklu
- dzień — *sobota*
- data
- ilość biletów
- lokalizacja miejsc
- termin odbioru
- cena

Cześć Mami!
Dzwoniłam do teatru, żeby

Myślę, że Karol i tak może iść z nami, czasem przed spektaklem ktoś rezygnuje i są wolne miejsca.
Angela

C PIRACTWO INTERNETOWE

Ćwiczenie 1 `221C1`
Proszę odpowiedzieć na pytania.

1. Co to jest piractwo internetowe?
2. Co najczęściej ściągają internauci z sieci?
3. Jaki jest stosunek do piractwa w Twoim kraju?
4. Czy wiesz, jakie kary grożą za nadużycia popełnione w Internecie?

Ćwiczenie 2 `221C2`
Proszę posłuchać wypowiedzi różnych osób na temat nielegalnego ściągania z sieci, a następnie streścić ich sens.

Andrzej:

Kamila:

Wanda:

Grzegorz:

Leszek:

Ćwiczenie 3

Proszę uporządkować zwroty.

DYSKUSJA

- Nie mam żadnych wątpliwości! ✓
- Jestem tego samego zdania co…
- Jestem przekonana, że…
- Jakie jest pana zdanie na ten temat?
- To ciekawy punkt widzenia, ale nie…
- Jak państwo sądzą?
- Czy mogę o coś zapytać?
- Nie mogę się z panem zgodzić…
- Według mnie…
- Trudno to określić…
- Jestem absolutnie pewien, że…
- Z mojego punktu widzenia…
- Zgadzam się z…
- Uważam, że…
- Nie popieram...
- Chciałbym coś dodać…
- Nie jestem całkowicie przekonany…
- To dla mnie oczywiste, że…
- Nie czuję się kompetentny do wygłaszania takich opinii.

Opinie neutralne
Sądzę, że…

Opinie o silnym zabarwieniu emocjonalnym
Nie mam żadnych wątpliwości!

Odpowiedź wymijająca

Pytanie o opinię
Jak pani uważa?

Wtrącenia
Przepraszam, ale wydaje mi się…

Akceptacja
W porządku, przekonałeś mnie.

Brak akceptacji

Ćwiczenie 4

Proszę przygotować argumenty do dyskusji na temat piractwa internetowego, a następnie przeprowadzić dyskusję w grupie.

ARGUMENTY ZA	ARGUMENTY PRZECIW

POWTÓRZENIE D

Ćwiczenie 1 (221D1)
Co czuje osoba, która tak mówi?

- O Boże! Co to będzie!?
- To cudownie!
- Szlag by to trafił!
- Umieram z przerażenia!
- Ojej, co ja narobiłam!
- To niedopuszczalne!
- To niesamowite!
- Jak pan tak może?!
- O cholera!
- Jestem trochę zakłopotany…
- A niech go wszyscy diabli…!
- Wkurza mnie to!
- Rewelacyjna wiadomość!
- To skandal!
- To żenujące!

Ćwiczenie 2 (221D2)
Proszę ułożyć własny scenariusz do filmu.

© Epelpol Entertainment

Sztuka a piractwo | **Piractwo internetowe**

21

MUZEUM? DLACZEGO NIE!
Lekcja_22

KOMUNIKACJA
wyrażanie podziwu i uznania
wyrażanie opinii krytycznej
dyskusje o sztuce

SŁOWNICTWO
malarstwo, fotografia
wystawy, wernisaże

GRAMATYKA
rzeczowniki zakończone na -um

nowe słowa
widowisko, dochód, zwabić, ujęcie tematu, rękodzieło, odważyć się, iskra, ubiegły, kulisy, utrwalić, patrzeć w dal, ujęcie fotograficzne, sceneria, wybrukowany, cień

A MUZEUM

Ćwiczenie 1
Co mówi Angela?

Mami: Angela, wybierasz się na „Noc muzeów"?
Angela: *„Noc muzeów"? Nie bardzo wiem, co to tak naprawdę jest.*
Mami: To coś niesamowitego, super wydarzenie kulturalne! Wszystkie muzea i galerie są otwarte przez całą noc!
Angela: ....
Mami: No, nie bądź taka! Wiem, że już byłaś w wielu muzeach, ale teraz to coś specjalnego. Będą różne wystawy, wykłady i projekcje filmów, nawet widowiska teatralne.
Angela: ....
Mami: Z piątku na sobotę.
Angela: ....
Mami: Nie, wstęp jest bezpłatny.
Angela: ....
Mami: Cieszę się. Gdzie się spotkamy?
Angela: ....
Mami: Myślę, że to trochę za wcześnie. O wpół do siódmej wystarczy.
Angela: ....
Mami: Jak chcesz, to możemy wziąć Javiera, ale on się specjalnie nie fascynuje muzeami…

Ćwiczenie 2
Proszę odpowiedzieć na pytania.

1. Czy interesujesz się sztuką?
2. Jakie formy sztuki cenisz najbardziej?
3. Czy często bywasz w muzeach, galeriach, na wystawach?
4. Czy byłeś kiedyś na wernisażu?
5. Czy masz jakieś artystyczne talenty?

Ćwiczenie 3
Proszę uzupełnić tabelę.

	l. poj.	l. mn.
MIANOWNIK	muzeum	*narodowe*
DOPEŁNIACZ	muzeum	
CELOWNIK	muzeum	*muzeom narodowym*
BIERNIK	muzeum	
NARZĘDNIK	muzeum	
MIEJSCOWNIK	muzeum	
WOŁACZ	muzeum	

Ćwiczenie 4

Proszę uzupełnić (liczba mnoga).

laboratorium, centrum, akwarium, liceum, hospicjum, muzeum ✓

1. W czasie „Nocy muzeów" można będzie przyjrzeć się ......*muzeom*...... „od kuchni".
2. Między .... handlowymi jest dość duża konkurencja. Każde z nich próbuje zwabić klientów promocjami i wyprzedażami.
3. Odbędzie się aukcja dzieł sztuki na rzecz kilku krakowskich .... dla nieuleczalnie chorych.
4. Lubię patrzeć na wielkie .... i obserwować życie ryb.
5. W pięciu .... młodzież przygotowała program artystyczny, z którego dochód szkoły przeznaczą na dzieci niepełnosprawne.
6. Trzy .... medyczne testują nowy lek na bezsenność.

Ćwiczenie 5

Co to jest?

portret, **autoportret**, **pejzaż**, **karykatura**, **martwa natura**, **abstrakcja**

Ćwiczenie 6

Proszę posłuchać i uzupełnić.

Jeśli chodzi o mnie, to jestem pod silnym .... tej wystawy. Zachwyciły mnie te obrazy! Fantastyczne, urzekające, ...!

Sztuka nie może jedynie .... Sztuka musi coś wyrażać. Brakuje mi tu jakiejś iskry .... Artystce się wydaje, że jeśli złamie wszystkie tabu i pokaże coś, czego nikt inny nie .... się pokazać, to już wystarczy, żeby nazwać to .... Według mnie .... to za mało, aby mówić o wartościach .... tych prac.

Prawdę mówiąc niezbyt do mnie .... taki typ malarstwa. Wiem, że to powszechnie .... i podziwiany artysta, ale nie .... mi się ani jego prace, ani .... ujęcia tematu.

To .... jedyny w swoim rodzaju! Tak się cieszę, że mogłem obejrzeć te .... Zwłaszcza obraz otwierający ekspozycję wywiera .... wrażenie. Mistrzowska ...., doskonały rysunek postaci!

Owszem .... uwagę, daje do myślenia, ale bez .... Wolę tradycyjne formy .... Nie do końca odpowiada mi ten .... Po prostu nie wiem, czy pisuar może być dziełem ....

Ćwiczenie 7

Proszę pogrupować wyrażenia.

fascynuje ✓, **przeciętny**, **przyciąga**, **olśniewający**, **bardzo** ✓, **niezrównany**, **rewelacyjny**, **marny**, **zadziwia**, **słaby**, **zachwycający**, **niezwykle**, **urzeka**, **nieszczególny**, **uroczy**, **niesłychanie**, **zachwyca**, **kiepski**, **ogromnie**, **średni**, **wspaniały**, **porywający**, **wybitny** ✓

Uznanie
wybitny,

Brak uznania

Intensywność odczuć
bardzo,

Odczucia
fascynuje,

Ćwiczenie 8 `222A7`
Co pasuje?

przyciąga — wrażenie
bez — do kogoś
wywiera — rewelacji
jedyny — pod wrażeniem
zafascynowało — uwagę
być — odbiorców
przemawia — w swoim rodzaju

Ćwiczenie 9 `222A8`
Jest „Noc muzeów". Angela, Mami i Javier wyszli właśnie z jednej z wystaw. Proszę napisać, jak ją komentują.

Ćwiczenie 10 `222A9`
Prowadzisz aukcję obrazów młodocianych artystów na rzecz hospicjum dla dzieci. Proszę zachęcić klientów do kupna obrazów, opisując dokładnie każdy z nich i wyrażając swoje uznanie.

tło / w tle
na drugim planie
na pierwszym planie

Ćwiczenie 11 `222A10`
W jakim dziale muzeum można znaleźć te eksponaty?

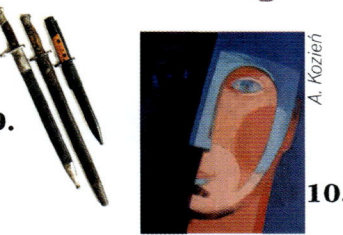

1. 2. 3. 4. 5. 6. 7. 8. 9. 10.

PLAN MUZEUM

- ceramika *1.*
- rękodzieło artystyczne
- sztuka użytkowa
- militaria
- numizmatyka
- ryciny, rysunki, szkice
- sztuka ludowa
- rzeźba
- galeria plakatu
- malarstwo

Muzeum | Muzeum? Dlaczego nie!

B WERNISAŻ

22

Hannele Tilles jest częstym gościem w Polsce i, mimo iż jest osobą szalenie zajętą, zawsze znajduje czas na naukę polskiego. Nasze lekcje zwykle przekształcają się w inspirujące dyskusje na temat sztuki, filmu, literatury – jednym słowem – szeroko pojętej kultury. Ubiegłej jesieni Hannele zorganizowała w Helsinkach dużą wystawę prac swojego ojca – Alvara Kolanena (czołowego fińskiego fotografa z połowy dwudziestego wieku). Teraz zgodziła się podzielić z nami swoimi wrażeniami i opowiedzieć o pracy przy wystawie „od kuchni".

IS: *Kiedy zrodził się pomysł wystawy?*

HT: *To było 10 lat temu. Wraz z dwoma braćmi, Risto i Jarim, chcieliśmy zorganizować pokaz najważniejszych prac ojca, które byłyby podsumowaniem jego twórczości. Może powinnam zacząć od krótkiej prezentacji ojca, gdyż wiem, że nasza kultura jest dość hermetyczna i nazwiska istotne dla Finów pozostają znane tylko w naszym kręgu. Alvar Kolanen był oficjalnym fotografem od public relations, odpowiedzialnym za utrwalanie wizerunku znanych artystów, gwiazd estrady czy świata mody. Warto pamiętać, że to nie były czasy wielkich agencji prasowych, kiedy sławni ludzie przed fotoreporterami szczelnie zamykają drzwi. Wprost przeciwnie, wówczas fotograf to także był ktoś zza kulis. Ktoś, kto dzięki swojej rzetelnej, a jednocześnie twórczej pracy stawał się „jednym z nich". Ojciec często przebywał wśród tak zwanych „sław", był zapraszany na scenę, do garderoby, na prywatne przyjęcia. Artyści obdarzali go zaufaniem, a ten bezpośredni, personalny kontakt owocował świetnymi fotografiami, ukazującymi coś więcej niż wygląd zewnętrzny.*

IS: *To prawda, że każda z utrwalonych na zdjęciach twarzy skupia na sobie uwagę oglądającego. Z równym zainteresowaniem przyglądamy się fotografiom Paula Anki, Irwina Goodmana, Inger Nilson (filmowej Pippi Langstrumpf), co tym, z których spoglądają na nas zupełnie nieznani ludzie. W tych portretach widać kunszt fotografa.*

cdn.

Ćwiczenie 1

Proszę skorygować zdania.

Poszedł na koncert wraz ~~dla~~ dziećmi. ....z................
Aktorzy szczelnie otwierają drzwi przed fotoreporterami. ....
Kto jest odpowiedzialny dla to wszystko? ....
Wprost identycznie, to ty jesteś utalentowany, a nie on. ....
On często przebywał między artystów. ....
Wygląd wewnętrzny nie jest tak ważny jak osobowość. ....

Ćwiczenie 2

Proszę zaznaczone wyrażenia zastąpić zwrotami z tekstu.

1. To był doskonały portret, widać w nim było **mistrzowski talent** / ....*kunszt*........ artysty.
2. Dzięki zdolnościom i **sumiennej** / .... pracy osiągnął sukces.
3. **Zeszłej** / .... zimy otrzymałem nagrodę w konkursie młodych talentów.
4. Ten artysta **przyciągnął** / .... uwagę wielu ludzi.
5. Na estradzie wystąpili **znani** / .... muzycy.
6. Choć nikt jej nie znał, **zaufaliśmy jej** / ....
7. **Patrzyła** / .... na nas z uśmiechem.
8. Ten pomysł **powstał** / .... podczas ostatniego spotkania.

Ćwiczenie 3

Co pasuje?

utrwalić — upamiętnić
pokaz — prezentacja
szalenie — niezmiernie
przekształcać się — zmieniać się
jednym słowem — krótko mówiąc
przyglądać się — patrzeć na coś z uwagą

Ćwiczenie 4
Co pasuje?

IS: Czy mogłaby nam Pani *opowiedzieć / mówić* o warsztacie Alvara Kolanena?

HT: To były zupełnie inne czasy. Sprzęt fotograficzny nie był tak *powszechnie / obecnie* dostępny. Jego *obsługa / usługa* była skomplikowana, wymagała wiedzy i sporych umiejętności. Ojciec był zafascynowany fotografią. Miał studio w domu, uczył się wszystkiego *samotnie / sam*. Im więcej robił zdjęć, tym *wyżej / wysoko* stawiał sobie poprzeczkę, aż *wyszedł / doszedł* do momentu, kiedy osiągnął profesjonalizm. Fotografie ojca stały się cząstką naszego *osobnego / rodzinnego* życia. Matka wywoływała zdjęcia, a wszyscy razem służyliśmy jako modele. Ojciec *eksperymentował / entuzjazmował się* z ruchem i światłem. Próbował uchwycić przez obiektyw coś więcej niż statyczną *scenografię / scenerię*. Jedno z moich ulubionych zdjęć, to fotografia *dwie / dwóch* dziewczynek biegnących leśną drogą. To ja i kuzynka, ale nie my jesteśmy tu istotne, lecz *efekt / efektownie* ruchu – nasz bieg, który udało się ojcu utrwalić.

IS: Wszystkie rodzinne fotografie są bardzo ujmujące. Prosta, ale *przemyślana / wyrafinowana* kompozycja daje im dużą siłę wyrazu. Do mnie najbardziej *mówi / przemawia* ta przedstawiająca dwoje dzieci stojących nad brzegiem morza, zapatrzonych w *dal / daleko*. Gdzieś na drugim planie stoją dwie inne postacie – prawie *niewidoczne / widoczne*, ale doskonale zamykające kompozycję kadru. Inna fotografia, która przychodzi mi na *głowy / myśl*, to ujęcie wąskiej, stromej, wybrukowanej uliczki. Idzie nią kobieta - jej cień i gra świateł na kamieniach, różne odcienie szarości tworzą niesamowicie *plastyczny / plastycznie* efekt.

cdn.

Ćwiczenie 5
Co to znaczy?

- istotny
- osiągnąć profesjonalizm
- stawiać sobie wysoko poprzeczkę
- coś nie jest dostępne
- coś wymaga wiedzy i umiejętności

Ćwiczenie 6
Proszę posłuchać i uzupełnić.

I.S.: Długo można by wymieniać kolejne .... zdjęcia, wróćmy jednak do wystawy. Dlaczego nie udało się zorganizować jej 10 lat temu?

H.T.: To było zbyt .... przedsięwzięcie z przyczyn technicznych. Dysponowaliśmy .... kolekcją zdjęć ojca – 35 tysięcy fotografii. Należało je zeskanować. Jednakże proces ten, ze względu na niższy poziom technologii, był wtedy bardzo ...., a przede wszystkim zbyt czasochłonny. Do pomysłu wróciliśmy 2 lata temu. Zaczął się czas wytężonej pracy. .... i obróbka techniczna zdjęć; wybieranie tych najciekawszych czy z jakichś względów najważniejszych i .... ich. Wreszcie długie godziny spędzone w bibliotece, gdzie miałam dostęp do mikrofilmów z zaprojektowanymi przez ojca okładkami .... i płyt. (Alvar Kolanen pracował dla kilku wytwórni muzycznych i to w .... złotego wieku fińskiej muzyki pop.) Tam też przeglądałam .... sprzed lat ilustrowane jego fotografiami. Często pracowałam po 12 godzin, ... się maksymalnie wykorzystać każdy pobyt w Finlandii, gdzie w sumie spędzałam ponad 2 miesiące ...., jeżdżąc to na kilka dni, to na tydzień, to na dwa.

I.S.: Jednym słowem, przez te ostatnie lata siedziała Pani na ....

H.T.: Tak, wciąż byłam w podróży między Londynem, gdzie teraz mieszkam, a Helsinkami. Warto jednak było włożyć w ten .... tyle wysiłku.

cdn.

Ćwiczenie 7
Co pasuje?

przedsięwzięcie	intensywny
ogromny	powód
kosztowny	czas
czasochłonny	olbrzymi, gigantyczny
wytężony	→ zabiera dużo czasu
włożyć w coś dużo wysiłku	zamiar, plan
przyczyna	drogi, zabiera dużo pieniędzy
okres	bardzo się postarać

Ćwiczenie 8

Proszę uzupełnić.

nowoczesny, popularnością ✓, budowała, mówili, prasie, osobistości, przez, komentarzy, do, wernisaż, tamtych, powodzenia, pogratulować, kategorii, twórczość, zdjęć

22

HT: Wystawa otwarta w październiku 2010 r. cieszyła się wielką ...**popularnością**... . Ponoć żadna z wystaw w galerii Laterna Magica nie odniosła jeszcze takiego sukcesu. Na sam .... przybyło 150 osób. Wśród nich 5 naprawdę ważnych .... Goście mogli podziwiać 75 zdjęć wyeksponowanych w bardzo .... sposób, bezpośrednio na murze. Fotografie podzielone były na 8 ....: Promocja (politycy i artyści), Piosenkarze na scenie, Świat mody, Film i telewizja (ojciec dokumentował początki telewizji w Finlandii), Za kulisami, Helsinki, Rodzina i wreszcie Okładki płyt i czasopism. Dodatkowo atmosferę .... muzyka. „To muzyka z czasów naszej młodości" - .... zwiedzający. Dla niejednego z nich wystawa była wzruszającym powrotem .... przeszłości. Trzeba pamiętać, że wiele ze .... Alvara Kolanena stało się kultowymi fotografiami, wręcz ikonami .... lat, które promowały i wzbogacały naszą fińską kulturę. Miło było w czasie wernisażu słuchać ciepłych ...., odczuwać serdeczną reakcję ludzi. Nic dziwnego, że potem w .... ukazało się aż 11 artykułów dotyczących zarówno ojca, jak i samej ekspozycji. Zaproponowano nam także zaprezentowanie wystawy w trzech innych miastach. Również przygotowana .... nas książka z fotografiami Alvara Kolanena i krótkimi komentarzami rozeszła się bardzo szybko. Planujemy teraz wydanie wywiadów z ówczesnymi gwiazdami estrady, które opowiedziałyby, jak z perspektywy czasu patrzą na tamte lata.

IS: Pozostaje mi .... serdecznie sukcesu i życzyć .... w realizacji kolejnych przedsięwzięć. Dziękuję za rozmowę, która przybliżyła nam tak ciekawą .... Alvara Kolanena.

Ćwiczenie 9

Proszę przeczytać wszystkie części wywiadu raz jeszcze i odpowiadając na pytania napisać krótkie streszczenie tekstu.

1. Jaką wystawę postanowiła zorganizować Hannele?
2. Skąd pochodził Alvar Kolanen i kim był z zawodu?
3. Kogo utrwalał na zdjęciach?
4. Jaki był stosunek artystów do Kolanena?
5. Jakie są jego fotografie?
6. Gdzie i jak uczył się zawodu?
7. Dlaczego wystawy nie udało się zorganizować 10 lat wcześniej?
8. Na czym polegało przygotowanie wystawy?
9. Jak wyglądał opisany wernisaż?

Muzeum? Dlaczego nie! | Wernisaż

POWTÓRZENIE C

Ćwiczenie 1

Korzystając z wiadomości z Internetu proszę napisać kilka zdań na temat wybranego polskiego twórcy - malarza, rzeźbiarza lub fotografa - oraz zaprezentować jedno z jego dzieł.

Ćwiczenie 2

Proszę wymyślić tytuły tym obrazom. Który z nich chciałbyś mieć w domu i dlaczego?

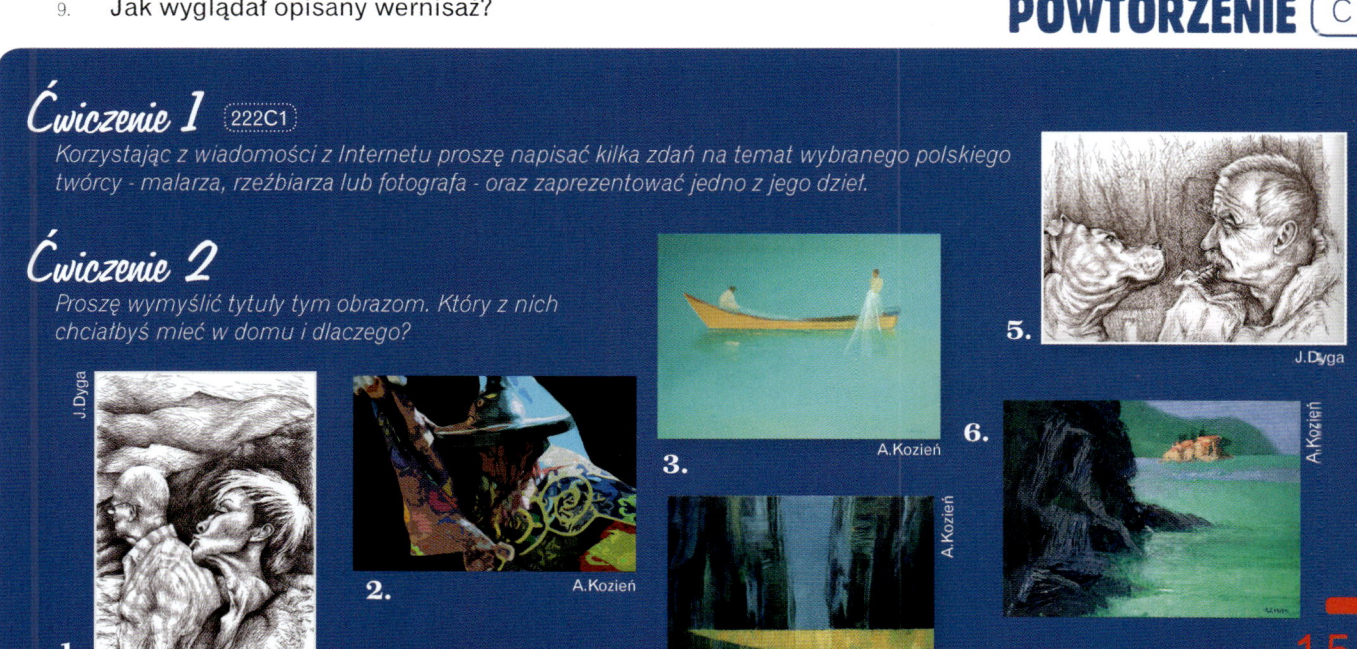

sto pięćdziesiąt jeden _151

CZAS NA EGZAMIN!
Lekcja_23

Powtórzenie wiadomości. Informacje na temat egzaminów certyfikatowych.

nowe słowa: poprawność, płynność, ocena, polecenie, pochwała, nagana, skarga, obietnica

A NAUCZYCIELKA

Ćwiczenie 1

Proszę uzupełnić rzeczowniki odczasownikowe, a następnie posłuchać i skorygować.

Kochani! Za nami kolejny etap nauki, czas na test. Należy wam się ...wyjaśnienie... *(wyjaśnić)* na czym on będzie polegał. A więc: standardowy test sprawdzający wasze kompetencje językowe powinien składać się z kilku części. Po pierwsze: .... *(rozumieć)* ze słuchu. Waszym zadaniem jest .... *(wybrać)* lub .... *(sformułować)* właściwej odpowiedzi na pytania w trakcie nagrania lub po jego .... *(wysłuchać)*. Może to też być .... *(zaznaczyć)* właściwej odpowiedzi albo .... *(uzupełnić)* brakujących fragmentów tekstu. Po drugie: gramatyka, czyli .... *(wybrać)* lub .... *(utworzyć)* gramatycznie poprawnej formy lub struktury.
Po trzecie: .... *(rozumieć)* tekstów pisanych. Zadaniem zdających jest .... *(przeczytać)* tekstu, a następnie .... *(zaznaczyć)*, które ze zdań to prawda lub nieprawda, ... *(poukładać)* fragmentów tekstu w logicznej kolejności czy .... *(dopasować)* tekstu do tytułu. Po czwarte: .... *(pisać)* własnego tekstu z zestawów tematycznych do wyboru. Celem jest .... *(badać)* sprawności .... *(pisać)*, a nie .... *(wykazać się)* wiedzą specjalistyczną. Oceniane będą: treść, długość, forma, kompozycja, poprawność gramatyczna, słownictwo, styl, ortografia i interpunkcja.
I na końcu, zwykle tylko na egzaminach certyfikatowych: .... *(mówić)*, czyli kilkuminutowa prezentacja na wylosowany temat, minidyskusja, ... *(komentować)* jakiejś sytuacji, ... *(wyrazić)* swojej opinii czy .... *(opisywać)* fotografii. Tu będzie oceniana nie tylko poprawność i słownictwo, ale też płynność wypowiedzi, idiomatyka, wymowa, intonacja. Czy wszystko jasne?

Ćwiczenie 2

Proszę uzupełnić (tryb rozkazujący).

W czasie testu ...pamiętajcie... *(pamiętać)* o kilku ważnych rzeczach:
- Nie .... *(uczyć się)* całą noc, ... *(wyspać się)*!
- .... *(zjeść)* dobre śniadanie!
- Nie .... *(stresować się)* za bardzo!
- Nie .... *(spóźnić się)*!
- .... *(przeczytać)* uważnie polecenie i przykład!
- .... *(upewnić się)*, czy rozumiecie, co macie zrobić!
- .... *(zaczynać)* od tego, czego jesteście pewni!
- .... *(rozplanować)* dobrze czas!
- .... *(zostawić)* sobie czas na korektę błędów!
- .... *(myśleć)* pozytywnie!

B ANGELA

23

Ćwiczenie 1 [223B1]
Proszę odpowiedzieć na pytania.

1. Co to znaczy „korzenie"?
2. Czy wiesz, jakie inne znaczenie ma to słowo?
3. Czego Angela spodziewa się po egzaminie?
4. Co wciąż sprawia jej trudność?
5. Jak może to poprawić?

Ćwiczenie 2 [223B2]
Proszę posłuchać i zaznaczyć właściwe odpowiedzi. Nagranie zostanie odtworzone tylko jeden raz!

1. Ta wypowiedź jest typowa:
   - [✓] w biurze paszportowym
   - [ ] na poczcie
   - [ ] na dworcu

2. Ta wypowiedź to:
   - [ ] życzenie
   - [ ] żal
   - [ ] zachęta

3. Ta wypowiedź jest typowa:
   - [ ] u dentysty
   - [ ] w kinie
   - [ ] w banku

4. Ta wypowiedź jest typowa dla:
   - [ ] meczu tenisowego
   - [ ] boksu
   - [ ] piłki nożnej

5. Ta wypowiedź to:
   - [ ] pochwała
   - [ ] nagana
   - [ ] podziękowanie

6. Ta wypowiedź jest typowa:
   - [ ] przy drukarce
   - [ ] przy komputerze
   - [ ] przy odtwarzaczu CD

7. Ta wypowiedź jest typowa dla:
   - [ ] reklamy
   - [ ] reklamacji
   - [ ] życiorysu

8. Ta wypowiedź jest typowa dla:
   - [ ] dziennikarza
   - [ ] polityka
   - [ ] taksówkarza

9. Ta wypowiedź jest typowa:
   - [ ] w samochodzie
   - [ ] w restauracji
   - [ ] w samolocie

10. Ta wypowiedź to:
    - [ ] przeprosiny
    - [ ] życzenia
    - [ ] kondolencje

11. Ta wypowiedź to:
    - [ ] zakaz
    - [ ] prośba
    - [ ] skarga

12. Ta wypowiedź jest typowa:
    - [ ] w pociągu
    - [ ] w tramwaju
    - [ ] w samolocie

13. Ta wypowiedź wyraża:
    - [ ] zachwyt
    - [ ] oburzenie
    - [ ] zniechęcenie

14. Ta wypowiedź jest typowa:
    - [ ] na cmentarzu
    - [ ] w kwiaciarni
    - [ ] w ogrodzie

15. Ta wypowiedź jest typowa:
    - [ ] w Wielkanoc
    - [ ] w Boże Narodzenie
    - [ ] w Nowy Rok

16. Ta wypowiedź jest typowa:
    - [ ] w górach
    - [ ] nad morzem
    - [ ] w lesie

17. Ta wypowiedź to:
    - [ ] życzenie
    - [ ] obietnica
    - [ ] protest

18. Ta wypowiedź jest typowa:
    - [ ] na uczelni
    - [ ] w domu na wsi
    - [ ] w zoo

19. Ta wypowiedź to:
    - [ ] rada
    - [ ] zakaz
    - [ ] nakaz

20. Ta wypowiedź wyraża:
    - [ ] zadowolenie
    - [ ] obojętność
    - [ ] niezadowolenie

21. Ta wypowiedź znaczy:
    - [ ] jestem pewny / pewna
    - [ ] nie wiem
    - [ ] nie jestem pewny / pewna

22. Ta wypowiedź znaczy:
    - [ ] świetne!
    - [ ] beznadziejne!
    - [ ] takie sobie...

C MAMI

Ćwiczenie 1
Proszę uzupełnić.

Szczerze mówiąc nie lubię .... (gramatyka). Nie przepadam za .... (deklinacja) rzeczowników i przymiotników, za dużo tych .... (przypadki) i to w .... (liczba pojedyncza i mnoga), ale nie sprawia .... (ja) to takich trudności jak liczebniki! Jak to zapamiętać: .... (2) studenci .... (uczyć się), ale .... (2) studentów .... (uczyć się)! Albo: .... (2 / studentka), ale już .... (5 / studentka). Dlaczego to takie skomplikowane? Czasowniki są w .... (porządek) oprócz .... (aspekt). Skąd .... (Polak) wiedzą, której .... (forma) mają użyć?! No i zaimki osobowe, zawsze .... (ja) się mieszają. Nie wspomnę o .... (przyimki)! Tak, nie cierpię .... (gramatyka), ale wiem, że bez .... (ona) nie będę mówić poprawnie.

Ćwiczenie 2
Proszę zdecydować, jaki to przypadek, a następnie wstawić właściwą formę rzeczowników.

1. Ewa opiekuje się *chorą babcią* (chora babcia). **NARZĘDNIK**
2. Kto zajmuje się .... (twój kot)?
3. Którędy do dworca? .... (ten tunel).
4. Staszek źle kieruje .... (ta firma).
5. Potrzebuję .... (dobry słownik).
6. Szukasz .... (dziura) w całym.
7. Pilnuj .... (swój nos).
8. Boję się .... (duże psy).
9. Lubię .... (ci studenci).
10. Kocham .... (moi dziadkowie).
11. Ta fundacja pomaga .... (zwierzęta).
12. Ufasz .... (swój partner)?
13. Nigdy nie byłem w .... (Kazimierz) nad Wisłą.
14. Spędziłem urlop na .... (Mazury).
15. Drogi .... (pan Tomasz)!

Ćwiczenie 3
Proszę dopisać liczbę mnogą.

imię - *imiona*	człowiek -	rok -	tydzień - ....
pani -	zwierzę -	oko -	pieniądz - ....
brat -	muzeum -	ucho -	prawnik - ....
Włoch -	ksiądz -	pan -	emeryt - ....

Ćwiczenie 4

Proszę uzupełnić przyimki.

1. Pies śpi ....*pod*........ stołem.
2. Uwe często jest .... domem.
3. Wiem to .... gazety.
4. Lubię jeść wszystko .... sera.
5. Jestem .... kościele .... mszy.
6. Mieszkam .... polskiej rodziny.
7. Wyszła .... mąż .... Piotra?!
8. Zadzwoń natychmiast .... karetkę!
9. Wierzysz .... Boga?
10. Zapłaciłeś .... swoje piwo?
11. Uczę się polskiego .... Internet.
12. Kup syrop .... kaszlowi.
13. Nie rób niczego .... woli ojca!
14. Właśnie wróciłem .... morza.
15. Student odpowiada .... tablicy.

Ćwiczenie 5

Proszę uzupełnić tabelę.

CZASOWNIKI NIEDOKONANE	CZASOWNIKI DOKONANE
opowiadać	*opowiedzieć*
mówić	
brać	
wracać	
kłaść	
widzieć	
oglądać	
znajdować	
wynajmować	
zaczynać	
dawać	
zarabiać	
wybierać	

Ćwiczenie 6

Proszę uzupełnić.

1. Olga poprosiła go, żeby ....*zrobił*........ (zrobić) kawę.
2. Ala powiedziała, że .... (pojechać) jutro w góry.
3. Niech pan .... (usiąść)!
4. Mama poprosiła: .... (być) grzeczny, dobrze?
5. Tydzień temu Andrzej .... (rozejść się) z żoną.
6. Kiedy pierwszy człowiek .... (polecieć) na księżyc?
7. Niestety, ... (wysiąść) pan przystanek za wcześnie.
8. Przed chwilą Piotr .... (wyjąć) z torby nożyczki.
9. Chłopcy nie .... (zamknąć) drzwi.
10. Gdybym .... pieniądze, ... (mieć, kupić) dom.
11. Gdyby ludzie nie .... (palić) śmieci, nie .... (być) smogu.
12. Czy oba auta są już .... (umyć)?
13. Ten obraz został .... (namalować) przez Matejkę.
14. Czy wy .... (przyjść) do mnie jutro wieczorem?
15. Ewa i Iza już .... (wyjść), kiedy oni wreszcie .... (przyjść).
16. Dawniej święta .... (obchodzić) się bardziej tradycyjnie.

Ćwiczenie 7

Co pasuje?

1. Dlaczego on pojechał bez *ją / niej / jej*?
2. Czy według *tobą / ci / ciebie* warto to kupić?
3. To wszystko przez *niego / go / nim*.
4. On jest zawsze uprzejmy wobec *nam / nas / nami*.
5. Wierzę w *tobą / ci / ciebie*!
6. Myślę o *niej / ją / nią* i martwię się o *niej / ją / nią*.
7. Przyjedziemy do *wami / was / wam*.
8. Nie krzycz na *mi / mną / mnie*! To nie moja wina!
9. Ktoś dzwonił i pytał o *nimi / ich / nich*.
10. Niech to zostanie między *nimi / je / nie*!

Tyle razy prosiłam, żebyś to zrobił!

23 D UWE

Ćwiczenie 1 (223D1)
Co pasuje?

Prowadzę / *pracuję* własną firmą, która *zajmuje się* / *opiekuje się* dystrybucją produktów farmaceutycznych. Teraz *bardzo* / *intensywnie* uczę się polskiego. *Mianowicie* / *jednak* to *dość* / *właśnie* trudne kierować firmą i *natychmiast* / *jednocześnie* spędzać kilka godzin w szkole, ale radzę *się* / *sobie* nieźle. Pewnie *dlatego* / *wobec*, że jestem *zdyscyplinowany* / *dyscyplinarny* i *systemowy* / *systematyczny*. Lubię uczyć się nowych *wrażeń* / *wyrażeń*. Dobrze *zapamiętuję* / *wspominam* synonimy, antonimy i związki frazeologiczne. *Uważam* / *według mnie*, że *warto* / *wolno* też *znać* / *wiedzieć* kilka idiomów, *albo* / *bo* to świadczy o bogactwie słownictwa. Ocena z *żadnego* / *każdego* egzaminu nie była dla *mnie* / *mną* ważna, *wkrótce* / *w końcu* uczę się dla *siebie* / *sobie*.

Ćwiczenie 2 (223D2)
Co pasuje?

miejsce — stałego pobytu
trzęsienie — wyborcza
oparty na — internet
kultura — zawodowe
swój — na konto
bagaż — masowa
wyjście — człowiek
przelew — podręczny
bezprzewodowy — książce
doświadczenie — awaryjne
kampania — ziemi

Ćwiczenie 3 (223D3)
Proszę połączyć antonimy.

wojskowy — kontrowersyjny
wolność — reguła
oczywisty — niezdyscyplinowany
wyjątek — rezultat
zaleta — przegrać
nie cierpieć — nieśmiały
pewny siebie — nie przejmować się
przyczyna — cywilny
zorganizowany — wada
martwić się — przepadać za
wygrać — niewola

Ćwiczenie 4 (223D4)
Proszę połączyć synonimy.

- wybory __
- dotychczas __
- szczególnie __
- ratunek __
- protest 9
- na ogół __
- przyroda __
- okropny __
- przedstawienie __
- postanowić __
- zwiększenie __

1. natura
2. głosowanie
3. zdecydować
4. zwłaszcza
5. do tego momentu
6. wzrost
7. spektakl
8. pomoc
9. niezgoda ✓
10. zazwyczaj
11. straszny

Ćwiczenie 5 (223D5)
Proszę uzupełnić idiomy.

1. Bać się jak *ognia* .
2. Głodny jak ....
3. Silny jak ....
4. Pracowity jak ....
5. Zdrów jak ....
6. Uparty jak ....
7. Dumny jak ....
8. Chytry jak ....

E TOM

Ćwiczenie 1
Proszę uzupełnić.

sobie, się, historykiem, pustkę, rodzaju, przyznać ✓, powiedzieć, oblałem, stres, stresem, nieśmiały, słaba, w tym, natomiast

Muszę ......przyznać......, że jestem typowym .... Kocham czytać, lubię też bardzo pisać różnego .... teksty. Uwielbiam daty i naprawdę jestem .... dobry. .... mówienie to moja .... strona. Jestem z natury ...., więc jeśli mam coś .... na forum grupy, od razu robię .... czerwony, mam .... w głowie. Po prostu nie radzę .... ze .... Pamiętam swoją maturę, przez .... prawie ją ....!

Ćwiczenie 2
Proszę wybrać jeden z zestawów i wykonać obydwa polecenia (a – około 25 słów i b – około 180 słów).

ZESTAW 1
a. Proszę napisać e-mail z pytaniem o nocleg w pensjonacie „Wanda".
b. Proszę opisać swojego przyjaciela z dzieciństwa.

ZESTAW 3
a. Proszę zareklamować dowolny produkt, który nie działa.
b. Jak obchodzi się w Polsce święta?

ZESTAW 2
a. Proszę napisać kartkę do rodziców z wakacji w Polsce.
b. Proszę opisać swój ulubiony film.

ZESTAW 4
a. Proszę zrobić listę zakupów na imprezę.
b. Co by było, gdyby Unia Europejska się rozpadła?

F JAVIER

Ćwiczenie 1
Jakie według Ciebie są mocne i słabe strony Javiera?

Ćwiczenie 2
Proszę opisać fotografie i przedstawione na nich sytuacje.

Ćwiczenie 3
Żeby zdać egzamin trzeba uzyskać pozytywny wynik (minimum 60% punktów). Proszę uporządkować oceny od najlepszej do najgorszej.

dobra	niedostateczna	celująca	dostateczna	bardzo dobra
+++	++	+	+/−	−

| .... | .... | .... | .... | .... |

DLA STUDENTA

Seria „POLSKI krok po kroku" jest napisana **tylko po polsku**, gdyż właśnie taka metoda przekazywania materiału **przynosi najlepsze efekty**. W sposób naturalny wprowadza ona w system języka i od pierwszych momentów nauki **mobilizuje do mówienia wyłącznie po polsku**. Duża ilość ilustracji i materiałów audio sprawia, że **nauka przebiega** podobnie jak u dziecka, które obserwując świat i słuchając otoczenia, przyswaja język.

Podręczniki „POLSKI krok po kroku" można także wykorzystywać do **samodzielnej nauki języka polskiego**, gdyż są one zintegrowane z platformą internetową **e-polish.eu**. Dostępne w internecie komentarze gramatyczne w różnych językach oraz rozbudowany **słownik multimedialny** umożliwiają pracę bez pomocy nauczyciela. Przy każdym ćwiczeniu w książce podano numer pozwalający na odnalezienie go na platformie e-polish.eu. Daje to możliwość sprawdzenia odpowiedzi do niego, zapoznania się z problemem gramatycznym, które ono ilustruje, posłuchania nagrań lub też zrobienia ćwiczeń alternatywnych, które pomogą utrwalić materiał czy wyjaśnić wątpliwości. Ponadto specjalny **system zapamiętywania** wiedzy ułatwia naukę, skracając czas potrzebny do opanowania nowych słów, zwrotów i wyrażeń.

DODATKOWO e-COURSEBOOK e-polish.eu

FOR THE STUDENT

'POLSKI krok po kroku' is written **only in Polish**, as this method of presenting a new language **brings the best results**. It leads students into the language system in a natural way and from the very start **encourages you to speak in Polish**. As this handbook constitutes a part of a larger interactive course in Polish, available at **e-polish.eu**, it can equally be used for **studying on your own**. The website includes comments in different languages and a **multimedia dictionary**, which allows you to learn without the help of teachers.

Next to each exercises in the handbook there is a number which helps you to find the exercise in the internet course and check the answers, listen to the recordings or do alternative exercises that will help in consolidating the materials or explaining any doubts you may have. A special **memorisation system** shortens the time necessary for learning new words and phrases. Thanks to the large number of illustrations and audio materials, **learning comes naturally** – as it does with children, who acquire their mother tongue by observing the world and listening to the sounds that surround them.

e-COURSEBOOK INCLUDED e-polish.eu

FÜR LERNENDE

Das Lehrbuch „POLSKI krok po kroku" wurde **nur auf Polnisch**, da dies die **erfolgreichste** Lehrmethode für den Fremdsprachenerwerb ist. Auf natürliche Art und Weise führt es ins Sprachsystem des Polnischen ein und **mobilisiert von Anfang an, ausschließlich Polnisch zu sprechen**. Dieses Lehrbuch ist Teil des interaktiven Polnischsprachkurses, der unter der Adresse **e-polish.eu** zuganglich ist. Er kann folglich auch zum **selbständigen Lernen** genutzt werden. Auf der Internetseite sind weiterhin Kommentare in verschiedenen Sprachen, sowie ein **multimediales Wörterbuch** zu finden, was das Lernen auch ohne die Hilfe des Lehrers möglich macht.

Bei jeder Übung im Lehrbuch ist die Nummer angegeben, die es ermöglicht, die jeweilige Übung im Internetkurs zu finden, die Losungen zu überprüfen, die Aufnahmen abzuhören sowie alternative Übungen zu machen, die den entsprechenden Lernstoff noch einmal vertiefen oder auch helfen, Fragen zu klaren. Das im Kurs vorgeschlagene besondere **Lernsystem verkürzt die Lernzeit**, die nötig ist, sich neue Vokabeln und Wendungen zu merken. Dank zahlreicher Illustrationen und Audioaufnahmen findet das **Lernen auf natürliche Weise** statt – so wie bei einen Kind, das sich die Sprache aneignet, indem es die Welt beobachtet und der Umgebung zuhört.

e-COURSEBOOK INKLUSIVE e-polish.eu

ZAREJESTRUJ SIĘ i korzystaj bezpłatnie z wersji online podręcznika.

REGISTER to get free access to the online version of the coursebook.

REGISTRIEREN SIE SICH und nutzen Sie kostenlos das Lehrbuch als Online-Version.

e-polish.eu/register

INTERFEJS W WIELU JĘZYKACH
INTERFACE IN MANY LANGUAGES
INTERFACE IN VIELEN SPRACHEN

nazewnictwo, oznaczenia i skróty

samogłoska	*vocalis*	*vowel*	*Vokal*
spółgłoska	*consonantis*	*consonant*	*Konsonant*
czasownik	*verbum*	*verb*	*Verb*
bezokolicznik	*infinitivus*	*infinitive*	*Infinitiv*
rzeczownik	*substantivum*	*noun*	*Substantiv*
przymiotnik	*adiectivum*	*adjective*	*Adjektiv*
przysłówek	*adverbium*	*adverb*	*Adverb*
zaimek	*pronomen*	*pronoun*	*Pronomen*
przyimek	*praepositio*	*preposition*	*Präposition*
liczebnik	*numerale*	*numeral*	*Numerale*

PRZYPADEK	CASUS	CASE	FALL
mianownik	*nominativus*	*nominative*	*Nominativ*
dopełniacz	*genetivus*	*genitive*	*Genitiv*
celownik	*dativus*	*dative*	*Dativ*
biernik	*accusativus*	*accusative*	*Akkusativ*
narzędnik	*instrumentalis*	*instrumental*	*Instrumental*
miejscownik	*locativus*	*locative*	*Lokativ*
wołacz	*vocativus*	*vocative*	*Vokativ*

CZAS	TEMPUS	TENSE	TEMPUS
przeszły	*perfectum*	*past*	*Perfekt*
teraźniejszy	*praesens*	*present*	*Präsens*
przyszły	*futurum*	*future*	*Futur*

 rodzaj męski — *masculinum* — *masculine* — *maskulin*

 rodzaj żeński — *feminum* — *feminine* — *feminin*

 rodzaj nijaki — *neutrum* — *neutral* — *neutral*

l. poj. **liczba pojedyncza** — *singularis* — *singular* — *Singular*

l. mn. **liczba mnoga** — *pluralis* — *plural* — *Plural*

 materiał dźwiękowy
audio material
Audioaufnahme

 **przed wysłuchaniem nagrania należy wykonać ćwiczenie**
do the exercise before listening to the recording
vor dem Abhören der Aufnahme zuerst die Übung machen

 101A1 **numer ćwiczenia w kursie e-polish.eu**
number of the exercise in the e-polish.eu course
Nummer der Übung im Kurs: e-polish.eu

 oficjalnie
formally
offiziell

 nieoficjalnie
informally
inoffiziell

 uniwersalnie
universally
universell

 czasownik lub przyimek statyczny
static verb or preposition
Verb oder Präposition statisch

 czasownik lub przyimek dynamiczny
active verb or preposition
Verb oder Präposition dynamisch

należy je sprawdzić przed lekcją w słowniku
words that have to be checked in a dictionary before the lesson
Vokabeln, die vor der Lektion im Wörterbuch nachzuschlagen sind

 slownik.e-polish.eu
online-polish-dictionary.com
woerterbuch.e-polish.eu

tak, nie, proszę, dziękuję, przepraszam, nie rozumiem, nie wiem

nowe słowa

sto pięćdziesiąt dziewięć _159

DLA NAUCZYCIELA

Drodzy Nauczyciele!

*Mamy nadzieję, że „POLSKI krok po kroku" spełni Wasze oczekiwania i pomoże Wam przygotowywać ciekawe, żywe i przynoszące szybkie efekty lekcje. Szczegółowe rady i sugestie jak pracować z podręcznikiem znajdziecie w materiałach dla nauczycieli dostępnych na stronie **e-polish.eu** oraz w „Podręczniku nauczyciela". Poniżej tylko kilka najważniejszych uwag.*

TYLKO PO POLSKU

Książka „POLSKI krok po kroku" jest napisana **tylko po polsku**, gdyż taka metoda przekazywania materiału **przynosi najlepsze efekty**. W naturalny sposób wprowadza ona uczącego się w system języka, pozwala uniknąć podświadomego tłumaczenia z własnego języka na polski, co często prowadzi do używania błędnych konstrukcji, a przede wszystkim od pierwszych momentów nauki **mobilizuje do mówienia wyłącznie po polsku**. Opracowując podręcznik autorki wykorzystały swoje bogate, wieloletnie doświadczenie pracy w międzynarodowych grupach, gdzie zajęcia prowadzone są tylko w języku polskim.

INTUICYJNE TABELE GRAMATYCZNE

Ćwiczenia, dialogi, tabele gramatyczne są tak przygotowane, że student nie potrzebuje komentarza w swoim języku. **Wiele reguł uczący się mogą odkrywać sami**, również nowe słowa zwykle wyjaśniane są w kontekście. Warto przyzwyczaić studentów do tego, żeby zanim spytają, co znaczy słowo lub sięgną po słownik, doczytali dialog do końca.

W podręczniku bardzo ważna jest kolorystyka, dzięki niej tabele gramatyczne i wszystkie **zestawienia reguł są przejrzyste**, mogą być intuicyjnie uzupełniane przez studentów, a kolory dodatkowo ułatwią zapamiętywanie nowych końcówek.

INSPIRACJE DO MÓWIENIA

Atutem książki jest **bogactwo słów i zwrotów**, także tych z języka codziennego. Materiał gramatyczny jest zawsze wprowadzany **w kontekście sytuacji komunikacyjnych**. Często zamiast typowych ćwiczeń gramatycznych, studenci znajdą dialogi do uzupełniania, by w bardziej naturalny sposób opanowali nowe końcówki. Duży wybór standardowych ćwiczeń znaleźć można w materiałach dla nauczycieli na stronie **e-polish.eu**.

Ponieważ obawialiśmy się, że nasz podręcznik rozrośnie się do wymiarów przysłowiowej cegły, zrezygnowaliśmy z wypisywania oczywistych instrukcji i pytań typu: „Proszę ułożyć analogiczny dialog", „Jak lubisz spędzać wolny czas?", „Proszę zapytać kolegę, co zwykle je na śniadanie", „Co robiłeś w weekend?" czy „Proszę opisać obrazek". Miejsce tych poleceń zajęła dodatkowa grafika oraz fotografie, które nie pełnią jedynie funkcji dekoracyjnej, ale mają służyć jako **zachęta do samodzielnego swobodnego mówienia**.

Z doświadczenia wiemy, że często studenci potrafią bezbłędnie rozwiązać wszystkie ćwiczenia, ale niestety nie umieją mówić. Zdarza się, że do szkoły przyjeżdża ktoś po rocznym kursie, świetnie rozwiązuje test, a potem w czasie rozmowy jest w stanie powiedzieć jedynie kilka podstawowych zdań – tyle, ile studenci mówią po tygodniu intensywnego kursu. Dlatego tak ważne jest, by **wykorzystywać każdy pretekst do mówienia**. Jeśli w podręczniku jest na przykład ramka ze słowami: *ambitny*, *atrakcyjny*, *energiczny* itd. – to na pewno nie jest to tylko po to, by przeczytać przykłady, ale po to, żeby student odpowiedział jaki jest, jacy są jego koledzy w grupie, a jakie osoby na fotografii. Gdy jest to ćwiczenie do tekstu typu „Prawda czy nieprawda?" to jego głównym celem nie jest postawienie znaczka w odpowiednim miejscu, ale zadania pytania: „Dlaczego?", które **zmusi studentów do samodzielnego formułowania zdań**.

Wszystkie pomysły i sugestie, jak najlepiej wykorzystać materiał z podręcznika, są zamieszczone w szczegółowym opisie do każdej lekcji pod adresem **e-polish.eu**.

MATERIAŁY UZUPEŁNIAJĄCE

Podręcznik jest zintegrowany z platformą internetową **e-polish.eu** oferującą ponad 6000 gotowych materiałów uzupełniających do nauczania języka polskiego jako obcego – takich jak: **ćwiczenia** i **dialogi**, **gry komunikacyjne**, **plansze**, **fiszki** i **komentarze gramatyczne**. Ponadto do każdej lekcji przygotowany jest **praktyczny komentarz dla nauczyciela** oraz **testy** sprawdzające opanowanie materiału.

Przy każdym zadaniu i tekście w podręczniku podano numer, który pozwala odnaleźć je w wersji online. Daje to możliwość sprawdzenia odpowiedzi do ćwiczeń, posłuchania nagrań, przejrzenia ćwiczeń alternatywnych (utrwalających materiał lub poszerzających jego zakres) oraz znalezienia dodatkowych tekstów lub dialogów.

Aby bezpłatnie korzystać z platformy **e-polish.eu** podczas rejestracji należy wprowadzić kod dostępu znajdujący się na wewnętrznej stronie okładki.

e-polish.eu/rejestracja

BOGATY WYBÓR MATERIAŁÓW AUDIO

Podręcznik obfituje w materiały do słuchania. Nagrane są nie tylko wszystkie dialogi, ale także spora część ćwiczeń, gdyż **rozumienie ze słuchu jest podstawą dobrej komunikacji**.

PRZEJRZYSTY UKŁAD LEKCJI

Każdy rozdział ma ten sam układ.

Nowe słowa, które znajdują się na początku każdej lekcji, to lista haseł dla studenta, które powinien on sprawdzić w słowniku przed zajęciami. Zwykle nie są to słowa kluczowe, tylko te, które nie są zilustrowane czy wyjaśnione w kontekście.

Wszystkie lekcje podzielone są na mniejsze części odpowiadające wprowadzanemu materiałowi leksykalnemu i gramatycznemu. **Podtytuły** na marginesach ułatwiają śledzenie ich zawartości.

Powtórzenie w formie dialogów, ćwiczeń, ilustracji lub krzyżówek zamyka każdy rozdział.

Życzymy owocnej pracy!
Autorki